KB0034058

느슨하게

철학하기

느슨하게
철학하기

ゆ　る　く

考　え　る

철 학 자 가　　아　즈　마　　　안 천　옮김

히　로　키

나 이 드 는 법　지　　　음

북노마드

ii. 2008-2010

iii. 2010-2018

● 일러두기

1. 이 책은 아즈마 히로키의 『ゆるく考える』(2019)를 완역한 것이다.

2. 이 책은 3장(ⅰ, ⅱ, ⅲ)으로 구성되어 있는데, 각 장마다 성격이 다르다. 2장은 원문에 따라(저자가 의도한 바에 따라) 격식 없는 구어체로 번역했다. 각 장의 특성은 저자의 '후기'에 소개되어 있다.

3. 지은이 주와 옮긴이 주는 본문에 반영하였다. 편집자 주는 각 본문 끝에 따로 구성하였다.

4. 단행본, 정기간행물은 『 』로, 시, 단편, 논문은 「 」로, 강연, 음악, 영화 등은 〈 〉로 구분했다.

i.

2018

비탈진 도시, 도쿄

도쿄의 오타구에서 산 지 10년이 넘었다. 딸이 태어나고 스기나미구의 맨션이 좁아서 이사를 했다. 별생각 없이 골랐지만 지금은 꽤 마음에 든다.

도쿄는 언덕이 많은 도시다. 도쿄 시가지는 서쪽에 자리한 무사시노武藏野 대지臺地, 주위보다 고도가 높고 넓은 지형. 옮긴이에서 깎여 나온 설상대지[i]와 동쪽에 있는 충적 평야의 경계에 자리한다. 그러다 보니 여기저기에서 경사진 곳과 만나게 된다. 다만, 도쿄는 넓다보니 거주하는 장소에 따라 이를 거의 의식할 일이 없다. 나도 스기나미에서 살 때는 언덕을 의식할 일이 없었다. 실제로 스기나미는 구 전체가 대지 위에 자리해 간다 강과 젠푸쿠지 강이 만든 작은 계곡을 제외하면 별로 비탈진 곳이 없다.

그런데 오타구에 온 후로는 오로지 언덕만을 생각한다. 지금 살고 있는 마고메 주변은 높은 대지와 낮은 지형의 경계에 위치해 있다. 한마디로 언덕투성이다. 집에서 나와 오른쪽으로 가도 왼쪽으로 가도 비탈길이 나오며, 경사 지지 않은 길을 찾기 힘들 정도다. 자전거는 전동 보조 기능이 없으면 제 구실을 못한다. 걷는 것만으로도 힘이 든다.

그러나 이렇게 비탈길을 걷는 상하 운동을 하면서 우리가 사는 곳이 추상적인 '도시 공간'이 아닌 다양한 표정이 공존하는 '땅'의 모자이크라는 사실을 새삼 깨닫는다.

마고메의 주요 언덕에는 하나하나 이름이 있다. 하지만 대부분의 언덕은 이제 주소의 경계 역할을 못하고 있어서 언덕을 내려가도 올라가도 같은 동네 번지수가 계속된다. 풍경도 단독 주택, 작은 아파트, 편의점이 이어질 뿐 언뜻 생각하기에 언덕에 특별한 의미는 없어 보인다.

그래도 천천히 걸어 다니면 단조로운 풍경에서도 이 대지가 근대까지 숲이나 밭이었고, 주택지 역사는 짧으며, 저지대는 예전에 논이었고 대지의 경계에 따라 큰 길이 존재했다는 등의 역사적 차이가 희미하게 새겨져 있음을 알 수 있다.

단조로워 보이는 풍경을 한 꺼풀 벗기면 여전히 언덕의 힘이 느껴진다. 나는 오타구의 가구별 소득 통계를 동네별로 구분한 지도를 본 적이 있다. 오타구의 소득 분포는 놀랍도록 등고선과 일치했다. 언덕 위는 소득이 높고, 언덕 아래는 소득이 낮다. 오타구는 땅의 높낮이 차이가 큰 만큼 소득 격차도 크다. 이 차이가 풍경과 주민의 다양성을 낳기도 한다. 덴엔초후田園調布, 일본을 대표하는 고급 주택지. 옮긴이와 가마타蒲田, 도쿄에서 상대적으로 지가가 낮은 곳으로 가나가와현과 맞닿아 있다. 옮긴이는 마치 전혀 다른 구처럼 느껴진다.

고지대야마노테, 山の手가 소득이 높고, 저지대시타마치, 下町가 소득이 낮은 분포 형태는 도쿄 23개 특별 구도쿄는 엄밀히 말해서 '도쿄도東京都'의 약칭이다. 도쿄도는 23개 특별 구, 26개 시, 니시타마군西多摩郡 및 여러 작은 섬으로 구성된다. 이 중 도쿄의 핵심 지역이 23개 특별 구이다. 옮긴이의 공통된 특징이다. 때때로 도쿄의 동서 문제로 불리기도 한다. '도쿄는 언덕이 많다'는 것은 경제적 격차가 큰 장소가 많고, 역사적 다양성이 풍부한 도시라는 뜻이기도 하다.

평소에 우리는 도쿄 내부를 이동할 때 지하철이나 자동차를 이용한다. 그래서 도쿄의 지도를 떠올릴 때 언덕을 의식하지 않는다. 아키하바라에서 오차노미즈로 이동할 때 저지대에서 고지대로 올라간다는 사실이나, 메구로에서 고탄다로 이동할 때 계곡을 내려간다는 사실을 의식하지 않는다.

이는 '현실'을 제대로 보지 못하는 것이다. 언덕은 눈에 보인다. 격차는 눈에 보이지 않는다. 둘은 서로 연결되어 있는데 우리는 보지 않은 채로 살아간다. 보는 거라곤 스마트폰의 지도뿐이다. 언덕투성이인 마고메는 이런 맹점을 깨닫게 해준다. 마음에 든다.

---

i) 공중에서 내려다본 대지의 평면 형태가 마치 혀(설·舌)를 연상케 한다고 해서 붙여진 명칭.

휴가와 뜻밖의 일

해마다 설 명절이 찾아오면 가족과 함께 홋카이도로 스키 여행을 떠난다. 루스쓰 리조트The Westin Rusutsu Resort에서 항상 묵는데, 어느덧 8년이 되었다.

그런데도 생활공간으로서의 루스쓰 촌留寿都村에 대해서는 아무것도 모른다. 스키장 바로 옆에 호텔이 있어서 리조트 바깥에 나갈 필요가 없기 때문이다.

하네다 공항에서 신치토세 공항까지 한 시간 반이 걸리고, 공항에서 호텔까지는 버스로 직행하니, 집에서 나와 그대로 스키장까지 곧장 이동하고, 돌아올 때도 곧바로 귀가하는 셈이다.

그런데 몇 년 전, 집으로 돌아오는 길에 악천후로 신치토세 공항이 폐쇄된 적이 있었다. 활주로가 눈으로 뒤덮여 비행기 운항이 불가능한 상황이었다. 당연히 우리 가족이 탑승할 밤 열 시 비행기도 운항이 금지되었다. 공항 카운터에는 하네다행 비행기의 출발 시각 변경을 요구하는 승객들로 인산인해였다. 이대로는 언제 도쿄로 돌아갈지 막막해 항공 노선을 포기하고 육로로 귀가하기로 했다.

아직 홋카이도 신칸센新幹線이 완성되기 전이어서

삿포로에서 도쿄까지 육로로 이동하는 데 많은 시간이
걸렸다. 눈보라 속에서 어찌어찌 삿포로까지 나와서 작은
호텔에서 하룻밤을 묵었다. 다음 날, 아침 식사를 마치고
삿포로역에서 특급 열차를 탔는데 하코다테까지 세 시간
반이 걸렸다. 삿포로는 홋카이도 중앙부에 있는 도시이고, 하코다테는 홋카이도 남쪽
끝에 있는 도시다. 옮긴이 하코다테에서 신아오모리까지는 두 시간.
신아오모리에서 겨우 신칸센을 타서 세 시간 이상 열차에
몸을 싣고서야 도쿄역에 도착했다. 환승과 식사 등 열 시간이
넘게 여행하는 바람에 집에 도착했을 때는 가족 모두 지칠
대로 지친 상태였다.

그런데 그 여행이 묘하게 즐거웠다. 신치토세 공항에
착륙하는 비행기는 도마코마이 상공을 통과하고, 루스쓰의
스키장에서는 도야코와 우치우라만을 내려다볼 수 있었다.
물론 이는 비행기 창문이나 스키 고글 너머로 보는 '예쁜
바탕화면'에 지나지 않았다. 삿포로에서 하코다테까지의
철도 여행은 여기에 입체감을 부여해주었다. 특급 열차
호쿠토北斗는 도마코마이와 도야코 호수를 통과한다.
'지토세와 도마코마이 사이에는 이런 풍경이 있구나.'
'스키장에서 보이던 산이 이거구나.' 스마트폰의 지도 앱과
차창을 번갈아보았던 세 시간 반 동안 나는 홋카이도에
강하게 감정 이입할 수 있었다.

다소 추상적으로 말하면 나는 이때 '경로의 재발견'을

경험했다. 평소에 우리는 여행하며 가급적 경로를
최소화하려고 한다. 가능한 한 빨리, 스트레스 없이 목적지에
도착하는 것을 좋다고 여긴다.

　이는 신체적 여행에 한정되지 않는다. 과거에 우리는
무언가를 알고 싶으면 다른 사람에게 묻거나 도서관을
찾아갔다. 지금은 스마트폰에 키워드를 입력하기만 하면
원하는 정보가 한순간에 뜬다. 검색 기술을 지탱하는 것도
경로 최소화를 지향하는 가치관이다.

　하지만 이것이 옳은 가치관일까? 현대인은 바쁘다.
그러다 보니 경로의 최소화를 당연시한다. 리조트로 향하는
마음과 인터넷이 편리하다고 여기는 마음은 경로의 최소화를
추구한다는 점에서 통한다.

　그러나 이는 동시에 인생으로부터 어떤 풍요로움을
앗아가는 것이다. 그것이 휴가라면 더더욱 그렇다. 휴가는
본래 효율성과 거리를 두고 뜻밖의 일(의도하지 않은 사고나
만남)을 즐기기 위한 시간이 아닐까? 그래서 올해도
나는 신치토세 공항을 거칠 때 마음 한구석에서 결항을
기대했었다.

외지인이 만드는 지역 예술

미술평론가인 친구 구로세 요헤이黒瀬陽平가 큐레이터를 맡은 〈150년의 고독〉이라는 특이한 전시가 후쿠시마현 이와키시いわき市에서 열리고 있다. 조반선ⁱ⁾ 이즈미역 근처 찻집에서 편지를 받아서 거기에 적혀 있는 지시를 따라 동네를 걸어 다니면 150년 전 메이지 유신 시절 일본 전국에서 벌어졌던 '폐불훼석廃仏毀釈, 19세기에 수립된 메이지 정부가 그 전까지 혼합된 형태로 존재했던 불교와 신토(일본 토착 종교)를 분리하는 법령을 제정하자 일본 각지에서 벌어진 불교 배척 운동으로 불상, 사원, 불경 등이 파괴되었다. 옮긴이'의 상흔을 체험하게 된다.

나는 2018년 1월 6일 이곳을 방문하였다. 이즈미역 주변은 이와키시 남동부로, 과거 이즈미번泉藩, 번藩은 전근대 일본의 전통적인 지방 정부로, 중앙 정부에 해당하는 막부幕府로부터 강력한 자율성을 확보하고 있었다. 메이지 유신으로 무너진 에도 막부시대 말기에는 일본 전역에 약 280개 번이 있었다. 옮긴이이라 불리던 작은 번이었다. 이즈미번은 폐불훼석이 특히 격렬하게 진행되어 모든 사원이 파괴되었다. 그 결과, 사원이 거의 없는 지금은 독특한 장례 관습을 지키고 있다.일본에서는 대개 사람이 죽으면 사원(절)에 묻힌다. 일본에는 "태어나면 신사(신토)에 가고, 결혼은 교회(기독교)에서 하며, 죽으면 사원(불교)에 묻힌다"는 우스갯소리가 있다. 옮긴이 구로세는

이 상황을 '부흥의 실패'라고 표현한다. 동일본 대지진을
염두에 둔 표현일 것이다.

전시가 이 '실패'에 어떤 해답을 내놓았는지 소개하면
스포일러가 되니 더 이상 말할 순 없을 것 같다. 일단
'그렇구나. 예술은 이런 역할도 할 수 있구나'라고 감탄했음을
적어둔다. 무엇보다 요즘 회자되는 '지역 예술'의 새로운
가능성을 시사했다는 점에서 감명을 받았다. 이러한 주제에
관심 있는 독자들은 꼭 방문해보길 바란다.

지금은 지역 예술 시대다. 전국 각지에서 지방자치단체
이름을 딴 예술제가 거의 매달 열리고 있다. 올해는 그
대표 격인 〈대지大地의 예술제 에치고츠마리越後妻有 아트
트리엔날레〉ⁱⁱ가 개최된다. 미술계에서는 이런 전시를 통해
현대 미술이 관람객을 유치하는 힘과 문제를 발견하는
능력을 높이 평가한다. 하지만 문제점도 보인다. 지역 예술은
행정 기관과 주민의 지원 아래 성립한다. 그러다 보니
아무래도 표현에 제약이 따르는 게 사실이다. 자연, 음식 등
해당 지역의 매력을 강조하는 우등생 같은 작품이 주류가
된다.

그런 점에서 구로세의 시도는 반짝인다. 그는 정기적으로
이와키에서 전시를 개최하고 있는데, 이번이 세 번째다.
그러나 그는 후쿠시마 출신도 아니고, 거기에 거주하지도
않으며, 그렇다고 초대받은 것도 아니다. 제작비도 본인이

조달한다. 즉, 완전히 '외지인'이 '멋대로' 만드는 지역 예술인 셈이다. 그래서일까. 처음에는 주민들이 경계심을 늦추지 않았고 충돌한 적도 있었다고 한다.

그러나 이번 전시는 바로 '외지인'이라는 그의 시점이 잊힌 향토사鄕土史를 발굴하여 150년 전과 현재를 연결 짓는 데 성공했다. 폐불훼석은 향토사로서 내세울 만한 주제가 아니다. '부흥의 실패'라는 평가를 듣게 될 주민들도 기분 좋을 리 없다. 만약 전시가 행정 기관의 지원을 받는다는 전제로 구상되었다면 기획 단계에서 이것저것 변경되었을 것이다. 그런데 전시의 뚜껑이 열리자 많은 주민들이 관심을 보였고 지지도 표명했다. 연말 행사는 지역 신문에도 소개되었다. 기획 단계에서는 불필요한 도발로 보였던 주제도 표현이 완성되고 나면 충분히 납득할 수 있는 결실을 맺는 것이 예술에서는 가능하다.

현대는 지역 예술의 시대이자 동시에 '당사자'의 시대다. '우리 마을에서 전시할 거라면 우선 마을 주민의 뜻을 들어라'라는 주장이 당연시된다.

하지만 사람은 때로 자기가 정말 필요로 하는 것이 무엇인지 모를 때가 있다. 예술의 실천은 이런 역설에서 나온다. '외지인'이 '멋대로' 하게 두었을 때 비로소 나오는 표현도 있는 법이다.

i) 도쿄도 닛포리역에서 출발하여 이바라키현, 후쿠시마현의 태평양 해안선을 따라 미야기현 이와누마역을 잇는 343.7킬로미터의 노선. '본선'이라는 표현을 쓰지 않는 JR노선 중에서 가장 긴 노선이다. 2011년 동일본 대지진 때 피해를 크게 입은 노선 중 하나다.

ii) '에치고 츠마리'는 농업을 통해 대지와 관계를 맺어온 산간 지방으로, 2000년에 시작된 이 전시는 작가와 주민이 동등하게 참여하여 공간, 장소, 자연, 인간, 삶, 실천, 도시 재생이라는 주제를 선보이고 있다. 비엔날레는 2년, 트리엔날레는 3년마다 열리는 국제 전시다.

가상 화폐와 게임

비트코인을 20만 엔 정도 샀다. 최근 급등락으로 회자되고 있는 가상 화폐 말이다.

화폐는 신뢰를 전제로 존재한다. '이 돈을 다른 사람이 받아준다'는 신뢰가 무너지면 지폐는 한낱 종잇조각에 지나지 않게 된다. 기존의 화폐는 각 나라의 중앙은행이 신뢰를 뒷받침한다. 그런데 가상 화폐를 낳은 '블록체인' 기술은 중앙은행이 아니라 익명의 컴퓨터 집합으로 신뢰를 창출한다. 이 획기적인 기술은 인류 사회를 근본적으로 변화시킬 가능성을 갖고 있다. 그래서 관심을 갖고 쭉 지켜보았다.

다만 투자 대상으로 가상 화폐를 매매할 생각은 없었다. 최근 몇 개월 동안 가상 화폐 시장의 열기는 대단하다. 그러나 버블은 반드시 터진다. 견실하게 사는 것이 최고다. SNS소셜 네트워크 서비스에서 비트코인으로 큰돈을 벌었다는 소문이 퍼지고, 그 속에서 지인의 이름이 회자되어도 나는 휘말리지 않을 것이다.

그런데도 비트코인에 투자한 이유는 '왜 이렇게 사람들이 가상 화폐에 푹 빠진 걸까?'라는 관심 때문이다. 비트코인의 세계적인 급등은 일본 개인 투자자의 증가에 힘입은 바가 크다고 한다. 투자 경험이 없는 인터넷 사용자가 급등한다는 소문에 솔깃해 너도나도 시장에 몰려들어 거래 가격을 끌어올리는 형국이라는 것이다. 가상 화폐의 어떤 점이 그리 재미있을까?

직접 해보지 않고서는 알 길이 없으니 사기로 한 것이다.

앞에서 말했듯이 구매 금액은 20만 엔. 다 날려도 크게 아깝지 않지만 어느 정도 긴장감이 생기는 금액으로 정했다. 구매한 시간은 1월 17일 오전 열 시. 올해 들어 가장 크게 폭락했던 때다.

비트코인을 구매하고 가상 화폐 시장 웹사이트를 열어둔 채로 일했다. 놀랍게도 소유자산의 일본 엔화 표시가 십 초마다 바뀐다. 수백 엔 단위로 점점 내려가다가 '지금 19만 3200엔. 어, 벌써 19만 2600엔'식으로 순식간에 19만 엔이 되었다. '아하, 이거 푹 빠지겠구나'라는 걸 실감했다. 십 초마다 변동하는 숫자에 말 그대로 눈을 뗄 수 없었다. 더구나 가상 화폐 시장은 공휴일도 점심시간도 없다. 24시간, 365일 거래가 가능하다. 구매자는 조금이라도 시간이 나면 스마트폰을 들여다보며 숫자를 확인하게 된다.

나는 약간의 주식을 보유하고 있다. 하지만 가상 화폐는 주식을 운용하는 것과는 상당히 다른 경험이다. 지금 눈앞에 펼쳐지는 가상 화폐 버블 상황에 경제 지식은 도움이 되지 않는다. 숫자가 오르느냐 내리느냐, 이것뿐이다. 거래 방법은 매우 단순하고 결과도 곧바로 알 수 있다. 게다가 언제, 어디서든 할 수 있다. 푹 빠질 수밖에 없는 게임의 조건을 충족시킨다. 가상 화폐 거래는 투자보다 소셜 네트워크 게임[i]에 가깝다.

　게임으로 보아도 가상 화폐 거래는 잘 만들어진 게임이다. 중독성도 있다. 하지만 만약 가상 화폐 시장에 투자할 거라면 놀이를 즐기는 차원 정도로 임하는 게 좋겠다. 가상 화폐 투자는 게임처럼 보이지만 게임이 아니기 때문이다. 잘못 이해했다가는 비극을 초래한다. 나는 사흘 정도 스마트폰에 달라붙어 있다가 20만 6000엔에 무사히 팔고 빠져나와 일상으로 돌아왔다.

----

i) Social Network Game. 소셜 네트워크 서비스를 기반으로, 인적 네트워크 형성을 목적으로 즐기는 게임을 총칭하는 장르.

시간제한 없는 토크쇼

2018년 2월, '겐론[i]) 카페'가 5주년을 맞이한다. 내 회사(겐론)가 도쿄 고탄다[ii])에 만든 토크 이벤트 공간이다.

겐론 카페는 정치, 사회 및 인문 분야의 '딱딱한' 내용을 다루는 것이 특징이다. 학자, 언론인 등 이른바 '논객'이 많다. 그러다 보니 초기에는 "그런 공간은 오래 가지 못할 것"이라는 말을 들었지만 다행히 꾸준히 수익이 늘어나고 있다. 성공 이유는 두 가지로 볼 수 있다.

첫째, 대화를 유료로 방송한 것이다. 겐론 카페는 백 석 정도의 좌석이 있는데 인기 있는 명사名士가 출연하면 입장권이 매진될 때가 있다. 지방 거주자 중에서 토크쇼 관람을 희망하는 사람도 있다. 그런 분들을 위해 입장권의 절반 가격으로 집에서도 토크쇼를 감상할 수 있게 하였다.

둘째, 토크쇼에 과감히 시간제한을 없앤 것이다. 일반적으로 토크쇼는 두 시간을 기본으로 한다. 서점에서 열리는 북 토크의 경우 한 시간인 경우도 많다. 강연이나 학회라면 그 정도 시간이면 충분하다. 하지만 대화는 그렇지 않다. 모르는 사람들이 서로 마음을 열기까지는 시간이 걸린다. 대부분의 토크쇼는 본격적으로 논의가 이루어질

무렵에 끝나고 만다. 당연히 결과가 만족스럽지 않다.

이에 겐론 카페는 과감히 시간제한을 없앴다. 물론 마치는 시간을 설정해놓긴 했다. 그러나 출연자가 희망하는 경우 무제한 연장하는 것을 기본으로 삼는다. 실제로 중간에 술도 마시며 다음 날 새벽(!)까지 토론을 계속한 적도 있다.

물론 두 가지 방침을 도입한 초기에는 내부에서 혼란이 따르기도 했다. 인터넷으로 방송하면 공간을 찾는 사람이 줄지 않을까? 출연료는 고정인데 시간을 연장하면 출연자가 불만을 갖지 않을까? 막차 시간이 이른 관객에겐 어떻게 대응해야 하지?

그러나 막상 뚜껑을 열고 보니 기우에 지나지 않았다. 인터넷으로 방송한다는 소식이 SNS에 퍼지면서 잠재적 고객이 늘었고, 결과적으로 공간을 찾는 고객도 늘었다. 막차 문제도 방송으로 해결하였다. 관객들은 중간에 자유롭게 퇴장할 수 있고, 그 뒤에 이어지는 토크쇼는 방송으로 시청할 수 있음을 공지했다. 시간 연장에 대한 출연자의 불만도 전혀 없었다.

겐론 카페의 토크쇼에 참여하는 사람들은 학자나 언론인으로, 출연료에 신경을 쓰지 않고 자기가 하고 싶은 이야기를 자유롭게 할 수 있는 환경을 원한다. 최근에는 시간 연장을 전제로 방대한 자료를 들고 오는 경우도 적지 않다. 관객들도 이를 기대한다. 그 결과 '겐론 카페는 특별하다'는 인식이 퍼지고 있다.

경영자 입장에서는 매우 고마운 일인데, 이와 함께 기존의 토크쇼들이 얼마나 허술하게 운용되고 있는지, 아까운 인적 자원을 허비하는 건 아닌지 통감하고 있다. 일본은 좌담회 문화가 풍부하다. 〈아침까지 TV 생방송!〉 같은 토론 프로그램이 있고, 딱딱한 강연이 아니라 속마음을 주고받는 대화를 듣고 싶어 하는 수요가 꾸준하다. 무엇보다 매력적인 인물이 많다.

그런데 출판사, 대학, 이벤트 기획자가 이를 제대로 활용하지 못하고 있다. 유명 작가와 학자를 불러 이름뿐인 '대화'를 기획하고, 비싼 홍보 비용을 들여 손님을 모으는 것으로 성공했다고 여기는 공허한 비즈니스 모델이 널려 있다. 겐론은 여기에 도전장을 내밀고 있다.

---

i) 겐론ゲンロン. 아즈마 히로키는 2012년에 잡지 『사상지도思想地図』를 간행하는 출판사 겐론을 설립했다. 겐론은 '언론言論'이라는 뜻이다. 지금은 겐론의 대표직을 사임하고 잡지 『겐론』의 편집장을 맡고 있다. 2013년 2월에는 겐론 본사와 가까운 곳에 '겐론 카페'라는 이벤트 공간을 마련하여, 여러 학문 분야의 학자·연구자·저널리스트 등을 초대하여 '겐론 스쿨'이라는 이름으로 연속 강의를 진행하고 있다.

ii) 고탄다五反田. 일본 도쿄도 시나가와구 북부에 있는 JR 야마노테선·도쿄 급행전철 이케가미선·도에이 지하철 아사쿠사선의 고탄다역을 중심으로 한 지역. 야마노테선을 경계로 니시고탄다와 히가시고탄다로 나뉜다. 도쿄 남쪽 지역의 핵심 지역으로 오피스 거리, 번화가, 유흥가가 펼쳐져 있다.

리조트와 편안함

딸이 초등학생이 되기 전, 카리브해 크루즈 여행에 오른 적이 있다. 출발지는 미국 플로리다. 우리 가족이 탑승한 배는 세계에서 제일 큰 여객선으로 전체 길이 362미터, 높이 72미터, 객실만 해도 16층짜리인 괴물 같은 배였다. 배를 하나의 동네라고 봐도 무방할 정도였다.

배 안에는 레스토랑, 수영장은 물론 극장, 카지노, 나이트클럽, 아이스 스케이트장 등 각종 가게가 있었다. 일본에서는 크루즈라고 하면 나이 지긋한 부부가 우아하게 세계를 일주하는 이미지가 강한데, 카리브해 크루즈는 오히려 일반 대중 노선을 강조한다. 16층이나 되다보니 객실 가격이 놀라울 정도로 저렴하다. 배 안은 가족 단위 여행객과 단체 여행객으로 성황이었고, 날마다 축제처럼 느껴졌다.

크루즈 여행을 하며 '편안함'을 추구하는 미국 리조트 비즈니스의 철저함을 여실히 느꼈다.

이를테면 승선. 배에 탄다고 하면 일본인은 항구까지 본인이 직접 간다고 생각한다. 실제로 나도 트렁크를 끌고 갔는데 도착해서 보니 미국 승객은 아무도 트렁크를 끌고 오지 않아서 놀랐다. 모두 공항에서 배로 짐을 보내고 빈손으로 체크인했다. 배에서 내릴 때도 비슷한 서비스가 있었다. 방에 짐을 놔두면 알아서 지정한 항공편에 실어 자택과 가까운 공항에서 받을 수 있었다.

승객은 빈손으로 와서 빈손으로 간다. 머리에도 몸에도 최대한 부담을 주지 않는다. 한 소비자의 감상에 지나지 않지만, 미국의 비즈니스는 일본 전통 여관의 '극진한 접대오모테나시おもてなし'보다 훨씬 철저하다는 것을 느꼈다. 객실에 들어가면 텔레비전 화면에 엔터테인먼트 프로그램이 켜져 있다. 클릭하면 영화, 쇼를 보거나 레스토랑을 예약할 수 있다.

배 안을 거닐면 직원들이 알아서 사진을 찍어준다. 사진은 얼굴 인증 기술을 이용해 자동으로 분류되어 전용 단말기로 원하는 만큼 구입할 수 있다. 크루즈 요금에 승선 기간의 기본 식사 요금도 포함되어 있어서 스탠드에서 아무리 많이 먹어도 무료다. 지갑을 가지고 다닐 필요가 전혀 없다. 뭘 사야 할지 생각할 필요도 없다.

그중에서도 특히 놀라운 것은 다른 나라 영토에 내리는 데 여권이 필요하지 않다는 것이다. 배는 플로리다를 출발해 아이티, 자메이카, 멕시코에 정박했다. 그런데 입국 심사를 하지 않았다. 객실 열쇠를 기계에 터치하는 것만으로 승하선 수속이 끝난다. 아마도 많은 미국인 승객들은 그곳이 '외국'이라는 의식조차 없지 않았을까?

이것이 '좋은 여행'인지에 대해서는 의견이 나뉠 것이다.

이런 여행은 놀라움도, 새로운 발견도 없다고 비판할 수 있다. 마음에 들어 하지 않는 독자도 많을 것이다.

하지만 여행을 하는 내내 어린 딸은 매우 즐거워했다. 승객 가운데 연세가 많은 분이나 장애인 등 사회적 약자가 많았다는 점도 인상적이었다. 머리에도 몸에도 부담을 주지 않는 여행은 여행답지 않을 수 있지만 약자에게는 구원일 것이다.

카리브의 햇볕이 내리쬐는 수영장에서 칵테일을 마시며 '이에 비하면 일본의 전통 온천 여관은 걸림돌이 많다'고 생각했다.

선택지는 무한하다

입시의 계절이다. 우리 집도 열두 살 딸이 사립중학교 입학시험을 치렀다. 일본도 중학교까지는 의무 교육이기 때문에 시험을 보지 않아도 집 근처 중학교로 진학할 수 있다. 하지만 대도시에는 입학시험에 합격해야 입학할 수 있는 중학교도 있어서 희망할 경우 응시할 수 있다. 옮긴이

중학교 입학시험이라 이미 합격 발표도 났다. 딸은 지금 참고서를 묶어서 쓰레기로 내놓고, 친구들과 신나게 놀며 지낸다. 그 모습을 보며 새삼 입시는 '잔인'하다고 느꼈다.

당연한 말을 굳이 왜 하느냐고 할지도 모르겠으나 젊을 때는 그렇게 생각하지 않았다. 나도 시험을 치러 중학교, 대학교에 들어갔다. 입시 학원에서 일한 적도 있어서 입시업계와도 인연이 깊다. 그런데도 이렇게 소박하게 다시금 생각하는 것은 이번에 수험생 부모 입장에서 입시의 본질을 깊이 들여다봤기 때문이다.

입시의 본질은 무엇일까? 입시란 결국 시험을 치른다는 것이다. 시험을 보는 이유는 합격/불합격 결과를 내기 위해서다. 결과가 나오면 '합격한 나' 또는 '불합격한 나' 중 하나만 존재한다. 여기에 입시의 본질이 있다. 수험생은 합격/불합격이라는 단순한 대립 구도 안에서 몇 년 후의

'나'를 상상한다.

우리는 늘 미래를 상상하며 살아간다. 그런데 미래는 대개 기간이 애매모호한 법이다. 당락當落의 판정 날짜가 정해진 경우는 거의 없다.

예를 들어 몇 년 후의 자신을 상상하며 독신인지 기혼인지 궁금해할 수는 있다. 그러나 그 차이가 심각한 대립을 가져오는 건 아니다. 독신이라도 결혼할 가능성이 있고, 결혼했다가 이혼할 가능성도 있다. 어쩌면 결혼하기 싫어졌을지도 모른다. 미래는 다양한 가능성이 공존하고, 어느 것이 최선이라고 쉽게 정할 수 있지는 않다. 인생이란 그런 것이다. 특히 아이가 생기면 이 '애매모호함'을 깊이 생각하게 된다. 아이의 인생에 무엇이 최선인지 쉽게 정할 수 있는 부모는 없을 것이다.

그런데 입시는 미래에서 이 애매모호함을 빼앗아버린다. 수험생이 되는 순간, 미래의 딸은 '합격한 딸'과 '불합격한 딸'로 나뉜다. 내년, 내후년의 계획을 이야기할 때 우리 가족은 이 나뉨을 의식해야 한다. 재정 계획부터 여행 일정까지 모든 것이 달라지니 의식할 수밖에 없다.

이번에 수험생 부모를 경험하면서 이 잔인함이야말로 입시의 본질이라고 느꼈다. 입시가 잔인한 것은 수험생을 합격/불합격으로 나누기 때문만은 아니다. 정말 잔인한 것은 몇 년 동안이나 수험생과 가족에게 '너의 미래는 합격/불합격

중 하나야'라는 단순한 대립 구도를 강요하는 데 있다.

우리 가족의 대학 입시는 이제부터 본격적으로 시작된다. 이 글을 읽는 독자 중에서도 분명 수험생과 가족이 있을 테다. 모두 지금을 운명의 갈림길로 느낄 것이다.

그러나 실제로는 그런 단순한 갈림길은 존재하지 않는다. 물론 지망하는 학교에 합격한다면 참으로 기쁜 일이다. 하지만 몇 년 후에는 지망한 학교를 중간에 그만둘 수도 있고, 창업을 했거나 외국에 가 있을지도 모를 일이다. 인생의 선택지는 무한하다. 이 사실을 염두에 두고 시험장에 들어갔으면 한다.

반려동물과 가족

집에서 햄스터 두 마리를 키우게 되었다. 딸이 같은 반 친구에게 받아왔다.

지난달까지 다른 햄스터 한 마리를 키웠다. 그 햄스터가 나이 들어 죽어서 새 햄스터를 데려왔다. 나이 든 햄스터는 잠만 잤었는데, 새로 온 햄스터는 태어난 지 얼마 안 되어 호기심이 왕성해서인지 손을 내밀면 바로 올라탄다. 앞으로 2년 동안(햄스터 수명은 대체로 2년이다) 이 두 마리가 새 가족이다.

작은 동물이 무리 지어 노는 것을 바라보는 일은 무조건 즐겁다. 새삼 반려동물은 신기한 존재라는 생각이 든다.

나는 방금 햄스터가 '가족이 된다'고 표현했다. 실제로 많은 사람들이 반려동물을 가족으로 여긴다. 가족은 원래 혈연 집단을 가리키는 말로, 인간과 반려동물은 종種이 다르니 혈연관계가 아니다. 그런데 왜 '가족'이라고 부르는 걸까?

나는 대학에서 철학을 연구했다. 그때 주체, 타자, 소통에 대한 난해한 이론을 많이 배웠다.

하지만 그 이론들은 인간과 반려동물의 관계를 사유하는

데 도움이 되지 않는다. 대부분의 철학 이론은 인간과 인간의 관계를 사유한다. 인간과 동물의 관계를 사유하는 이론은 거의 없다(동물의 권리 등을 논하는 응용윤리학이 몇 안 되는 예외다). '인간과 동물의 인간적인 관계'를 사유하는 분야는 전혀 없다. 많은 철학자들이 반려동물의 의미를 사유하는 데 별다른 가치를 느끼지 못하는 것 같다.

그러나 나는 최근에 반려동물의 존재가 철학에 굉장히 중요하다고 느꼈다. 물론 반려동물은 인간이 아니다. 모두가 아는 사실이다. 그런데도 어쩐 일인지 인간은 반려동물과 인간적인 관계를 맺으려 한다. 이것이 반려동물과의 관계에서 신기한 점인데 "이런 감정이 사실은 인간관계를 '확장'해서 얻게 되는 착각이 아니라 오히려 인간관계의 기초이자 기원이 아닐까?" 하는 생각이 든다.

예를 들어 조금 전 나는 가족은 혈연 집단이라고 표현했다. 그러나 현실에는 혈연관계가 아닌 가족이 많이 존재한다. 아니, 이런 비혈연적이면서 가족적인 관계야말로 사회에 역동성을 부여한다. 애당초 국민 국가 자체가 '비혈연적 가족'의 전형이다. 인간은 다양한 존재를 가족으로 여길 수 있다. 반려동물은 물론 기계나 가상의 존재까지도 가족으로 받아들일 수 있다. 이처럼 가족 개념에는 강력한 확장성이 있다. 오히려 피血로 연결된 가족이 특수한 사례다. 반려동물에 관한 사유는 이렇게 우리를 넓은 지평으로 이끌어준다.

　아무튼 우리 집에 인간이 아닌 가족이 늘었다.

반려동물과 주인 사이에는 때때로 '얼굴이 닮는' 일이
일어난다. 골격, 근육 등 모든 것이 다른데도 서로 '닮는'다는
게 어떻게 가능한지 신기할 따름이다. 동물의 얼굴은 도대체
무엇인지 고민하게 되는데, 하여튼 인간은 그런 느낌을
품는다. 햄스터는 고독을 선호해서 보통 한 마리만 키운다고
한다. 그래도 우리 집에 온 두 마리는 언제까지나 사이좋게
지내고, 아내와 딸을 닮았으면 좋겠다.

아마존과 편의점

사무실이 좁아졌다. 직원이 늘어서다. 지난해 말에
사무실을 추가로 임대했는데 내부 공사를 마치기 전에
직원이 더 늘었다.

나는 좁은 공간을 싫어한다. 다들 그렇게 생각할지
모르나 실은 꼭 그렇지도 않다. 좁은 공간을 좋아하는 사람도
꽤 있다.

원래 일본 사람은 좁은 공간을 좋아한다. 다실茶室,
도시락 등 전통적으로 일본 문화는 좁은 공간을 효율적으로
활용하는 것을 높이 평가한다. 건축에서는 '협소 주택'이라는
특이한 용어가 존재하며, 현대 일본을 상징하는 편의점이나
수납 용품을 산처럼 쌓아놓은 대형 마트도 좁은 공간을
활용한 좋은 예라고 할 수 있다.

많이 듣는 이유로는 일본은 국토 면적이 좁아서
그렇다는 주장이 있다. 나는 이 주장에 회의적이다. 지방에
내려가면 큰 길 주변이나 대형 주차장 한가운데에 조그만
편의점이 있는 광경을 자주 볼 수 있다. 원룸 맨션도 전국
어디에나 있다. 맛있는 라면집도 대체로 좁다. 아무리 넓은
땅이 있어도 편의점, 원룸 혹은 카운터가 좁은 라면집을

선호하는 것이다. 일본인은 '잘 궁리된 좁은 공간'을 각별히 좋아하는 것이 아닐까.

　나도 일본에서 자랐기에 이 미학을 이해하지 못하는 것은 아니다. 그러나 회사를 운영하면서 생각이 바뀌었다. 공간이 좁으면 그에 상응하는 비용이 든다.

　그중에서도 가장 큰 것이 수납 비용이다. 좁은 공간을 궁리해서 활용한다는 것은 달리 말하면 고민하는 데 비용을 들인다는 것을 의미한다. 무엇을 어디에 둘까 생각하는 데 머리를 쓰고, 무엇을 어디에 뒀는지 떠올리는 데 머리를 쓰고, 꺼내는 데도 머리를 쓴다. 일본인은 궁리가 효율을 낳는다고 간주하는 경향이 있다. 분명 편의점의 상품 배치는 일종의 예술로 느껴질 정도다.

　하지만 모두가 편의점을 본받을 필요는 없다. 공간 비용과 수납 비용의 트레이드 오프trade off[i])를 다룰 때마다 예전에 보았던 '아마존 창고 동영상'이 생각난다. 단말기에 송신되는 배송 지시에 따라 종업원과 로봇이 연계해 24시간 상품을 꺼내는 선반은 놀라울 정도로 빈 공간이 많아서, 지금까지 보아온 어떤 창고와도 달랐다. 같은 상품이 여러 장소에 있고, 상품이 서너 개만 있는 선반도 있다. 아마도 아마존은 상품을 찾고 꺼내는 시간을 최대한 줄이는 것을 우선하고 공간 효율성은 희생해도 된다고 판단한 것 같다. 아마존이 생각하는 효율성은 편의점의 효율성과는 전혀 다르다.

아마존 창고와 편의점, 어느 쪽이 '아름다운'지는
판단이 갈릴 것이다. 창고가 아닌 자기 방이나 회사 공간을
설계한다면 최종적으로 취향에 좌우될지도 모른다. 편의점
같은 미로 공간이 마음에 드는 사람이 많겠지만, 지금의 나는
아마존 방식이 더 마음에 든다. 확 트인 넓은 곳에서 일하고
싶다. 그러나 현실은 이상과 동떨어져 있다. 오히려 작은
공간을 추가로 임대해 다른 건물에 있는 사무실을 오가는
지경이 되었으니 이상에서 더욱 멀어졌다. 언젠가 한 방 크게
터트려 쓸데없이 넓은 사무실을 얻는 것이 꿈이다.

----

i) 실업을 줄이면 물가가 올라가고 물가를 안정시키면 실업률이 높아지는 것처럼 어느
  것을 얻으려면 반드시 다른 것을 희생해야 하는 경제 관계를 말한다.

천재를 홀로 두지 않기

내가 운영하는 '겐론'은 출판과 이벤트 공간을 운영하고
있다. 여기에 시민 강좌(겐론 스쿨)를 열고 있는데, 비평, 현대
미술, SF 소설, 만화 등 네 개 과정을 운영하고 있다. 얼마
전에 〈'새 예술학교' 제3기 수료 성과전〉을 여는 등 사업을
시작하고 3년밖에 되지 않았는데도 벌써 성과가 나오고 있다.

'새 예술학교' 제1기 금상 수상자는 '오카모토 다로[i]
현대예술상' 2등(도시코 상)을 수상했다. SF 강좌 제2기
수강생은 졸업하기도 전에 닛케이 '호시 신이치[ii] 상'
그랑프리를 수상했다. 내 입으로 홍보하는 것 같아서
머뭇거리게 되지만 겐론 스쿨은 지금 일본에서 '프로'로
데뷔할 가능성이 가장 높은 강좌라고 생각한다.

그렇다고 이 사업이 재능 있는 젊은 작가를 발굴하는
것만을 목적으로 삼는 것은 아니다. 물론 새로운 재능을
배출하는 일은 기쁘다. 하지만 재능 발굴이 목적이라면 시민
강좌를 열 게 아니라 인터넷을 돌아다니는 게 더 효율적이다.
실제로 젊은 세대를 독자로 한 엔터테인먼트 소설은 이미
그런 체계를 갖추었다. 편집자는 인터넷의 유명 투고 사이트를
돌아다니며 히트 작품을 발굴한다. 요즘 젊은 작가는 독자와

적극적으로 교류하고 저절로 성장해간다. 힘들여 신인을 키울
필요가 없다.

생각해보면 이것은 새로운 현상이 아니다. 원래 문단,
미술계 등 예술 분야는 전통적으로 천재 대망론이 강하다.
천재는 키울 수 없다. 교육과 관계없이 등장한다. 편집자나
큐레이터가 할 수 있는 일이라곤 천재가 나타나기를
기다리는 것뿐이다. 이 생각에 따르면 겐론의 강좌는
쓸데없는 시도다.

그런데도 내가 강좌를 여는 이유는 '천재는 저절로
등장하겠지만 홀로 두면 살아갈 수 없다'고 믿기 때문이다.
천재는 분명 키울 수 있는 존재가 아니다. 그러나 영원한
천재도 없다. 인생은 길다. 재능이 고갈되기도 하고 작품의
스타일이 바뀌기도 한다. 이를 수용해주는 환경이 없다면
지속적인 창작 활동이 어렵다. 재능은 버팀목이 되어주는
'평가 공동체'를 반드시 필요로 한다.

그래서 나는 겐론의 강좌가 재능 있는 예술가를
배출하는 것뿐만 아니라 재능의 버팀목이 되는 공동체를
키우는 것을 목적으로 삼는다. 그렇지 않으면 교육에
의미가 없다. 아무리 교육 커리큘럼을 잘 설계하더라도 모든
수강생이 꿈을 이루어 데뷔하는 것은 불가능하다.

그럼 데뷔하지 못한 소설가 지망생이나 미술가 지망생은
'패배자'일까? 그렇지 않다. 예술은 그런 것이 아니다.

이들처럼 프로가 되지 못한 아마추어가 다음 세대의 재능을 찾아내고 키워가는 순환 구조를 만들지 않으면 예술은 존속될 수 없다. 그런 점에서 그들도 예술에 반드시 필요한 사람들이다. 이처럼 나는 '아량이 넓은' 예술계를 다시 만드는 데 힘을 더하고 싶다. 겐론 스쿨은 그 도전의 첫걸음이다.

천재 대망론은 자본주의적 논리다. 재능을 재빨리 사서 높은 값에 팔고 빠진다. 언젠가부터 편집자도, 갤러리스트도 그런 사람들뿐이다. 이대로 내버려둬서는 안 된다. 천재를 이해하고 포용하는 독자와 관객을 키워내지 않으면 문화는 발전하지 않는다. 지금, 일본에 부족한 것은 독자와 관객이다.

---

i) 오카모토 다로岡本太郎. 1911년 출생. 일본의 예술가. 1930년부터 1940년까지 프랑스에서 지냈다. 추상 미술 운동이나 초현실주의 운동과도 교류했다. 제2차 세계대전 이후 미술, 저술 활동은 물론 TV 등 미디어에도 적극적으로 출연했다.

ii) 호시 신이치로 新一. 1926년 출생. 도쿄대학교를 졸업했다. 1957년 SF 동인지 『우주진』의 창간에 참여하여 '쇼트 쇼트(short short, 초단편 소설)'라는 새로운 분야를 개척했다. 일본 SF 작가의 일인자로 천 편이 넘는 작품을 발표했다. 1961년 단편집 『인조미인』으로 나오키 상, 1968년 『망상은행』으로 일본추리작가협회상을 수상했다.

대지신과 무기력함

동일본 대지진이 일어나고 7년이 지났다. 이제 도쿄에서는 대지진 얘기를 별로 하지 않는다. 세월을 이길 순 없는 법이다.

그렇지만 '시간이 흘러 상처가 아물었다'는 말로 넘어가서는 안 되는 현실도 있다. 후쿠시마 제1 원전 사고 처리가 그것이다. 기억은 사라져도 방사능은 사라지지 않는다. 용융[i]한 세 개 원자로를 해체하고 오염을 완전히 제거할 때까지 드는 시간과 비용을 전혀 예측할 수 없다.

도쿄시민으로 또 하나 걱정되는 것은 도쿄 바로 밑에서 일어나는 수도 직하 지진[ii]의 가능성이다. 2013년 말, 일본 정부는 충격적인 수치를 발표했다. 30년 이내에 규모 7 정도의 수도 직하 지진이 일어날 가능성이 70퍼센트이고, 최악의 경우 사망자 2만 명 이상, 피해액이 95조 엔에 이른다고 한다. 다만 이후 새 보고서가 나오지 않아서 최근에는 별로 언급되지 않는 듯하다. 심지어 지금 도쿄는 2020년 올림픽을 앞두고 열심히 공사 중이다.

이 문제를 어떻게 생각해야 할까? 70퍼센트는 결코 적은 수치가 아니다. 30년도 결코 긴 시간이 아니다. 그로부터

5년이 지났으니 지금 은행에서 25년 만기 대출을 받아서 집이나 아파트를 구입하면 변제가 끝날 때까지 거대 지진이 일어날 가능성이 70퍼센트 이상이라는 말이 된다. 굉장히 심각한 문제가 아닐 수 없다. 그런데도 모두들 걱정하지 않고 부동산을 매입한다.

후쿠시마에 대해서도, 도쿄에 대해서도 모두가 불편한 현실에 눈을 감고 일상을 살아간다. 나는 대지진 이후 줄곧 이 상황에 위화감을 느껴왔다. 요즘에는 조금 포기한 마음도 없지 않다.

일본은 지진의 나라다. 화산도 많고 태풍도 잦다. 재해 확률이 높은 것은 수도권만이 아니다. 일본 전체가 그렇다. 그렇다고 인간이 대비할 수 있는 일은 별로 없다. 도쿄올림픽이 열리는 동안 대지진이 일어나면 괴멸할지도 모른다. 모두가 알고 있다. 그러나 해결 방법이 없다. 심각하게 고민한다면 결론은 올림픽을 중지하는 것밖에 없다. 그래서일까. 모두 모른 척하면서 열심히 준비하고 있다.

어쩌면 이러한 모습은 재해로 점철된 열도의 긴 역사 속에서 체득한 생활의 지혜이자 문화일지도 모른다. 고도 경제 성장기부터 '버블'기까지, 우연하게도 일본에서는 대지진이 없었다. 그래서 모두 대지진이라는 전제 조건을 잊고 있었다. 그러나 동일본 대지진 이후 그 문화가 다시 전면에 등장한 모양새다. 대지진 이후의 일본이 무책임하고 무기력해진 나라가 된 것은 이 때문이다. 나 역시 아무 생각 없이 도쿄에 살고 있다.

커다란 문제에 눈을 감고서야 비로소 현실에 대처할 힘을 얻는다. 이는 결코 자랑스러운 일이 아니다. 세계적으로 보아도 정상적이지 않다. 하지만 일본인은 이 감성을 체득했기에 재해의 섬에서 살아남을 수 있었다. 일본은 그런 나라다.

그럼에도 나는 적어도 '생각해도 별수 없는 것'과 '그렇지 않은 것'을 구별하자고 주장하려 한다. 대지진은 생각해봤자 별수 없을지도 모른다. 하지만 원전 사고의 처리는 반드시 생각해야 하는 문제다. 고령화, 미군 기지 문제도 그렇다. 모든 문제를 재해 모델로 대응하면 무기력해질 뿐이다. 지금 일본은 너무 많은 문제를 '별수 없지'라는 태도로 넘어가려는 것 같다.

---

i) 고체가 열에 의해 액체가 되는 현상.

ii) 국가의 수도 아래에서 일어나는 지진.

애프터 토크는 왜 하는 것일까?

연극업계나 영화업계에는 '애프터 토크'라고 불리는
시간이 있다. 연극이나 영화 상영을 마치고 연출가, 감독,
배우 등이 무대에서 특별 게스트와 짧게 대담하는 시간을
말한다. 내가 젊었을 때는 거의 없었던 것 같은데 어느새
일반화되었다.

관객 입장에서는 방금 관람한 작품에 대해 제작자와
전문가의 이야기를 들을 수 있는 알찬 시간일 수도 있겠다.

직업상 나도 대담 게스트로 불려갈 때가 있다. 친분
때문에 부탁을 마다할 수 없을 때는 승낙하지만 애프터
토크는 웬만하면 하고 싶지 않다.

애프터 토크의 무서운 점은 게스트가 방금 본, 그것도
처음 보는 연극이나 영화를 제작자와 함께, 제작자가 모은
관객 앞에서 얘기한다는 것이다. 토크는 공연이나 상영
직후에 이루어진다. 사전 미팅은 전혀 없고, 애당초 5분이나
10분 남짓 동안 제대로 감상이 정리될 리가 없다. 그나마
작품이 재미있으면 어찌해보겠지만 이해하기 어렵거나
따분한 작품일 때도 있다. 그런 감상을 느닷없이 제작자에게
말하는 것은 큰 용기가 필요하다.

그곳에 모인 관객들이 제작자의 팬이라는 사실도 결정적이다. 그들은 연극이나 영화가 재미있을 것이라 기대하고 극장에 와서 돈을 낸 사람들이다. 아무리 쓴소리를 입에 달고 다니는 비평가라 하더라도 이 사람들 앞에서 '여러분들이 본 작품은 참 재미없네요'라고 할 수 있을까? 다시 말해 애프터 토크는 애초부터 작품을 긍정적으로 바라보게 되어 있다.

그나마 제작자가 대담 상대인 게스트에게 관심이라도 있다면 괜찮다. 연극이나 영화와 상관없는 화제로 대화를 나눌 수 있기 때문이다. 그러나 게스트가 작품에 흥미를 느끼지 못하고, 동시에 제작자도 게스트에게 흥미를 보이지 않는 상황은 정말 난감하다. '설마 그런 일이……'라고 생각하는 사람도 있겠지만, 행사를 준비하는 측이 생각 없이 게스트를 선택하면 그런 일도 벌어진다. 나도 최근에 경험했다. 이때는 단상에서 아무 얘기도 할 수 없다. 게스트는 최대한 제작자와 팬이 불쾌하지 않도록, 식은땀을 흘리며 정해진 시간까지 공허하게 고개를 끄덕이면서 시간을 채울 뿐이다.

도대체 애프터 토크는 왜 하는 것일까? 주최 측도 부담스럽다. 그렇다고 관객이 많이 느는 것 같지도 않다. 좀 전에 '관객에게도 알찬 시간'이라고 썼지만 곰곰이 생각하면 이것도 의심스럽다. 관객이 극장에 기대하는 것은 연극이나

영화이지 비평이 아니다. 대담을 듣더라도 원하는 것은
제작자의 의견이지 잘 모르는 게스트의 감상은 아닐 것이다.

　　원래 작품의 감상은 관람 직후에 바로 완성되는 것이
아니라 어느 정도 고독하게 숙성되는 시간을 거쳐야 한다.
그래야 제대로 모양을 갖춘다. 애프터 토크는 설익은 비평을
내놓아서 오히려 숙성할 기회를 없애는 건지도 모른다.
최근에 보이는 토크의 난립이 정말 관객을 위한 것인지,
관계자라면 다시 한 번 곰곰이 생각해보길 바란다.

철학자와 비평가

나는 이 연재에서 비평가를 자처하고 있다. 그런데 다른 곳에서는 철학자로 나를 소개하기도 한다.

나는 현재의 정치 및 사회 현상을 주로 논한다. 그래서 '비평가'가 적절하다. 하지만 추상적인 영역에 관심 있고, 그동안 쓴 책들도 정치 및 사회 현상을 바라보는 언론과는 다른 관점이다. 그런 점에서는 '철학자'가 더 정확하다. 어쨌든 나는 비평과 철학을 명확히 구분할 수 없다.

이는 내 개인만의 혼란이 아니라 더 일반적인 문제다. 일본에서 '철학'이라는 말은 대학의 연구 분야를 가리키는 경우가 많다. 칸트, 니체 등 특정 철학자에 대한 특정한 방법에 따른 연구를 철학이라고 한다. 그러나 철학 자체는 철학자에 대한 연구보다 큰 뜻을 갖는다.

일본에서는 이런 '철학 연구 바깥에 있는 철학'이 역사적으로 문예 비평과 결합하여 '비평'이라고 불렸다. 그래서 비평과 철학을 명확히 구분할 수 없는 것이다.

유사한 문제는 해외에도 있다. 영어권에서 철학은 다양한 철학 사조 중 특정 일파(분석 철학)를 가리키는 말이 되었다. 그 대신 다른 철학 사조 연구는 애매모호하게 '이론theory'이라 불리곤 한다. 이를테면 데리다나 들뢰즈처럼 일본에서도 널리 알려진 20세기 후반 프랑스 철학자들의 활동은 그야말로 철학인데, 영어권에서는 철학이 아니라 이론이라 불린다. 일본에서는 대학 밖의 철학을 비평이라 부르는데, 북미에서는 대학 내부에 철학이라 불리지 않는 또 하나의 철학(이론)이 있는 모양새다.

원래 철학이라고 불려야 할 대상이 철학이라 불리지 않고 비평이나 이론이라고 불린다. 반대로 철학과에 진학한다고 해서 꼭 최첨단 철학을 배울 수 있는 것이 아니다. 이 혼란은 좋게 말해 철학의 다양성과 확장성을 나타내지만 폐해도 크다.

그중에서도 철학을 배우고 싶어 하는 사람이 어느 학교의 누구에게 배우고, 어떤 책을 읽으면 최첨단 철학을 배울 수 있는지 도무지 알 수 없다는 점이 문제다.

사반세기 전에 학생이었던 내가 실제로 그랬다. 나는 단순히 최첨단의 현대 사상을 배우고 싶었는데 혼란스럽기 그지없었다. 학부에서는 과학사와 과학 철학을 배웠지만, 석사 과정에서는 표상문화론이라는 역사가 짧은 전공으로 옮겼다. 더구나 박사학위를 받을 때는 전공 이름이 '초역문화과학 전공'이라는 이상한 이름으로 바뀌었다. 아울러 나는 『비평 공간』이라는 이름의 비평지 및 관련 업계에 관여하고 있었고, 박사 논문을 쓸 때는 비평지 편집위원으로부터 받은 자극과 뗄 수 없는 관계에 있었다.

즉, 1990년대 일본에서는 대학 안에서 여러 전공을 가로지르면서 대학 밖에서도 활동하며 정보를 모으는 복잡한 과정을 거쳐야 비로소 최첨단 사상을 접할 수 있었다. 한편으로는 비평가를 자처하고, 다른 한편으로는 철학자를 자처하는 지금의 혼란은 학생 시절에 고생했던 흔적이기도 하다.

지금 되돌아보면 그 고생도 하나의 수련이었다고 볼 수 있겠다. 그러나 그로 인해 '비평가=철학자'로서 이래저래 멀리 돌아온 것도 사실이다. 최첨단 철학을 어디에서 접할 수 있는지 스스로 찾아내기는 매우 힘들다. 후배들은 가급적 그 고생을 하지 않기를 바라는 마음으로 이 글을 쓴다.

미나마타병과 박물관

2011년 후쿠시마 원전 사고 후 미나마타병Minamata disease[i]에 대해 생각하게 되었다.

물론 두 사건은 본질이 다르다. 미나마타병의 성립 과정은 해명되었지만 후쿠시마의 건강 피해는 확인되지 않았다. 또한 후쿠시마는 대규모 출입 금지 구역으로 설정되었지만 미나마타는 그렇지 않다. 유기수은의 해악과 방사능의 해악은 애초에 성격이 다르다.

그렇지만 둘 사이에는 공통점도 많다. 풍부한 자연과 경제적으로 윤택하지 못한 농촌, 벽지에 집중된 고도성장의 부작용과 환경 파괴, 건강 피해 여부를 둘러싼 기나긴 논쟁, 피해자에 대한 몰이해와 소문에 따른 피해, 그리고 특정 기업에 의존할 수밖에 없는 지방 경제……. 미나마타병은 미나마타 시민을 가해 기업의 지지자와 피해자의 지지자로 나누었는데 후쿠시마도 같은 일이 벌어지고 있다. 미나마타병이 발생하고 반세기가 지났지만 일본은 여전히 '공해 국가'인 것도 같다.

이런 생각을 가진 나는 2017년 여름에 처음으로

미나마타를 방문할 기회를 얻었다. 수은으로 오염되었던 미나마타만灣은 현재 매립되어 녹색 공원으로 바뀌었다. 공원에는 미나마타시에서 운영하는 '미나마타병 자료관'이 있는데 그곳을 방문하는 것이 목적이었다. 전시 구성이 풍부하고 근처에는 미술가의 기념비도 있다.

자료관 옆에는 국립 기관과 현립 기관이 운영하는 다른 자료관도 있어서 국가·현·시의 세 주체가 미나마타병을 어떻게 받아들였는지 비교할 수도 있다. 내가 보기에는 미나마타시가 고통을 미래의 자양분으로 삼으려 하는 가장 적극적인 태도를 갖고 있었다. 그에 반해 국가는 어디까지나 '과학적인 설명'에 머무르고 있었고, 현은 전체적으로 소극적인 태도로 일관하고 있었다. 이는 어디까지나 한 관광객의 무책임한 감상일 뿐이다. 여하튼 공원에서 내려다보이는 시라누이해不知火海는 정말 아름다웠다. 이 바다가 과거에 '죽음의 바다'로 불렸다고 생각하니 가슴이 아팠다.

자료관에서는 많은 것을 배웠다. 그러나 이번 방문에서 무엇보다 인상에 남은 것은 '미나마타병 센터 상사사相思社'가 운영하는 다른 시설이었다. 공원에서 남동쪽으로 1킬로미터 남짓 떨어진 언덕에 자리한 '미나마타병 역사 고증관'이 그것이었다. 미나마타병이 발생하여 많은 어민들이 어업을 그만둘 수밖에 없었고 공동체와의 연결점도 잃었다.

상사사는 어민들의 생활을 뒷받침하려고 1974년에 만들어진 시민단체로, 지금도 환자의 건강 상담, 시민 계몽 활동, 전업轉業 농가 지원을 하고 있다. 역사 고증관도 원래 환자의 자립을 지원하는 버섯 공장이었는데, 1988년에 박물관으로 재정비했다고 한다.

이런 역사를 거친 시설이라 전시 공간은 넓지 않다. 전시도 어수선하다. 그러나 오랫동안 환자와 함께해온 시민단체가 모은 자료는 다른 공공 박물관에는 없는 생생함이 깃들어 있었다. 직원에게 지금 미나마타에 환자가 몇 명 정도 있는지 물었더니 "일정 연령 이상의 사람들은 모두 기본적으로 환자입니다. 식재료가 오염되었으니 그럴 수밖에요"라는 대답이 돌아와 말문을 잇지 못했다. 매립지 공원에 자리한 기념비를 방문했을 때는 미나마타병은 이미 '끝난 사고'로 그 역사를 계승하면 된다고 생각했다. 하지만 피해는 지금도 계속되고 있다. 아직 역사가 아닌 것이다.

집으로 돌아와 '미나마타병 센터 상사사'가 지속적으로 유지되기를 바라는 마음으로 회원 신청을 하니 감귤 팸플릿이 와서 주스를 구매했는데 정말 맛있었다. 다시 방문할 기회가 있기를 바라며 이 글을 마무리한다.

i) 수은 중독으로 발생하는 신경학적 증후군. 1956년 일본의 구마모토현 미나마타시에서 메틸수은이 포함된 조개 및 어류를 먹은 주민들에게서 집단적으로 발생하면서 사회적으로 큰 문제가 되었다. 메틸수은은 인근의 화학 공장에서 바다에 방류한 것으로 밝혀졌고, 2001년까지 공식적으로 2,265명의 환자가 확인되었다.

익명과 책임과 나이

일본을 대표하는 IT 기업 창업자로 지금은 거대 콘텐츠 그룹을 이끄는 40대 기업가가 있다. 인터넷은 물론 애니메이션, 게임 산업을 생각할 때 빼놓을 수 없는 인물로 나는 일방적으로 그를 존경해왔다.

이 기업가와 SNS에서 논쟁을 펼쳤다. 그가 최근 블로그에서 제안한 정책이 계기였는데, 대화는 곧바로 논점이 바뀌어 '익명 계정'으로 발언하는 것을 놓고 시시비비 논쟁으로 이어졌다. 왜 이런 논쟁이 벌어졌을까?

그 기업가는 인터넷에서 기묘한 방식으로 자신을 드러내는 것으로 유명하다. 그는 공식 블로그나 SNS는 없지만 익명 계정을 갖고 있다. 그의 익명 계정은 항상 비슷한 글자를 포함하므로 누가 보아도 그의 것임을 알 수 있다. 그는 익명 계정으로 중요한 발언을 할 때도 있어서 팔로어도 많다. 하지만 형식적으로는 익명이라 책임을 묻기는 힘들다(이 글에 실명을 밝히지 않는 이유이기도 하다). '이런 상황이 계속되는 것은 이상하다'고 문제를 제기했더니 그가 장문의 반론을 내놓았다.

그의 반론을 요약하면 이렇다.

'인터넷의 장점은 누구든지 직책과 무관하게 자유롭게 의견을 나눌 수 있다는 것이다. 실제로 예전에는 그랬다. 하지만 지금은 그것이 현실적으로 어려워졌고, 공인이나 유명인을 괴롭히는 공간이 되고 말았다. 나는 인터넷이 갖는 본래의 장점을 지키고 싶어서 익명이라는 형식을 유지한다.'

인터넷에 대한 그의 관점과 상황 인식에 나는 완전히 동의한다. 하지만 이를 전제로 내가 의문을 갖는 것은 그가 익명의 형식을 유지한다고 해서 직책으로부터 과연 자유로울 수 있느냐는 것이다. 실제로는 누구나 그의 계정이라는 것을 알고 있고, 반응 또한 이를 전제로 하고 있다. 그처럼 중요한 위치에 있는 인물이 형식적인 익명화 정도로 자유로워질 리 없다. 그의 바람은 결국 이루어질 수 없다.

그리고 이는 인터넷이 변질되어서가 아니라 그냥 그의 위치가 바뀌었기 때문이다. 그는 옛날에 인터넷은 이렇지 않았다고 하지만 그때 그는 무명이었고 젊었다. 하지만 지금은 그렇지 않다. 안타깝지만 이름 없는 온라인 유저user로 활동할 자유가 현재의 그에겐 없다. 그가 이룬 성공의 대가인 셈이다.

아니, 어쩌면 성공과도 관계가 없을지도 모른다. 그냥 '나이' 문제일 수도 있다.

계정의 정체가 언젠가 밝혀질 여지를 남겨두었다는

점에서 알 수 있듯이 그가 원하는 것은 진정한 익명이 아니다. 그는 그로서 인정받음과 동시에 이름 없는 한 개인으로 받아들여지길 원한다. 사실 이는 많은 중년들이 갖는 바람이다. 본인은 젊을 때와 다를 바 없이 행동하고 같은 얘기를 하지만 주위의 반응은 다르다. 다들 눈치를 본다. 반론하면 움츠러든다. '그러지 말라'고 소리치고 싶다. 짊어지는 책임의 크기는 전혀 다르지만 그와 비슷한 세대인 나는 그 바람이 얼마나 절실한지 잘 알고 있다.

그러나 그 바람은 이루어질 수 없다. 젊은 세대와 똑같이 얘기하면 무책임하다는 말을 듣고, 논쟁하면 '권력형 괴롭힘'이라는 말을 듣게 된다. 그것이 나이를 먹는다는 것이다. 우리는 이를 받아들이며 살아갈 수밖에 없다.

육아와 반복 가능성

딸이 중학생이 되었다. 이제 초등학생 딸은 존재하지 않는다.

평범한 표현이지만 딸이 태어나 중학생이 될 때까지 눈 깜빡할 새였다. '순식간에 자란다'는 말은 들어보았지만 예상보다 짧았다. 딸이 태어난 지 벌써 12년이 지났다니……. 이제 12년 지나면 스물네 살…… 그때의 딸이 어떤 모습일지 상상이 되지 않는다. 결혼했을 수도 있고 해외에 살고 있을지도 모른다. 딸과 함께 살 날도 별로 남지 않았다.

육아의 시간은 왜 이리도 빠르게 느껴지는 것일까? 내 생각에는 '돌이킬 수 없기' 때문이다.

어른의 세계에는 반복 가능성이 넘쳐난다. 모두 '이번에 안 되면 다음 기회에'라는 생각으로 살아간다. 마음이 건강하다는 증거다. 여름에 휴가를 얻지 못했으면 겨울에 얻으면 되고, 올해 꽃구경을 못했으면 내년에 하면 된다. 친구랑 헤어졌으면 다른 친구를 사귀면 되고, 직장이 나와 맞지 않으면 다른 직장을 찾으면 된다. 보통의 어른은 이렇게 생각한다.

그러나 사실 이는 기만이다. 여름휴가와 겨울휴가는

다르고, 올해의 꽃과 내년의 꽃도 다르다. 친구도, 직장도 인생에 한 번 있는 만남으로 돌이킬 수 없다. 애당초 사람은 언제 죽을지 모른다. 오늘도, 내일도 모두 반복할 수 없다. 그런데도 반복 가능하다고 느끼는 이유는 심각하게 생각하지 않고 일상을 보내기 위한 생활의 지혜 같은 것이다.

하지만 자녀가 생기면 이 기만이 드러난다. 어른끼리라면 '올해 잘 안 되면 내년에'라는 말이 통하지만 아이에게는 통하지 않는다. 세 살 때 바다와 네 살 때 바다가 다르고, 초등학교 3학년의 방학과 4학년의 방학도 다르다. 어릴 적 친구를 새로 사귈 수는 없으며, 초등학교도 다른 학교로 전학을 갈 수는 있어도 다시 입학할 수는 없다. 열두 살 딸은 이번 봄에만 존재하고, 중학교 입학식도 한 번만 참석할 수 있다. 모든 순간이 유일하고 돌이킬 수 없다는 절박함이 아이를 키우며 갖게 되는 긴장감의 원인이며 '눈 깜빡할 새'라고 느끼는 이유다. 이 절박함을 적절히 처리하지 못하면 육아 노이로제에 걸리고 만다.

인생은 짧다. 그리고 돌이킬 수 없다. 평소에 우리는 이 진실을 잊고 산다. 그런데 아이와 살면 이 진실을 직시할 수밖에 없다. 육아의 묘미이자 고생이다.

여기까지 쓰고 나니 문득 이런 생각이 든다. 자녀가 여럿인 부모도 똑같이 느낄까?

나는 아이가 하나뿐이다. 방금까지 쓴 낭만적인 (어딘지 모르게 중2병 느낌이 나는) 육아관은 외동딸을 키우는 조건에 규정되었을 가능성이 상당히 크다.

나는 글을 시작하며 딸이 중학생이 되었고 이제 초등학생인 딸은 존재하지 않는다고 썼다. 그러나 여동생이 있다면 딸이 중학생이 되었어도 초등학생 여동생이 여전히 존재한다. 세 살 때의 바다와 초등학교 3학년의 방학도 각자에게는 유일하지만 반복 가능하다. 이때 부모는 인생과 자녀의 돌이킬 수 없음을 어떻게 느낄까? 그리고 자녀가 셋, 넷으로 늘면 그 감각은 어떻게 바뀔까?

단독성과 반복, 그리고 유사성의 관계. 이는 매우 철학적인 문제다.

연기와 인조인간

새 작품을 선전하려고 일본을 찾은 세계적인 게임 제작자를 인터뷰하게 되었다. '퀀틱 드림Quantic Dream'i)을 창업한 데이비드 케이지David Cage다.

케이지의 신작은 미국 디트로이트를 무대로, 노동자로 혹사당하는 인조인간이 반란을 일으킨다는 이야기다. 인간이 아닌 인조인간의 시점으로 플레이한다는 점에 제작자의 개성이 담겨 있다. 인터뷰에서 케이지는 올해가 미국의 흑인 인권운동가 마틴 루터 킹 목사가 암살된 지 50주년이라는 사실을 의식했다고 했다. 실제로 주인공 한 명은 흑인 인조인간이다. 일본에서는 오락적인 측면만 강조하지만 이제 게임은 사회 문제를 다루는 중요한 매체로 성장했다.

이러한 주제 의식과 더불어 복잡한 연기도 인상 깊다. 게임 캐릭터는 CG로 만들어서 배우가 필요 없다고 여기겠지만 케이지의 작품은 그렇지 않다. 주요 인물마다 담당 배우가 있어서 실제로 연기를 한다. 특수한 소프트웨어를 사용해 배우의 표정과 움직임을 CG에 반영하고, 여기에 의상과 배경을 추가해 화면을 완성한다. 연기를 CG로 바꾸는 기술은 '모션 캡처Motion Capture'ii)라

불리는데, 영화에서도 자주 활용된다.

다큐멘터리 등에서 본 적이 있는 독자도 있겠지만 모션 캡처 촬영 현장은 매우 묘하다. 촬영 후 의상과 배경을 CG에 삽입하므로 현장에서 완성 화면을 유추할 수 있는 요소는 전혀 없다. 장면이 실내든 바깥이든, 낮이든 밤이든 촬영하는 곳은 텅 빈 스튜디오다. 배우는 정확하게 데이터를 분석할 수 있도록 특수 복장을 하고, 얼굴에는 수많은 은색 마커를 붙인다.

특히 게임은 시나리오가 여러 갈래로 나뉘는 문제가 있다. 게임에서는 한 장면의 대화가 하나의 결말로 수렴되지 않고, 플레이어가 어떤 대답을 선택하는지에 따라 장면이 바뀌기도 한다. 배우는 모든 결말을 염두에 두고 어색하지 않게 연기해야 한다.

즉, 게임 속 배우는 의상도 무대 장치도 없고 이야기의 일관성도 없는 상태에서 상황 설명과 대사만으로 감정 이입해 설득력 있는 표정을 만들어내야 한다. 무대나 영화에서 하는 연기와는 질적으로 다른, 매우 힘든 작업이 아닐까. 케이지 역시 촬영에만 2년이 걸렸다고 쓴웃음을 지었다.

그렇기에 케이지의 새 작품이 인조인간을 주인공으로 삼은 것은 비평의 측면에서 매우 중요한 의미를 지닌다. 배우의 연기를 CG로 변형하고, 이야기의 흐름을 어떻게 선택하는가에 따라 여러 갈래로 나뉘는 것. 우리는 이미

'인간적인 것'을 인조인간의 시점으로 재구성하고 있는지도 모른다. 케이지는 게임을 플레이하고 CG로 만든 연기에 감동하는 우리가 사실은 이미 '인조인간'이라고 말하고 싶은 게 아닐까? 이번 대화에서는 이 지점까지 깊게 물어보지 못했지만 다시 만나면 꼭 물어보고 싶다.

케이지는 나보다 두 살 많다. 같은 세대에 상업적으로 성공하고 동시에 비평적으로 가치 있는 제작자가 있다는 사실에 자극이 된다. 나도 더 매진해야겠다.

---

i) 1997년 설립한 프랑스의 게임 제작사. 파리에 본사를 두고 있다.

ii) 사람, 동물, 기계 등의 사물에 센서를 달아 대상의 움직임 정보를 인식해 애니메이션, 영화, 게임 등의 영상에 재현하는 기술.

연휴의 혐오 택시

　독자 여러분은 연휴를 잘 보내셨는지. 나도 오랜만에 휴가를 즐겼는데 불쾌한 경험도 있었다. 어느 지방 도시에서 택시를 탔다가 혐오 발언을 하는 운전기사를 만난 것이다.

　명예롭지 않은 일이라 이름을 밝히지 않겠지만 누구나 아는 유명한 동네다. 다른 관광지와 마찬가지로 그 동네도 아시아 각 나라에서 온 외국인 관광객으로 붐볐다. 택시를 타고 별생각 없이 '외국인 관광객이 많다'고 했더니 갑자기 운전기사가 혐오 발언을 시작했다.

　'저 놈들'이 와서 동네가 혼잡스럽다, 말이 통하지 않는다, 매너가 좋지 않다, 돈도 별로 쓰지 않는다……　내용을 소개하는 것만으로도 혐오 발언이니 자세히 쓰지는 않겠다. 아무튼 지저분한 말을 계속했다. 운전기사는 "승차 거부도 한다"고 자랑스레 말했다. 혐오 국가에서 온 관광객은 태우지 않고, 차를 세운 후에도 이를 알게 되면 태우지 않고 출발해버린다고 한다.

　혐오 대상은 한국인과 중국인이었다. 운전기사는 두 나라를 거의 구별하지 않았다. 어느 쪽이든 상관없다는 식이었다. '왜 그렇게까지 싫어하느냐' 이유를 물으니 놀랍게도

'애국자'라는 말이 돌아왔다. "내 입으로 말하긴 멋쩍지만 나는 애국자라서……"라며 국제 정세를 둘러싼 분노를 고지식하고 느린 어투의 방언으로 얘기했다.

운전기사는 남성이었는데, 뒷좌석에서 보는 것만으로는 정확한 나이를 짐작할 수 없었다. 60대에서 70대 정도 되어 보였는데, '애국자'라는 말에서 인터넷 속어 느낌이 났다. 실제로 "중국의 마구잡이 어업으로 일본인이 먹을 수 있는 참치가 줄었다"는 식의 인터넷에서 종종 접하는 화제로 대화를 이어갔다(실제로는 일본의 마구잡이 어업이 큰 문제다). 넷 우익이라고 하면 20-30대 젊은 층이라는 인상이 강하지만, 과격한 '넷 애국'은 고령자 중에서도 늘어나고 있나보다.

독자 여러분도 저마다 다양한 정치적 입장을 갖고 있을 것이다. 중국이나 한국의 대일 외교를 호의적으로 평가하지 않는 운전기사에게 일정 정도 공감하는 독자도 있을지 모른다.

하지만 어떤 정치적 입장을 가졌든지 운전기사의 행동은 정당화될 수 없다. 승차 거부는 도로운송법 위반이고, 특정 민족에 대한 혐오 발언을 불특정 승객에게 내뱉는 것은 대중교통에 종사하는 자의 직업 윤리로 허용될 수 없다. 만약 내가 한국인이나 중국인이라면 어떻게 했을까? 일본어를 유창하게 구사하는 외국인도 많은데 말이다.

무엇보다 운전기사의 태도는 국가와 개인을 제대로

구별하지 않은 것이다. 한국이나 중국의 외교에 분노를 느낄
수는 있다. 일본이 옳다고 생각할 수도 있다. 그런 정치적
입장도 있을 수 있으니까. 그런데 그 분노를 한 개인에게
쏟아붓는 것은 잘못이다. 관광객은 외교관이 아니다. 국가를
대표해서 일본에 오는 것이 아니다. 관광객은 인종, 민족,
국가와 상관없이 한 명의 개인으로 대우해야 한다. 그것이
'손님맞이'의 기본이다.

　　너무나 강렬한 혐오 발언에 동요해서였을까. 나는
택시에서 내리며 영수증을 받는 것조차 잊어버렸다. 이제
와서 택시 회사에 항의하지는 못하겠지만 2020년 도쿄올림픽
전까지는 이런 일이 반드시 없어지면 좋겠다.

소크라테스와 포퓰리즘

최근에 플라톤 전집을 읽고 있다. 고대 그리스 철학자 플라톤 말이다.

'굳이 왜'라고 생각할지도 모르지만 예전부터 언젠가는 읽으려고 했다. 대학에서 20세기 프랑스 철학을 전공했는데, 서양 사상의 절반은 플라톤으로 회귀한다(나머지 반은 기독교). 기원이 되는 내용을 직접 읽지 않으면 이해할 수 없는 것이 있다.

그런데 플라톤을 다시 읽는 지금, '40대 후반에 읽으면 이렇게 다르게 읽히는구나'라고 놀라고 있다. 학창 시절에 읽었을 때는 추상적인 탁상공론이나 전근대적 미신으로 느껴졌던 말들이 인생 경험을 거치고 나니 깊숙이 파고든다. 이렇게 '다시 읽기'를 할 수 있다는 점이 철학의 매력 같다.

특히 '소크라테스의 죽음'을 다시 바라보게 되었다. 독자들도 잘 알겠지만 플라톤은 소크라테스의 제자로, 플라톤의 저서 중 상당수가 스승의 언행록(대화편)이다. 스승 소크라테스는 노년에 기소되어 사형을 선고받는다. 당시 20대 청년이었던 플라톤은 스승이 사형으로 죽은 것에 충격을 받고 책을 썼다. 플라톤 전집 제1권에는 사형을 앞둔 네 개의 대화편이 수록되어 있다. 소크라테스의 죽음부터 시작되는 구성인 것이다.

서양 철학의 절반은 소크라테스의 죽음 위에 지어졌다(그리고 나머지 반은 예수의 죽음 위에 지어졌다). 이는 동서양의 사상을 비교하는 데 매우 큰 의미를 갖는데, 이번에 다시 읽으면서 그 죽음이 매우 현대적인 의미를 함축하고 있다는 것을 느꼈다.

왜냐하면 지금으로 말하자면 그의 죽음은 포퓰리즘에 의한 죽음이기 때문이다. 소크라테스가 활약한 기원전 5세기 중반의 아테네는 고대 민주제를 확립하여 풍요로운 문화를 향유했다. 그런데 같은 세기 후반에는 커다란 전쟁에 휘말려 혼란과 쇠퇴가 시작된다. 소크라테스의 재판은 그 와중에 열리는데, 그는 독재자의 비밀 재판으로 죽는 것이 아니라 시민이 고소하고 시민이 판결을 내려 사형 선고를 받는다.

이 재판에 대해서는 많은 기록이 남아 있고, 플라톤도 『소크라테스의 변명』이라는 유명한 대화편을 남겼다. 이 대화편은 굉장히 짧고 문고판도 있으니 꼭 읽어보기를 바란다. 소크라테스를 향한 비난을 요약하면 '너는 뭔가 믿기지 않아. 듣기 싫은 말을 해. 대중의 분위기에 따르지 않아. 그러니 죽어!'다. 범죄를 저지른 구체적인 증거는 없고 소문에 의한 감정의 폭주만이 존재한다. 현대의 SNS에서 곧잘 벌어지는 집단적인 몰아세우기와 똑같다. 이에 대한 소크라테스의 법정 변론은 극히 논리적인데, 무엇보다 자신이 논리로는 이길 수 없음을 알고 있었다는 것이 마음 아프다. 그는 사람들이 논리를 선택하지 않을 것임을 잘 알고 있었다. 그럼에도 '논리'를 선택해 사형을 받아들였다.

플라톤은 이 '실패'에서 시작하여 만년에는 장대한 이상국가론을 설파한다. 그 시도의 함의는 2400년이 지난 지금도 전혀 퇴색하지 않았다. 인간은 논리적이지 않다. 대화를 쌓아간다고 해서 정의가 실현되지는 않는다. 모든 정치와 철학은 이를 전제로 시작해야 한다.

권력형 괴롭힘과 사회 변화

어느 대학의 미식축구부 반칙 행위가 세간의 주목을 받고 있다. 나는 미식축구 규칙을 잘 모른다. 다만 언론의 보도를 보면 반칙 여부 이전에 선수들에게 반칙을 지시한 감독의 억압적 태도가 문제인 것 같다. 감독은 60대 남성.

최근 잇따라 일어난 성적 괴롭힘 사건이 떠올랐다. 미국에서 시작된 미투Me too 운동의 영향도 있어서 일본에서도 성적 괴롭힘 고발이 잇따르고 있다. 지난달에는 재무성 사무차관이 사임했고, 얼마 전에는 도쿄도 고마에시狛江市 시장도 사임했다. 두 사람 모두 미식축구부 감독과 비슷한 세대로 재무성 사무차관은 50대, 고마에시 시장은 60대다.

미식축구의 반칙 강요와 성적 괴롭힘. 두 사건은 서로 성격은 다르지만 가해자인 남성들이 사회의 상식과 어긋나 있다는 공통점을 갖고 있다.

몇 년 전까지만 해도 권력형 괴롭힘과 성적 괴롭힘은 어디까지나 개인의 문제로 치부되었다. 공적인 문제로 다루어지는 일은 별로 없었다. 그러나 이제는 다르다. 문제가 된 남성들은 이 변화에 전혀 적응하지 못한 것처럼 보인다.

실제로 세 사람 모두 처음에는 문제를 자각조차 못했고, 이것이 사태를 악화시켰다. 중년 이상의 남성이 자각 없이 저지른 행동이 괴롭힘으로 지탄받고, 생각 없이 내뱉은 '옛날에는 다들 그랬는데'라는 투덜거림이 더욱 여론의 반발을 초래하는 사례가 늘고 있다.

　나는 마흔일곱 살로 그들보다 한 세대 아래쯤에 해당한다. 그래서 그들의 적응 실패가 조금 '이해'되는 부분도 있다.

　오해하지 말았으면 하는데, 이 말이 가해자에게 동정의 여지가 있다는 뜻이 아니다. 권력형 괴롭힘, 성적 괴롭힘은 비열한 행동이고, 그런 범죄를 저지르는 사람에게 어떤 공감도 하지 않는다. 내가 '이해'된다고 쓴 이유는 우리 세대는 그들처럼 다른 사람을 괴롭히는 남성을 만든 시대를 아직 선명하게 기억하기 때문이다. 즉, 미친놈이 탄생한 배경을 이해한다는 말이다.

　우리 세대에게 체벌은 당연한 것이었다. 초등학생 시절, 나는 매일같이 매를 맞았고, 부모도 딱히 문제 삼지 않았다. 다른 학교 아이들한테는 더욱 심한 일이어서, 성적 학대에 가까운 파렴치한 사례를 들은 적도 있다. 지금은 결코 용서받지 못할 일이지만 당시에는 그냥 넘어갔다. 그로부터 겨우 35년이 지났다. 당시 어른이었던 사람들이 아직 현역으로 활동하고 있다. 실제로 나를 구타한 초등학교 교사는 이번에 문제가 된 미식축구부 감독과 거의 같은 나이이다.

사회의 의식은 바꿀 수 있다. 다만 개인의 의식을 바꾸기는 어렵다. 그런 점에서는 우리 세대도 위험하다. 내가 고등학생 때는 드라마나 만화에서 성적 차별이 일반적이었다. 음주가 강요됐고, 부하나 후배에게 소리 지르는 것도 당연했다. 성적 괴롭힘이라는 말 자체가 1990년대까지는 거의 알려지지 않았다. 가정폭력방지법이 제정된 것이 겨우 2001년이다. 우리 세대조차 남성들은 그런 환경에서 30대까지 성장하고 만 것이다.

일본은 오랫동안 괴롭힘이 난무하는 국가였다. 이 부채가 완전히 사라지기까지 많은 시간이 걸릴 것이다. 괴롭힘 사건이 보도될 때마다 내 마음속을 들여다본다.

미술과 머니 게임

정부가 '선진 미술관'[i] 신설을 검토하고 있다는 뉴스에
사람들이 놀라고 있다. 일부 미술관이 갤러리나 아트페어에서
작품을 구입해서 미술 경매auction에 판매해서 미술 시장을
활성화하겠다는 것이다. 지금까지 미술관의 역할은
가치 평가가 이미 이루어진 작품을 수집하고 보관하고
연구하는 것에 국한되어 있었다. 이제부터는 여기에 '투자'도
포함시키자고 정부가 제안한 것이다. 젊은 작가의 작품을
싼값에 사서 비싼 값에 파는 방식을 허용하려는 것 같다.

미술이라고 해서 시장과 무관할 수는 없다. 예로부터
작품 매매는 투자의 측면이 있었다. 지금은 수십 억 엔에
거래되는 고흐의 명작도 그가 살아 있을 때는 전혀 팔리지
않았다. 숨은 명작을 발견하는 것은 매우 가치 있는 일이고,
이를 통해 이익을 얻는 일도 정당하다.

따라서 투자 자체가 나쁜 일은 아니다. 그러나 공적인
사명을 띤 미술관이 세금을 써서 미술 투자를 하는 것이
정당할까? 나는 미술에는 문외한이니 판단은 전문가에게
맡길 수밖에 없다. 다만, 문외한의 입장에서도 상당히 위험한
제안으로 느껴지는 게 사실이다.

왜냐하면 작금의 미술 시장에는 비정상적인 면이 있기 때문이다. 일본에는 잘 알려지지 않았지만 세계 미술 시장은 이번 세기 들어 급성장하고 있다. 2017년 시장 규모는 약 640억 달러(약 6.75조 엔)로, 이는 2001년의 세 배 이상이다. (제2차 세계대전 이후) 현대 미술 작품에만 한정하면 판매액 규모가 열 배 이상 늘었다는 통계도 있다. 국제전, 아트 페어도 꾸준히 늘고 있다. 선진 미술관 제안은 일본이 이런 버블에 뒤처졌다는 위기감에서 비롯되었다. 2017년 일본 미술 시장 규모는 2500억 엔 미만으로, 세계의 약 4퍼센트에 지나지 않다.

그러나 이 거대한 미술 시장의 내부를 들여다보면 공허한 면이 있는 것도 사실이다. 이번 세기 미술 시장의 급성장, 특히 '리먼 쇼크' 이후의 성장은 중국을 중심으로 한 '신흥국 머니'가 가져온 것이다. 주요 거래 대상도 미술사적으로 평가가 확립되지 않은 현대 미술이 대부분이다. 한마디로 미술 지식이 거의 없는 신흥 부유층이 돈을 내세워 본인도 잘 모르는 작품을 마구잡이로 구매해 시장 평가액을 끌어올린 것이다. 아무리 보아도 좋아 보이지 않는 광경이다. 물론 부자가 무엇을 사든 자유고, 부자한테 무엇을 팔든 자유다. 하지만 국가가 세금을 퍼부어 이 게임에 참여하는 것은 아무리 생각해도 '아니다'라는 게 내 견해다.

지금의 현대 미술은 '머니 게임money game' 상태다.

미술사를 다소 아는 사람으로서 이 광경을 바라보고 있으면 안타까움이 앞설 뿐이다. 그러나 이 또한 역사적 필연인지도 모른다.

20세기 미술은 보편적인 미美의 존재를 의심하는 것으로부터 출발했다. 마르셀 뒤샹 이후 미술의 정의는 한없이 자유로워졌다. 무엇이든 작품이 되고 무엇이든 예술이 되는 '열린' 태도는 20세기가 끝날 때까지 미술계와 미술관 제도를 비판하는 역할을 했다. 20세기 현대 미술은 공적인 사명을 수행했다고 생각한다.

그런데 21세기 들어 금융자본주의가 활개를 치면서 공공성은 산산조각이 나고 말았다. '무엇이든 작품이 된다'는 것은 '무엇이든 비싸게 팔 수 있다'는 것이다. 실제로 그런 방식으로 어마어마한 돈이 오가고 있다. 미술이 원래 그런 것이었을까? 선진 미술관을 세우기 앞서 관계자들은 잠시 멈춰 곰곰이 생각하기 바란다.

---

i) 일본 문화청은 미술관의 지속 가능성과 경제성 강화를 위해 선진 미술관Leading Museum으로 대표되는 미술 시장 활성화 방안을 발표했다. 인구 감소, 지역 사회 공동화로 인해 문화의 향유자와 창조자 모두 급감하여 문화 기반 자체가 붕괴할 위험이 있다는 점, 일본 국민의 자산 수준이 국제적으로 높은 수준임에도 불구하고 일본의 미술 시장이 미국, 중국 등에 비해 매우 낮은 수준이라는 점을 감안해 미술 작품의 유동성을 증진하는 방안을 채택한 것이다. 이를 위해 일본 미술관 중 일부를

미술 시장 활성화를 위한 선진 미술관으로 지정하여 예산 지원, 큐레이터 확충을 통해 궁극적으로는 소장 미술품의 가치를 평가하고 시장에 매각하겠다는 것이다. 하지만 발표 즉시 문화계 전반이 찬반으로 나뉘어 갈등에 휩싸였고 반대 여론이 높아져 정책 추진이 유보된 상태다.

역사와 정체성

〈택시운전사〉라는 한국 영화를 보았다. 1980년 5월에
대한민국 광주에서 대규모 민중 항쟁이 일어났고, 수많은
시민이 희생되었다. 당시에는 폭동으로 규정되었으나 지금은
'민주화 운동'의 출발점으로 높은 역사적 평가를 받고 있다.
〈택시운전사〉는 이 민주화 운동을 그린 영화로 1천2백만 명의
관객을 동원했다고 한다.

광주 민주화 운동은 일본에 얼마나 알려져 있을까?
이렇게 말하는 나도 최근까지 이름만 아는 정도였다.
그러다가 지난해 출장으로 광주를 방문하고서야 자세히
알게 되었다. 광주는 민주화 운동의 성지로 자리 잡았다.
시민과 군이 충돌했던 무대는 공원이 되었고, 그 자리에는
국립아시아문화전당이라는 대형 미술관이 세워졌다.
박물관과 기념비도 여럿 있고, 교외에는 희생자를 추도하는
드넓은 '국립5·18민주묘지'가 조성되었다. 시내에는 사적지를
돌아보는 관광 코스가 마련되었고, 지하철역에는 그날의
비극을 묘사한 부조 형식의 작품이 새겨져 있었다. 현지
학생에게 물어보니 많은 고등학생들이 수학여행으로 광주를
방문한다고 한다. 이제 '광주 민주화 운동'은 현대 한국의

정체성을 구성하는 필수 요소로 자리 잡았다. 그렇기에 이 영화도 흥행에 성공했을 것이다.

아마도 많은 일본인들은 광주의 역사적 배경을 모를 것이다. 학교에서는 현대 한국사를 배우지 않는다. 역사 교육에서 현대사 비중이 가벼운 것은 어제오늘의 문제가 아니다. 한국은 물론 다른 나라의 현대사를 다루는 일이 거의 없다.

하지만 전지구적 사회에서 이 무지로 인한 폐해도 크다. 외교든 무역이든 현명한 선택을 하려면 상대방의 정체성을 이해할 필요가 있다. 그리고 정체성은 역사와 떼려야 뗄 수 없다.

예를 들어 많은 일본인은 같은 일본이라도 제2차 세계대전 이전의 일본과 이후의 일본을 거의 다른 나라로 느낀다. 그래서 이웃 나라가 전쟁 범죄를 추궁하면 당혹스럽고, 전쟁 전前을 긍정하느냐 혹은 부정하느냐가 정치적 태도를 표명하는 것으로 여겨지고 있다. 하지만 이 감각이 해외에서 아무런 전제 없이 공유되고 있느냐면 꼭 그렇지는 않다. 전 세계에 1945년을 경계로 역사적 단층이 존재하는 것은 아니기 때문이다.

한국에 대해서도 이와 비슷한 말을 할 수 있다. 한국은 광주 민주화 운동으로부터 7년이 지난 1987년에 민주화를 이루어 지금 체제[i]로 이행했다. 한국의 지식인은 때때로

1987년 이전의 자기 나라를 마치 다른 나라인 것처럼 말한다. 그렇기에 독재 시대에 벌어진 범죄를 가차 없이 고발할 수 있다. 이는 일본인이 전쟁 전의 일본에 보이는 태도와 똑같지만 많은 일본인은 1987년에 그렇게 큰 단층이 존재한다고는 상상하지 않는다. 개인적으로 나는 일본과 한국 사이의 어긋남 가운데 상당 부분이 이 무지에서 기인한다고 생각한다.

아무튼 이웃 나라의 현대사를 배우는 것은 중요하다. 그러나 학업 시간에 한계가 있는 것도 사실이다.

대중문화는 이럴 때 힘을 발휘한다. 존 F. 케네디 암살이나 68혁명[ii]에 대해 들어본 사람은 많겠지만, 모두 학교에서 배우지는 않았을 것이다. 영화, 음악, 문학을 통해 접한 사실이 아닐까?

그래서 나는 영화 〈택시운전사〉도 이웃 나라에 관심을 갖고 있는 많은 일본인이 보았으면 한다. 주인공은 명배우 송강호가 맡았다. 항쟁에 휘말린 시민의 내적 갈등을 절묘하게 표현해 단순한 감동 작품이 아닌 명작의 경지에 이르렀다. 후회하지 않을 영화다.

---

i) 1987년을 기점으로 한 민주화 이후 한국 사회의 정치 변동과 특질을 통칭하는

개념. 1987년은 6월 민주 항쟁과 6·29선언으로 대통령 직선제 개헌이 이루어지고, 노동계를 비롯한 시민 사회의 힘이 성장하면서 빠른 속도로 민주화가 이루어져 정치·경제·사회적 변화와 변형을 겪게 된 기점이었다. '87년 체제'는 한국 사회의 현재 모습을 형성하는 데 87년의 민주화가 중요한 계기가 되었다는 인식에서 만들어진 개념이다.

ii) 1968년 5월 프랑스에서 일어난 사회 변혁 운동. 1968년 5월 프랑스에서 학생과 근로자들이 일으킨 사회 변혁 운동으로 '5월 혁명'이라고도 한다.

체르노빌과 관광객

체르노빌에 다녀왔다. 1986년에 원전 사고가 일어난 그 체르노빌 말이다.

내가 운영하고 있는 겐론은 대기업 여행사와 제휴해 거의 해마다 '체르노빌 투어'를 하고 있다. 나는 투어의 동행 강사를 맡고 있는데, 올해로 다섯 번째다.

원전 사고가 일어났던 체르노빌을 찾아간다는 사실에 놀라는 사람도 많겠지만, 현재 체르노빌의 방사선량은 원전 주변과 핫 스폿hot spot을 제외하면 도쿄와 같은 수준으로 낮다. 단기 체류에도 아무 문제가 없다. 지금도 여전히 수천 명이 폐로를 위해 일하고 있다. 그들에게 체르노빌은 삶의 터전이다. 해마다 수만 명의 관광객이 이곳을 찾는다.

물론 사고의 비참함은 상상을 뛰어넘는다. 수많은 마을이 사라졌고 희생자도 많다. 우리 투어에도 버려진 마을을 둘러보고 옛 주민의 얘기를 듣는 프로그램이 있다. 그럼에도 체르노빌에 갈 때마다 '원전 사고=죽음의 지역'이라는 판에 박힌 생각이 얼마나 난폭한 것인지 깨닫는다. 이런 깨달음이 확산되었으면 하는 마음으로 꾸준히 투어를 진행하고 있다. 특히 '후쿠시마 원전 사고'라는 문제를 안고 있는 일본인에게

이 투어의 필요성은 말할 필요가 없을 것이다.

'체르노빌 투어'는 4박 5일 일정으로 이루어진다. 사고 현장 및 재해 지역 방문, 사고 처리 작업원과의 대화 등 프로그램 구성도 알차다. 여행 전후로 세미나도 진행해서, 상식적으로 보면 관광보다는 시찰이나 연수라고 부르는 게 적절할 것이다.

그럼에도 내가 '관광'이라는 단어를 고집하여 여행사와 제휴해 많은 사람들을 모집하는 것은 체르노빌을 '관광객의 관점'에서 바라보는 것이 결정적으로 중요하다고 믿기 때문이다.

체르노빌에 관한 르포나 기사는 이미 많이 쏟아졌다. 후쿠시마 사고가 터진 후에는 그 수가 급격히 늘었다. 그러나 대부분 위에서 언급한 판에 박힌 모습을 벗어나지 못했다. 왜냐하면 대부분의 취재는 '목적'을 갖고 현지를 방문하기 때문이다. 목적을 갖고 있으면 보통 목적에 맞는 현실만 눈에 들어온다. 이것이 저널리즘의 약점이다. 이 약점은 원전 관련 보도에서 더욱 뚜렷하게 나타난다.

그래서 나는 투어 참가자에게 '목적 없이' 가면 좋겠다고 부탁한다. '관광객의 관점'이란 이런 뜻이다. 원전의 시시비비, 관광지화의 시시비비는 일단 잊고 체르노빌의 다층적인 현실을 그대로 받아들였으면 한다.

예를 들어 체르노빌은 우크라이나에 있다. 이 나라는

과거에 소련의 일부였다. 소련이 붕괴하고 우크라이나와 러시아의 관계는 복잡해졌고, 지금도 두 나라는 심각한 영토 분쟁을 겪고 있다.

이 역사는 원전 사고와 직접적으로는 아무 관계가 없지만 '관광객'으로 키예프를 돌아다니면 분쟁의 흔적을 여기저기에서 보게 된다. 그러다 보면 체르노빌이 왜 관광객에게 공개되고 있는지, 우크라이나가 왜 사고 후에도 원전에 계속 의존하고 있는지, 그 이유를 체감할 수 있다. 사고를 진정으로 이해하려면 이런 경험이 반드시 필요하다. 관광객은 목적이 없기 때문에 모순된 현실을 있는 그대로 받아들일 수 있다. 나는 이 가능성 편에 선다. 투어는 내년에도, 그 후에도 계속 하려고 한다. 관심 있는 분들은 꼭 참가하길 바란다.

사실과 가치

우리 회사는 『겐론』이라는 비평지를 정기적으로
간행하고 있다.

최신 호에서는 '디지털 게임'을 다루었다. 인터뷰, 글, 연표
등 알찬 내용으로 꾸며서 많은 독자가 관심을 보이고 있고,
구매로도 이어지고 있다.

한편으로 이번 호는 게임 비평가들에게 비판을 받고
있다. 업계의 상식을 모른다는 비판이다.

이런 대조적 반응은 무엇을 뜻할까? 실은 우리 회사가
이와 같은 비난을 받는 것은 처음이 아니다. 『겐론』에서
'비평사批評史'를 되돌아보는 기획을 했을 때도 비슷한 항의를
받았다. '중요한 비평가가 빠졌다' '결정적인 사건을 무시했다'
'작품에 대한 평가가 편향적이다'…….

전문가의 의견에는 겸허하게 귀를 기울여야 한다. 하지만
내 생각에 이런 반응은 비평의 역할에 근본적인 오해가
존재한다는 사실을 보여주는 것이기도 하다.

비평의 본질은 '새로운 가치관'을 제시하는 것이다.
가치관이란 사실의 축적과는 다르다. 언제, 누구의, 무엇이
출판되었고 몇 만 부 팔렸는가 — 이런 이름과 숫자는

객관적인 사실이다. 이를 소홀히 할 수는 없지만, 이것이 가치를 창출하는 것은 아니다. 같은 현상에 '다른' 평가를 내릴 수 있는 법이며, 오히려 문화 분야에서는 다양한 가치관의 병존이 바람직하다. 비평의 역할은 '다양한 가치의 병존 상황'을 만들어내 업계와 독자의 상식을 뒤흔드는 데 있다. 따라서 비평이 '업계의 상식'과 어긋나는 것은 당연하다. 아니, 그런 어긋남이 없다면 비평이 존재할 가치가 없다.

그런데 일본에서는 이 전제가 거의 공유되지 않아서 가치의 담론인 비평을 사실의 담론으로 여기고 '잘못되었다'고 반응하는 독자가 나타난다. 사실과 가치가 제대로 구별되지 않은 셈이다.

그리고 나는 요즘 '이것은 어쩌면 일본 사회 전체에 공통되는 약점일지도 모르겠다'고 생각했다.

인간은 사실을 공유할 수 있다. 하지만 가치의 경우는 꼭 그렇지 않다. 같은 사실에서 다른 가치를 도출할 수 있으며, 이 차이를 인정하지 않는다면 인간은 함께 살 수 없다. 그런데도 일본인은 사실만 공유하면 필연적으로 가치도 공유할 수 있다고 여기는 경향이 있는 것은 아닐까.

내가 이렇게 생각한 까닭은 동일본 대지진 이후 원전 사고를 둘러싼 논쟁을 경험하면서부터다. 원전의 좋고 나쁨은 결국 가치관의 문제다. 그런데 많은 사람들이 이를 사실 여부의 문제로 여긴다. 올바른 데이터를 갖고 올바로 논의하면 자기와 같은 결론에 도달할 것이라고 믿는다. 그 결과, 지난 몇 년 동안 '너는 틀렸어'라며 서로 비난하고 감정의 골이 깊어지는 광경이 반복되고 있다.

하지만 정말 올바른 데이터를 갖고 올바로 논의하면 모든 인간이 같은 결론에 도달하는 것일까? 나는 그렇게 생각하지 않는다. 만약 그렇다면 종교 갈등이 일어날 리 없다. 정의는 항상 여러 모습으로 존재한다.

일본인은 "얘기하면 이해할 거야"라는 이상을 믿는 듯하다. 그러나 사실은 "얘기해도 이해할 수 없는 것"이 있음을 받아들이고 포기하는 것, 이것이 바로 함께 살아가는 길이다. 사실과 가치를 구별하는 비평은 이 '포기=공생'의 길을 전하는 중요한 수단이라고 믿는다.

어려움과 번거로움

나는 1971년생으로 20대에 정보 기술 혁명의 세례를 받은 세대에 해당한다. 그래서 오랫동안 정보 기술을 통한 의사소통의 진보와 사회 변혁의 가능성을 믿어왔다. 그러나 지난 몇 년 사이에 생각이 바뀌었다. 이제는 정보 기술에 그다지 기대하지 않는다.

대신 최근에는 가족, 친구 등 '번거롭지만 작은 인간관계밖에 없다'는 결론에 이르렀다. 뻔하다면 뻔한 얘기이지만 이 글이 마지막 연재이니만큼 내 생각을 그대로 적으려 한다.

지금은 SNS 시대다. SNS를 비롯한 실시간으로 흐르는 웹web의 본질은 시간과 과정의 소멸이다. 예전에는 콘텐츠가 확산되기까지 일정한 시간이 걸렸다. 권위와 미디어를 요리조리 잘 피해야 했다. 그러나 이제는 그런 번거로움을 거치지 않고 무명의 필자가 하룻밤 사이에 몇백만 명의 지지자를 얻을 수 있다. SNS의 좋은 점이다.

허나 인생에는 골치 아픈 문제가 따라다니는 법이다. 아무리 성실하게 살아도 오해나 악의에 찬 중상모략을 피할 수 없다. 그리고 그럴 때 SNS에서의 지지는 거의 도움이

되지 않는다. 익명의 지지자들은 문젯거리를 곧바로 잊고
만다. 순식간에 모였던 사람들은 마찬가지로 순식간에
흩어진다. 그 와중에 계속 힘이 되어주는 것은 결국 번거로운
인간관계로 맺어진 가족과 친구들이다.

　SNS의 인간관계는 번거롭지 않다. 그래서 SNS의
지인들은 번거로움을 기꺼워하지 않는다. 인생이 잘 풀릴
때 SNS는 분명 큰 힘이 된다. 하지만 정말 어려움에 처했을
때는 힘이 되어주지 않는다.

　앞으로 살아가면서 SNS의 이런 성격을 알아두는 것은
매우 중요하다. 인생이 어려움에 처하는 것은 본인이 세상과
어긋나 있기 때문이다. 나는 무언가를 옳다고 믿는데 세상은
그렇게 믿지 않는다 ─ 이런 식의 대립이 생겼을 때 어려움을
겪는다. 따라서 어려움 자체가 나쁜 것은 아니다. 오히려
새로운 개념을 창조하거나 정치적 변혁을 이루고자 할 때
반드시 어려움을 겪는다. 그 어려움과 곤경을 시간을 들여
해결하고 승화했을 때 비로소 본인도, 상대방도, 그리고
사회도 진보하는 법이다. 그런데 지금의 SNS는 이러한 성숙
단계를 거칠 여유가 보이지 않는다.

　어려운 시기에 힘이 되어준다는 것을 다른 말로 표현하면
세상과의 관계가 변화하는 과정을 시간을 들여 그 사람과
함께한다는 말이다. 한 인간이 바뀐다는 것은 엄청난 일로
'좋아요!'를 누르듯 손쉽게 이루어지는 일이 아니다. '논쟁'으로

상대방이 바뀐다고 생각하는 사람은 인간의 본질을 이해하지 못하는 것이다. 내가 평생 동안 바꿀 수 있는 사람은 극히 소수의 주변 사람뿐이며, 나를 바꿀 수 있는 것도 아마도 이들뿐이다. 이 좁고 번거로운 인간관계를 얼마나 긴밀하게 만들 수 있는가, 그것이 인생의 풍요를 결정한다.

　　가족도 친구도 순식간에 만들 수 없다. 또 번거로운 존재이기도 하다. 그렇기 때문에 이들은 변화가 가능하다. 번거로움이 없는 곳에는 변화도 없다.

　　정보 기술은 번거로움이 없는 인간관계를 형성해주었지만 이는 인간으로부터 변화의 가능성을 빼앗고 말았다. 이 점을 잊어서는 안 된다.

ii.

2008-2010

전체성에 대하여 (1)

아즈마 히로키입니다. 새 연재를 시작하겠습니다.

자, 적지 않은 독자들이 제목과 첫 글귀를 보고 힘이 빠졌을 것 같습니다. 저자의 의욕과 진정성이 전혀 느껴지지 않는다고 말이죠.

네, 그 느낌은 틀리지 않습니다. 솔직히 저는 이번에 그런 의미에서의 의욕이 전혀 없습니다. '평론으로 독자들을 깜짝 놀라게 해야겠다'는 기개가 전혀 없습니다.

이는 이 연재에만 해당하는 말이 아닙니다. 저는 최근 1년 동안, 아니 수년 전부터 평론에 의욕을 잃었습니다. 그것도 우울증에 빠질 정도로 심하게 말입니다.

물론 저는 평론가로 일하며 원고료를 받고 있으니 이런 글은 자살 행위와 다름없음을 잘 압니다. 하지만 주말 저녁에 멍하니 하늘을 바라보고 있자면 장래를 생각하게 되고, 평론이라는 장르의 쓸모없음을 느낀다고 할까요. 적어도 남은 인생을 평론에 걸겠다는 마음은 안 생긴단 말입니다. 데뷔하고 15년이 지나 서른일곱 살이 되었는데, 앞으로 15년 후인 쉰두 살에도 여전히 비평가라고 생각하면 끔찍합니다.

물론 평론을 하겠다는 의욕이 사라져도 '사유'하겠다는 의지는 남습니다. 저에게, 아니 아마도 많은 사람들에게 사유란 일상을 영위하다보면 반드시 생기고, 남는 법입니다. 따라서 저는 앞으로도 계속 무언가를 생각할 것입니다. 하지만 이를 평론 형식으로 정리해 결과물을 내놓을 기력은 없습니다.

이 연재는 저의 지친 상태를 표현한 것입니다.

그렇긴 해도 이대로는 그냥 불평불만 에세이가 되고 말 테니 좀 더 생각을 글로 풀어보겠습니다. 방금 저는 "평론은 쓸모없다"고 표현했습니다.

이에 반발하는 독자도 많을 겁니다. 아마도 그런 분들은 두 가지 반론을 내세우지 않을까 싶습니다.

하나는 "평론은 쓸모없지 않다"는 것, 다른 하나는 "평론이 쓸모없는 건 당연한 거 아냐? 이제 와서 그런 말을 해서 어쩌자는 거지?"라는 것이 아닐까요.

언어행위론 용어를 쓰자면 전자는 사실확인적constative 반론이고, 후자는 행위수행적performative 반론이라고 할 겁니다. 일반적인 반론과 메타적인 반론이라고 할 수도 있습니다.

저는 전자의 반론에는 관심이 없습니다. 이런 반론으로 시작하는 논의는 결국 논자의 욕망에 맞게 결론이 납니다. '평론'과 '쓸모없음'은 모두 애매모호한 말입니다. 평론에는 다양한 영역이 있고, 쓸모없음에도 다양한 없음의 정도가 있습니다. 그래서 '평론은 쓸모없지 않다'는 주장을 펼치면 반드시 이를 긍정하는 결론에 이릅니다. 저 또한 이런 애매모호함을 알면서도 '평론은 쓸모없다'고 말하고 싶어서 이렇게 말했을 뿐입니다. 이런 종류의 '논쟁'은 누구에게도 득이 되지 않습니다.

한편, 후자의 반론은 귀 기울일 만한 가치가 있습니다. 왜냐하면 전자보다 훨씬 높은 차원에서 평론의 본질을 꿰뚫고 있기 때문입니다.

애당초 문예지에 실리는 '문학 평론'은 좀 특이한 장르입니다. 문학 평론은 작품 연구가 아닙니다. 창작 이론도 아닙니다. 철학 용어를 쓰지만 철학이 아니고, 사회 평론과도 가깝지만 사회학이 아닙니다. 심지어 작품을 전혀 다루지 않는 평론도 있습니다.

물론 여전히 순문학을 성실하게 다루는 문학 평론가가 많습니다. 그러나 문학 평론이라는 장르는 그런 성실함으로부터 일탈하는 것에 상당한 관용을 보여왔습니다. 적지 않은 독자들이 그런 이미지로 바라봅니다. 영화를 논하지 않는 영화 평론, 미술을 논하지 않는 미술 평론은 있을 수 없지만 문학 평론만큼은 구체적인 작품을 전혀 논하지 않고서도 자유롭게 평론을 쓸 수 있다고 많은 독자와 저술가 지망생이 생각하고 있습니다. 실제로 다행인지 불행인지 그런 이미지 덕분에 문예지는 지난 20-30년 동안 순문학에는 별로 관심 없지만 문학 평론에는 관심 있는 도착적인 독자들을 꾸준히 매료시켰습니다. 저 또한 그런 독자였습니다.

문학 평론이 어떻게 해서 이런 관용성을 갖게 되었는지 그이유는 모르겠습니다. 가라타니 고진[i]의 글로 문예지를 접한 저로서는 가라타니의 출현이 큰 계기가 된 것처럼 느껴지지만, 이는 애독자의 편견일지도 모르겠습니다. 어쨌든 저는 이러한 관용성을 자랑스럽게 여기고 있습니다.

그러나 이 관용은 글 쓰는 사람에게 커다란 수수께끼로 다가옵니다.

'문학 평론은 문학을 다루지 않아도 된다, 무엇을 써도 된다, 그러나 에세이는 아니다. 작품 분석을 환영하고, 철학적이고 사회학적이어도 상관없지만 대학의 지적 체계와는 평가 기준이 다르다. 실천적 의의가 없으면 안 되지만 저널리즘적인 글이어서도 안된다.' 그렇다면 도대체 어떤 글을 써야 하는 것일까요?

저는 제가 문학평론가로서 어느 정도 알려져 있는지 모르겠습니다. 다만, 제 세대에서 비평가를 자임하며 일하는 인간 중에서는 어느 정도 세상에 알려진 편이라고 여겨봅니다. 지난 수년동안 저는 '글을 쓰는 자'로 살아가며 문학 평론이라는 것 혹은 넓은 의미의 문학 평론의 한 축을 맡아 미학적, 논단적, 사회학적, 사상적 담론이 모여 구성하고 있는 '비평' '평론'이라는 것이 도대체 무엇을 목적으로 하는 담론인지, 그리고 독자는 무엇을 기대하고 있는지 진지하게 고민해왔습니다.

그리하여 제가 도달한 잠정적인 결론은 다음과 같습니다.

평론은 작가나 독자에게 힘을 불어넣는 담론이 아닙니다(안타깝게도 이렇게 오해하는 사람이 굉장히 많습니다). 전문 지식을 살린 분석 활동도 아닙니다. 현장 감각을 생생하게 살린 보고도 아니고, 추상적인 사색도 아닙니다. 그렇다면 평론이, 그리고 평론만이 수행하는 역할은 무엇일까요?

아마도 어떤 특정 작품이나 특정 사건이 문화적, 사회적으로 의미 있는 대상처럼 각색하는 것, 다시 말해 특수성이 전체성과 관계있는 듯한 환상을 제공하는 것이라고 생각합니다.

이는 상식적으로도 수긍할 수 있습니다. 작품이나 사건을 자세하게 분석하는 것만으로는 평론이 되지 않습니다. 평론이 평론으로 인지되려면 대상의 개별성으로부터 보편적인 문제를 도출하고, 여기에서 사회성이나 시대성을 읽어냄으로써 작품이나 사건과는 언뜻 무관해 보이는 독자와도 공감의 회로를 만들어내야 합니다. 쉽게 말해 작품이나 사건 자체에 관심 없는 독자에게도 평론은 울림을 주어야 합니다.

예를 들어 지금 인터넷에 대량으로 올라오는 오타쿠들의 수많은 작품 분석이 — 설령 그것이 아무리 자세하고 정확하다 해도 — 제대로 된 평론으로 간주되지 않는 것은 '관계없는 독자가 공감할 수 있는 회로'를 만들지 못하기 때문입니다.

오타쿠들은 같은 애니메이션, 같은 게임을 즐기는 같은 세대의 소비자를 향해서만 글을 씁니다. 여기에는 '문화의 전체성'이라는 감각이 없죠. 그래서 평론으로 불리지 않습니다. 평론가나 편집자가 '저것은 평론이 아니다'라고 말할 때는 대체로 이런 감각을 전제하고 있습니다.

동시에 평론에 대한 이러한 규정은 평론의 정통성을 스스로 상처 내는 것이기도 합니다.

왜냐하면 현대 사회에 그러한 '전체성'이 과연 성립하는지 의심스럽기 때문입니다. 애초에 특정 작품에서 사회성이나 시대성을 읽어내는 행위 자체가 이제는 의미 없을 가능성이 높기 때문입니다. 하이컬처고급문화, 서브컬처하위문화를 가리지 않고, 이제 작품 제작자는 각자의 문맥 안에서 마음대로 작품을 만듭니다. 온 국민이 주목하는 '큰 사건'도 점점 생기지 않고 있습니다. 오타쿠가 본인이 좋아하는 애니메이션을 논하는 글이 협소하고 파편적이라면, 문학평론가가 아쿠타가와상을 수상한 작품을 논하는 글도 협소하고 파편적일지도 모른다는 의심을 받게 되었을 때 내용과 시장의 규모라는 두 가지 측면에서 효과적인 반론이 어려운 시대를 우리는 살고 있습니다.

그래서 저는 방금 '각색'과 '환상'이라는 단어를 쓴 것이죠.

제가 관찰한 바에 따르면 평론은 작품이나 사건의 개별성을 문화나 사회의 전체성 안으로 포섭해 사람들의 공감 네트워크를 넓히려는 시도입니다(오해가 생기지 않도록 덧붙이자면, 저는 여기에서 비평의 이상理想을 정의한 것이 아닙니다. 이상에 대해서는 다르게 정의할 수 있겠죠. 예를 들어 어떤 이는 '비평은 표상 불가능성에 육박하는 행위여야 한다'고 주장할 것입니다. 그러나 제 논의는 전혀 다른 문제입니다).

그러나 그런 전체성이 성립하는지 지금은 매우 의심스럽다. 따라서 필연적으로 지금 평론을 쓰는 것은 일종의 자기기만에 가담하는 것을 의미한다. 게다가 이 자기기만은 적지 않은 저술가들에게 일종의 윤리로 여겨지는 듯한 느낌을 받는다. 세계는 확연히 단편화, 파편화되었고 이제 어떤 작품, 어떤 사건을 읽어냄으로써 전체성에 도달하는 것은 불가능하다는 것 ─ 이는 이제 모두가 아는 사실이다. 하지만 이 상태를 긍정하면서 오타쿠와 같은 분석에 매몰하면 그야말로 파편화는 가속화될 뿐이다. 따라서 무리라는 것을 알면서도, 아니 오히려 그렇기에 더욱 작품이나 사건에서 억지로 시대성을 끄집어내고, 이를 통해 전체성에 접근할 수 있는 척하는 것이 지금 언론인들의 책무가 아니겠는가. 즉, 이제 우리는 평론이나 비평이 쓸모없음을 알고 있기에, 의도적으로 그것이 쓸모없지 않은 척해야 하는 것 아닌가. 그런 평론이나 비평마저 하지 않게 되면 사회는 정말로 산산조각이 나버릴 테니까.

이런 윤리를 누군가 명시적으로 논한 것은 아닙니다. 그러나 최근 10년 정도 넓은 의미의 '평론' '비평' 주변에 모이는, 저보다 한 세대 위 사람들(신인류 세대[ii])의 언동을 보면 그들은 적어도 이런 윤리를 암묵적으로 공유하고 있다는 인상을 강하게 받았습니다. 지금의 '평론' '비평'은 기본적으로 그 세대를 기반으로 삼고 있습니다.

따라서 저는 방금 말한 "평론이 쓸모없는 건 당연한 거 아냐? 이제 와서 그런 말을 해서 어쩌자는 거지?"라는 두 번째 반론이 평론의 본질을 일정 부분 꿰뚫고 있다고 한 겁니다.

2000년대에 들어 넓은 의미의 '평론' '비평'은 사회 전체를 조감하는 메타 시선의 공간이 아닌, 그런 시선의 기능부전을 자각하면서도 구태여 메타 시선인 것처럼 행세하는 굴절된 의지/윤리의 공간으로 자리 잡았습니다. 따라서 단순히 "평론은 쓸모없다"고 주장해봤자 귀 담아 들을 여지가 없습니다.

그럼에도 제가 "평론은 쓸모없다"고 쓴 것은 이런 의지/윤리의 메커니즘, '굳이구태여'라는 굴절됨에 대한 피로를 이 연재를 시작하면서 표명하고 싶었기 때문입니다. '굳이'라는 입장에서 말한다고 해서 모든 문제가 해결되지는 않습니다. '굳이'는 강인한 정신력을 필요로 합니다. 지속 가능하지 않은 것이죠.

실제로 제 입장에 서서 상상해보기 바랍니다. 앞으로 15년 후, 쉰두 살이 되어서도 '굳이' 평론을 하고 있다니…… 상상만으로도 끔찍하지 않나요? '그것만은 제발'이라고 생각하는 것은 저뿐만이 아닐 것입니다. 이런 환경에서는 모두 평론, 비평에서 멀어지고 말 것입니다. 이것이야말로 큰 문제죠.

그래서 이 연재에서는 이제 '굳이' 말고는 기댈 곳이 없어서

운신의 폭이 좁아진 평론의 바깥에서, 좀 더 유연하고, 느슨하며, 산만하게 사유를 전개하는 방법을 모색하는 새로운 스타일의 글을 추구하려고 합니다. 파편화된 영역에 매몰되지 않으면서도 '굳이'의 중책을 받아들이지도 않는 자세로, 형이상학적 방식도 부정 신학적 방식도 아닌, 우편적 방식으로 현실을 초월/일탈하는 비평을 찾아서.

느슨하게, 래디컬radical한 느슨함으로.

이번 회는 연재에 임하는 자세를 설명하는 것으로 정해진 지면을 다 쓰고 말았습니다. 마지막으로 덧붙이자면 평론과 전체성의 관계에 대한 이번 얘기는 2008년 6월 16일에 신주쿠에 자리한 '기노쿠니야 서던 시어터'[iii])에서 열린 심포지엄에서 저와 미야다이 신지[iv]) 씨가 주고받은 '논쟁'과 밀접한 연관이 있습니다. 편집부와의 사전 미팅에서는 이를 이번 연재의 주제로 다룰 예정이었습니다.

"그 '논쟁'은 다음 회에 다뤄야겠다"고 생각합니다만 이 또한 어떻게 될지 모르겠습니다. 그도 그럴 것이 모든 것이 명확하지 않은, 느슨한 연재라서 말이죠.

그럼, 또 다음 달에…….

i) 가라타니 고진柄谷行人. 1941년 출생. 일본을 대표하는 세계적인 비평가이자
   사상가. 현재 컬럼비아대학교 객원교수로 있다. 문예 비평(문단 비평)이라는
   협소하고 자족적인 공간에서 벗어나 근현대 철학 사상과 끝없이 투쟁하면서
   '자본주의=민족Nation=국가State'에 대한 비판과 극복이라는 실천을 지속하고 있다.

ii) 일본의 경제적 전성기(1980년대 초반-1990년대 초반)에 청년기를 보낸 세대. 좁은
   의미로는 1950년대 후반-1960년대 후반 사이에 태어난 세대를 가리킨다. '신인류'란
   이름은 이들이 전 세대와 다르게 경제 성장의 과실을 누리며 서구식 개인주의를
   적극적으로 수용하고 소비지향적인 삶을 살았다는 이유로 붙여졌다.

iii) 일본의 서점, 출판사 기노쿠니야 쇼텐紀伊國屋書店이 운영하는 극장. 기노쿠니야
   쇼텐은 다나베 모이치가 1927년에 창업한 곳으로 일명 '내셔널 체인'으로 불리는 전국
   체인망을 갖고 있다. 기노쿠니야 연극상을 주최하고, 기노쿠니야 홀, 기노쿠니야 서던
   시어터를 운영하고 있다.

iv) 미야다이 신지宮台真司. 1959년 출생. 도쿄대학교 박사 과정을 수료하였으며,
   슈토대학교 동경 사회학과 교수로 재직하고 있다. 오타쿠 등 문화 현상에 대한
   파격적인 접근으로 '젊은이를 가장 잘 이해하는 학자'로 알려져 있다. 국내에는
   『사춘기, 너에게 고민을 권한다』가 출간되어 있다.

전체성에 대하여 (2)

안녕하세요, NHK의 버라이어티 방송 〈더☆넷스타!ザ☆ネット
スタ—!〉와 〈제로 아카 도장道場〉[i] 때문에 약간 캐릭터를 개조하고
있는 아즈마 히로키입니다.

지난 칼럼이 예상 밖으로 좋은 반응을 얻어 안심됩니다. 하
지만 같은 달에 월간 문예지 『신초新潮』에 게재한, 분량이 이 연
재의 열 배가량 되는 소설(소설도 씁니다)은 아무 반응이 없더군
요. 이 연재에만 반응이 집중되는 상황이라니…… 필자로서 복잡
한 감정이 드는군요. 이대로 괜찮은 걸까요?

옛 기억이 하나 떠오릅니다. 데뷔하고 얼마 되지 않았을 때,
한 베테랑 편집자에게 "평론은 같은 판매 부수의 소설에 비해 열
배 정도 영향력이 있답니다. 열심히 하길 바랍니다"라는 격려의
말을 들었습니다.

열 배라는 말이 실감나지 않았는데, 이번에 반응의 차이를
경험하고 이해할 수 있었습니다. 분명 평론은 소설보다 읽히지
않지만 독자의 반응을 더 얻을 수 있는 장르입니다. 평론가로 활
동해온 저는 이런 환경에 너무 익숙해져 있었던 거죠. 어쩌면 세

상의 모든 소설 연재는 이처럼 반응이 냉담한지도 모르겠습니다. 아니, 적극적으로 그렇게 생각하기로 했습니다!

이렇게 우울한 감정을 무난히 회피하는 데는 성공했습니다만 대신 의문이 생겼습니다. 왜 평론은 많은 반응을 얻는 걸까요?

이 질문은 지난 연재와도 관련 있습니다. 지난번에 저는 평론의 존재 의의를 다루었습니다.

"평론이 갖는 고유한 역할은 특정 작품이나 사건이 문화적, 사회적으로 의미 있는 것처럼 '각색하는 것'이다. 그런데 현대 사회는 그 핵심인 '전체성'을 상실했다. 결과적으로 지금의 평론은 대부분 일종의 굴절됨이라고 할까, '굳이_{구태여}'라고 표현한 감각을 바탕으로 이루어진다. 평론이 무의미하다는 건 누구나 알고 있다. 하지만 그렇기에 굳이 평론을 쓰고, 거짓이라도 좋으니 '문화의 전체성'을 계속 유지하려 한다. 아무래도 평론가는 그런 복잡한 역할을 자임하는 듯하다."

지난번에 저는 이런 주장을 펼쳤습니다. 그때는 논의가 복잡해서 쓰지 않았지만 이 문제를 다른 시각으로 접근할 수도 있을 것 같습니다.

'굳이'나 '전체성' 같은 평론의 역할은 이미 구시대적이고, 이제 평론은 다른 역할을 맡고 있다는 시각이 그것입니다.

실제로 작금의 '블로그 논단'이나 '서브컬처 논단'의 융성을 보고 있자면 평론의 역할이 상당히 변하고 있음을 느낍니다. '블로그 논단과 서브컬처 논단? 그런 비주류 논단 따위 알게 뭐람'이라고 문예지 독자들은 생각할지도 모릅니다. 그러나 그 독자는 수천 명에 이르고, 아마도 사상 분야나 좌파 계열 독자보다 많을 겁니다. 제가 관여한 『사상지도』도, 『로스제네』도, 그리고 최근의 『유리이카』도 모두 그 독자층의 포섭을 노리고 있습니다. 이제 그들의 존재를 무시할 수 없습니다.

그런 공간에서 '평론'이라고 불리는 글은 꼭 이념이나 세계관 같은 전체성을 지향하지 않습니다. 오히려 자기 주변에서 이루어지는 '작은 소통'을 원활하게 만드는 도구라고 할까요? 따분한 일상을 매력적으로 꾸미고, 적당히 지적 호기심을 충족시켜주는 심리학적이고 사회학적인 글을 찾습니다. 지금 인터넷에는 그런 글이 대량으로 올라오고, 그 글에 수많은 댓글이 달립니다. 댓글은 또 다른 댓글을 불러오고 실명과 익명이 혼재한 채로 특정한 분위기를 만들어냅니다. 이게 블로그 논단이라고 불리는 겁니다.

지난번에 잠깐 언급했듯이 이런 글은 기존 관점에서는 아예 평론에 해당하지 않습니다. 그들은 자신들의 관심 대상을 분석할 뿐('비인기非モテ' '리얼충リア充' 같은 속어가 그들의 세상이 얼마나 좁은지 알려줍니다) 커다란 이념이나 세계관과 연결되어 있지 않기 때문입니다. 달리 말해 그곳에서 평론은 소통을 위한 떡밥에 지나지 않습니다. 1980년대식으로 얘기하자면 소비재일 뿐인 거죠.

따라서 그런 광경을 보고 블로그 논단은 그냥 취미 생활이라며 무시하는 사람도 있습니다. 그것도 하나의 입장일 수 있겠죠. 실제로 오쓰카 에이지[ii] 씨와 공저로 출간한 대담집 『리얼의 행방』(고단샤 현대신서, 2008년 8월 출간)에서는 블로그 논단을 옹호한다고 할까, 적어도 부정하지 않는 제가 오쓰카 씨에게 계속 꾸중을 듣습니다.

여담인데 꾸중을 듣는다는 표현은 결코 과장이 아닙니다. 독자는 오쓰카 씨의 단호한 태도에 깜짝 놀랄 것입니다. 정말입니다.

자, 한쪽에 출판계를 무대로 삼은 '굳이' 하는 평론이 있고, 다른 한쪽에 인터넷을 무대로 삼은 '소통 도구'로서의 평론이 있습니다. 지난번에 펼친 논의를 확장해 다음과 같이 상황을 정리해보겠습니다.

평론은 같은 판매 부수의 소설보다 열 배 영향력이 있다. 이 통설은 '평론에는 권위가 있다' '평론에는 가치를 설정하는 힘이 있다', 좀 더 세속적으로 얘기하면 '소설을 서평에서 언급하면 판매 부수도 늘고 상에도 가까워진다', 그러니까 평론가는 중요하다는 뜻이었겠죠. 평론가는 작품을 문화 전체와 연결 짓는 특별한 힘을 가졌던 것입니다.

그러나 더 이상 평론에 그런 힘은 없습니다. 사회와 문화의 전체성이 쇠락하자 평론의 마법도 사라졌습니다.

그럼에도 최근 5년 동안 블로그 논단이나 서브컬처 논단이 주목을 끌고, 한때 저조했던 평론이 젊은 세대에서 활성화된 것처럼 보이는 것은 무슨 이유일까요?

저는 '소통 도구'로서의 새로운 역할 때문이라고 봅니다.

예를 들면 이렇습니다. 일반적인 생각과 달리 소설 읽기가 평론 읽기보다 훨씬 어렵습니다. 적어도 감상을 풀어서 말하기 힘듭니다. 왜냐하면 평론은 현실을 논하므로 옳고 그름을 판단하면 그에 대한 감상을 말할 수 있는 담론이지만 소설은 그렇지 않기 때문입니다.

따라서 소설에 대한 감상은 인터넷처럼 소비 속도가 빠른 매체와는 맞지 않아요. 하지만 10대 때부터 인터넷에 노출되어 연령적으로도 기술적으로도 성급한 젊은 세대 소설 독자들은 어떤 식으로든 소통하고 싶어 합니다.

이를 위해 평론을 활용하는 것이죠. 소설에 대해 이렇다 저렇다 말하기는 어렵지만 소설을 다룬 평론이라면 얼마든지 조건반사적으로 반응할 수 있습니다. 소설만 그런 것이 아니죠. 영화, 만화, 사회적 사건 등 다양한 대상을 다룬 평론이 인터넷에 시시각각으로 올라오고 읽히는 배경에는 아마 이런 심리가 있습니다. 거꾸로 말하자면 이제 평론에는 이런 역할밖에 남아 있지 않다는 것입니다. 정말로 논하고 싶은 대상이 너무 복잡해서 읽은 이가 침묵할 수밖에 없을 때, 그 완충재로 나타나 사람들에게 떡밥을 제공해 대화와 소통의 윤활유가 되는 한심한 역할밖에 못하는 겁니다.

얘기가 길어져서 자세히 논하지는 않겠지만, 이는 블로그 논단이나 젊은 세대에 한정된 얘기가 아닙니다. 오히려 이런 경향은 일반적인 평론, 아니 지금의 일반적인 언설이 겪고 있는 현상으로 블로그 논단은 이 흐름에 민감하게 반응할 뿐입니다. 콘텐츠 자체는 소홀히 하고 메타 콘텐츠만 생산하고 소비하는 현상은 현대 사회에서 보편적으로 관찰되기 때문입니다. 사회학자들은 이를 '재귀성再歸性, 일본어 '再歸性'을 그대로 '재귀성'이라고 옮겼다. '再歸性'이란 (자기 자신에게) 다시 돌아오는 성질'을 뜻한다. 철학이나 사회학에서는 '자신을 스스로 대상화하는 성질' '메타적인 시점에서 자신을 바라보는 성질' 등의 함의를 지닌 용어로 쓰인다. 영어의 'reflexivity'에 해당한다. 예를 들면 앤서니 기든스의 '성찰적 근대화reflexive modernization'라는 개념을 일본에서는 '재귀적 근대화' 혹은 '자기 내성적 근대화'라고 번역한다. reflexivity는 한국에서 '반성성, 성찰성, 재귀성'으로 번역되는데, 다른 용어에 비해 '자신과 거리를 두었다가 다시되돌아오는 과정'을 보다 선명하게 표현하는 용어라고 생각되어 '재귀성'으로 번역했다. 옮긴이'이라는 말로 설명하죠.

어쨌든 이제 사람들은 전체성보다 '소통'을 원합니다. 평론의 역할도 이 변화에 맞춰 전체성과 연결 짓기에서 '소통의 제공'으로 바뀌고 있어요.

따라서 평론은 같은 판매 부수의 소설보다 열 배 영향력이 있다는 말을 들어도 지금의 평론가는 기쁘지 않습니다. 왜냐하면 평론에 그만큼 힘이 있다는 것이 아니라 단지 평론은 쉽게 떡밥이 된다, 이야깃거리로 삼기 쉽다, 그래서 화제가 된다는 뜻이니까요.

이런, 다시 우울해지는 결론이네요.

지난번에 저는 앞으로 몇십 년이나 '굳이' 하는 평론을 계속 써야 한다면 평론가를 그만두는 편이 낫다고 했습니다. 마찬가지로 앞으로 평론을 써봤자 결국 사람들의 소통에 봉사할 뿐이라면 그만두는 편이 낫겠다는 생각이 드는 겁니다.

왜냐하면 이 또한 별로 재미있어 보이지 않는 인생이니까요.

…… 해서 다시 출구 없는 상황에 처한 느낌이 드네요. 조금 방향을 바꾸는 게 좋겠습니다.

그러고 보니 저는 지난 회 마지막에서 이번 회에서는 미야다이 신지 씨에 관해 논하겠다고 예고했습니다.

그 약속은 잊지 않았습니다. 다만, 6월의 심포지엄으로부터 시간이 꽤 지났으니 하지 않는 게 낫겠습니다. 어쨌든 제가 미야다이 씨에게 느끼는 위화감은 그 심포지엄과 상관없이 간략하게 표현할 수 있습니다.

이미 알고 있는 분도 계실 텐데, 저는 지난 회와 이번 회에 평론 얘기를 한 것 같지만 동시에 다른 얘기도 했습니다. 좀 더 일반화하면 제가 던진 질문은 '앞으로 지식인에게 요구되는 역할은 무엇인가?'입니다. 이는 옛날부터 있었던 질문이지만 최근에 다시 유행할 기미가 보입니다. 6월에 있었던 심포지엄의 주제는 '공공성과 엘리트주의'였고, 오쓰카 씨와의 대담집의 마지막 주제도 '지식인론'이었습니다.

저는 지난 회와 이번 회에 의도적으로 미야다이 씨의 용어를 사용했습니다. '굳이'도 '소통 도구'도 미야다이 씨가 즐겨 사용하는 말입니다. 즉, 저는 지금까지 이런 신세타령을 해온 것이죠 — '굳이'식 지식인상은 솔직히 힘들고, 그렇다고 소통 도구 제공자에 불과한 지식인상도 공허한데 롤 모델이 이 둘뿐이라면 평론을 그만두고 싶다는 겁니다.

이를 전제로 제가 전부터 미야다이 씨에게 느껴온 위화감혹은 의문을 요약하면 다음과 같습니다.

미야다이 씨는 최근에 현재 일본, 아니 일반적으로 이 '포스트모던=후기 근대 사회'에서 사회를 운영하려면 일정 정도 엘리트주의나 엘리트 교육을 부활시킬 필요가 있다고 주장합니다(『행복론』 등). 물론 여기에서의 '엘리트'는 특정 계층을 가리키는 것이아니라 이 사회에서는 공적인 것이 불가능함을 알면서도 굳이 이를 과제로 떠안을 포부가 있는 인물 일반을 가리키는 말입니다.이 주장, 이 위기의식을 이해하지 못하는 것은 아닙니다.

하지만 미야다이 씨는 그가 말하는 '엘리트', 즉 전체성을'굳이' 지향하는 인간이 동시에 뛰어난 계몽주의자, 달리 말해 기능적인 소통 도구 제공자가 된다는 것을 전제하는 듯합니다. 미야다이 씨의 말을 빌리자면 '진리의 언어'를 '굳이 구사하는' '공민公民' '선량選良'이야말로 '섬-우주를 가교하는 존재'로서 '시민의식이 낮은' '시골뜨기'를 지도한다는 것이죠. '섬-우주'는 미야다이가 1990

년대에 고안한 개념으로, 당시 젊은이들의 문화가 세분화되고 공통분모가 없어짐으로써 상호 소통이 이루어지지 않게 된 상황을 뜻한다. 자신이 속한 작은 인간관계나 취미 공동체(섬)를 자신에게 의미 있는 세계 전체(우주)로 여겨서 미야다이는 이를 '섬-우주'라고 명명했다. 옮긴이 하지만 정말 그럴까요?

제 생각에는 현대 사회에서 전체성을 '굳이' 떠안는 인물과 평론의 언어를 기능적인 도구로 제공하는 인물 — 달리 말해 초월적 이념의 체현자와 세속적 계몽의 실천자는 전혀 다르기 때문에 양립하지 않을 것 같습니다. 오히려 양립하지 않는다는 것이 현대 사회의 본질적인 조건(거대 담론의 기능부전)일 겁니다.

이를 본격적으로 학문적으로 논의하면 매우 어렵습니다. 그러나 제가 하려는 말은 직감적으로는 극히 단순합니다.

이 지면은 문예지이니 문학의 전체성을 예로 들어보겠습니다. 얼마 전에 문예지에서는 휴대폰 소설 00년대에 일본에서 등장한 소설 장르. 휴대폰으로 가볍게 읽을 수 있는 소설을 뜻한다. 00년대이니 스마트폰이 등장하기 이전이다. 옮긴이 이 화제가 되었습니다. 그 전에는 라이트 노벨[iii]이 화제가 되었죠. 지금 일본에서는 순문학 바깥에서 정말 다양한 소설이 유통되고 있습니다. 즉, 문학의 전체성을 구상하려 해도 그 외연을 어디에 설정해야 할지 모르는 상당히 복잡한 상황이 된 겁니다.

이런 환경 속에서 설령 문학의 전체성을 '굳이' 떠안는 평론가가 존재한다 해도 그 인물이 현실 속에서 계몽적으로 활동하는, 즉 문학의 다양성을 분석하는 데 적절한 소통 도구를 제공하는 것이, 휴대폰 소설도 라이트 노벨도 모두 읽는 것이 가능할까요?

가능하다는 생각이 전혀 들지 않습니다. 즉, 전체성의 이념은 이제 계몽에 방해가 될 뿐입니다.

지면이 다했네요.

느슨한 연재라고 했는데 2회에서 돌연 무거운 주제를 다루게 되어 저도 좀 당황스럽습니다. 이 얘기는 앞으로 하지 않는 게 좋을지도 모르겠네요.

어쨌든, 또 다음 달에⋯⋯.

---

i) 2008년 초에 아즈마 히로키와 고단샤BOX 편집장이었던 오오타 카츠시가 기획한 〈아즈마 히로키의 제로아카 도장〉은 비평가로 데뷔하고 싶은 참가자를 모아서 1년 동안 '도장 사부'인 아즈마가 6회의 시험을 실시하고, 그 관문을 통과한 우승자는 고단샤BOX가 데뷔작 단행본을 초판 1만 부로 출판해준다는 기획이었다. 온라인에서 커다란 화제를 불러일으키며 100인 이상의 참가자를 모았던 이 기획은 제3관문이 끝난 시점에서 10인 후보자로 압축했고, 제4관문의 과제는 2인 1조로 비평 동인지를 500부 제작해서 2008년 11월 9일에 개최되는 〈제7회 문학 프리마켓〉에서 판매하는 것이었다. 제4관문은 대성공을 거두어서 〈제7회 문학 프리마켓〉에는 1800명 이상이 방문했고, '제로아카 도장'의 8개 팀 가운데 5개 팀이 500부 완판에 성공하였다.

ii) 오쓰카 에이지大塚英志. 1958년 출생. 만화 원작자이자 서브컬처 평론가. 대학에서 민속학을 전공하고, 만화 편집자, 만화 스토리 작가로 일했다. 일본에서 900만 부 이상 판매된 『다중인격탐정 사이코』 등의 원작자로도 유명하다. 1990년대 '오타쿠 논쟁'과 '순문학 논쟁'을 주도했다. 국제일본문화연구센터 교수로 재직 중이다. 1994년 제16회 산토리 학예상(사회풍속 부문)을 수상했다. 『오쓰카 에이지 순문학의 죽음, 오타쿠, 스토리텔링을 말하다』『그 시절, 2층에서 우리는』『감정화하는 사회』 등이 번역 출간되었다. 특히 『캐릭터 소설 쓰는 법』에서는 '만화 & 아니메적 리얼리즘'이라는 개념을 제창하며, 캐릭터 소설(라이트 노벨)은 현실 세계가 아니라 만화나 애니메이션 속의 세계라는 허구를 묘사한다고 분석했다. 문학은 자연주의적 리얼리즘을 바탕으로 '나'를 묘사하지만 라이트 노벨에서는 현실이 아닌 허구의 '나=캐릭터'를 그린다는 것이다.

iii) 라이트 노벨light novel. 주로 청소년 독자를 대상으로 하는 가벼운 대중 소설. 1970년대 중반 일본에서 처음 사용하기 시작한 말로, 만화에 가까운 삽화를 많이 사용하며, 주로 과학, 환상, 추리, 공포 따위의 소재를 다룬다.

공공성에 대하여 (1)

안녕하세요? 〈코믹 마켓〉도쿄에서 매년 두 번 열리는 만화 동인지 행사. 흔히 줄임말인 '코미케'로 불린다. 옮긴이에 참가해 부스를 열고, 그 뒤풀이 현장을 인터넷에 동영상으로 공개당한 아즈마 히로키입니다. 술자리에서 섣불리 말하면 안 되는 무서운 시대가 되었네요.

자, 지난번에는 비평과 전체성의 관계를 논했습니다. 이번 회에도 그 흐름을 이어가 논의를 심화해야겠지만, 문득 이런 생각이 들었습니다. 이 연재를 맡았을 때 시사적인 내용을 다루어달라고 했는데 이래도 되는 걸까? 비평의 근거 없음을 아무리 얘기해봤자 그런 주제를 재미있어 할 독자는 수백 명에 불과하지 않을까?

그래서 이번에는 시사성 높은 얘기로 시작하겠습니다. 우선 요즘 세간에서 화제를 모으는 구글의 새로운 서비스 '구글 스트리트 뷰'[i]부터!

인터넷을 뜨겁게 달구고 있는 구글 스트리트 뷰를 굳이 설명할 필요가 있을까 생각이 들지만 금시초문인 독자가 계실지도 모르니 간단히 설명하겠습니다.

구글 스트리트 뷰는 세계에서 가장 큰 검색 엔진 회사인 구글이 2008년 8월 5일에 공개한 무료 지도 서비스입니다(미국에서는 2007년 5월 25일에 공개했습니다). 인터넷 지도에는 종종 항공사진이 공개되지만, 이 스트리트 뷰는 거기에서 한 발 더 나아갑니다. 웹사이트에 접속하면 도쿄, 오사카, 센다이 등 주요 도시의 수많은 거리 풍경을 길 위의 시점으로 360도 둘러볼 수 있습니다. 구글의 카메라는 국도나 주요 도로는 물론 주택가의 좁은 골목까지 촬영해 일상생활이 진하게 배어 있습니다. 얼굴은 모자이크 처리했지만 길을 가는 사람도 찍혀 있습니다. 흥미를 느끼신 분은 직접 구글 스트리트 뷰에 들어가 보기 바랍니다. 여러분의 집도 찍혀 있을지 모릅니다. 도쿄 근방에 거주한다면 찍혔을 가능성이 높습니다.

이처럼 파급력 있는 서비스의 출현은 당연히 격렬한 찬반양론을 불러일으킵니다. 먼저 '프라이버시를 침해한다'는 감정적인 반발이 있었고, 이어서 '구글은 길거리를 찍은 것이므로 프라이버시 침해가 아니다'라는 반론이 나왔습니다. 이에 대해 '방법이 무지막지한 것 아니냐. 서구와 일본은 생활환경이 다르다'는 재반론이 있었고, 다시 이에 대해 '그런 생각에서 벗어나지 못하니까 일본에서는 참신한 기업이 성장하지 못하는 것'이라는 또 다른 반론이 제시되는 복잡한 상황입니다. 관심 있는 분은 인터넷으로 검색해보세요. 다양하고 흥미로운 의견을 접할 수 있습니다.

이번 회에는 구글 스트리트 뷰의 출현이 불러온 이러한 혼란을 통해 지난 두 회에 걸쳐 암묵적인 주제로 다룬 '공공성' 문제를 생각해보겠습니다.

또 하나 보조선을 긋도록 하죠.

지난번에도 언급한 것처럼, 저는 이번 8월에 오쓰카 에이지 씨와 함께 『리얼의 행방』이라는 책을 펴냈습니다. 저자로서 이런 말은 뭐하지만, 이 책은 '대화'로서는 완전히 실패했습니다. 특히 후반부는 아예 대화가 성립하지 않았습니다. 말싸움에 가깝다고 할까요. 그 이유는 (제 관점에서 보면) 오쓰카 씨가 제 얘기에 깔린 전제를 전혀 이해하려 하지 않았기 때문입니다.

그럼 그 전제란 무엇일까요? 한마디로 지금은 공공성의 존재 양태가 크게 바뀌었다는 상황 인식입니다.

오쓰카 씨는 저에게 '너는 비평가이니까 공공성에 몸을 담근 존재임을 의식하라'고 합니다. 이에 저는 '공공성이 어떤 상태를 가리키는 것인지 모르기 때문에 의식할 수 없다'고 답합니다. 이 답을 듣고 오쓰카 씨는 더욱 화가 납니다. 이것이 『리얼의 행방』의 기본 구조인데(이렇게 써놓으니 제가 보아도 한심하지만, 정말 이런 내용입니다), 도대체 왜 이런 선문답 같은 대화가 계속되었을까요. 오쓰카 씨와 저는 '공공성'이라는 말에 너무 다른 의미를 담고 있기 때문입니다.

그리고 이 이미지의 차이는 사실 구글 스트리트 뷰 문제와 밀접한 관계가 있습니다.

여기에서 다시 생각해봅시다. 과연 구글 스트리트 뷰는 '공공성'을 갖는 서비스일까요, 아닐까요.

이는 꽤 어려운 문제입니다. 새삼 말할 필요도 없이 구글은 기업입니다. '기업이 운영하는 서비스이므로 공적일 수 없다'는 답이 우선 나올 수 있습니다. 그러나 이는 너무 단순한 답이겠죠. 좀 더 파고듭시다.

구글은 기업의 틀을 넘어 다양한 활동을 하는 도전적인 기업으로 알려져 있습니다. 예를 들면 구글은 전 세계의 서적을 모조리 스캔해 모두 검색·열람하게 만든다는 도서관 계획을 추진하고 있습니다. 일본에서도 게이오기주쿠대학교 도서관이 계약을 맺었습니다. 과거 SF라면 '세계 통일 국가'가 맡을 법한 대규모 계획입니다. 우메다 모치오[ii] 씨는 이런 특징을 두고 구글의 이념은 일종의 '세계 정부'를 수립하는 것이라고 말합니다(『웹 진화론』). 그런 이념적 배경 아래 스트리트 뷰는 만들어졌습니다.

따라서 구글은 어디까지나 기업이지만 스트리트 뷰 같은 서비스는 새로운 시대의 글로벌한 공공성을 지향한다고 볼 수도 있습니다. 실제로 많은 인터넷 사용자들은 그런 기분으로 구글의 약진을 바라보고 있을 것이고, 그래서 구글의 성공은 남다른 관심을 끄는 것입니다. 스트리트 뷰에 호의적인 사람들은 단지 서비스가 편리해서 좋아하는 것이 아니라 구글이 체현하는 새로운 공공성의 탄생에 큰 기대를 갖기 때문에 지지할 것입니다. 가령 전 세계 주요 도시의 모든 거리를 스트리트 뷰로 볼 수 있다면(머지않아 실현될 것 같습니다) 우리의 지리 감각은 크게 바뀔 겁니다. 이 영향이 '사적'인 영역을 뛰어넘는 것은 분명합니다. 소박하게 생각해도 전 세계 사람들이 멀리 떨어져 있는 나라의 거리 풍경을 무료로 볼 수 있는 서비스를 '공공성' 이외의 어떤 말로 표현할 수 있겠냐는 것이죠.

그러면 구글 스트리트 뷰는 새로운 공공성의 전형이라고 결론을 내리면 될까요? 이 의견에는 쉽게 반론이 가능합니다. 조금 인문학적인 관점에서 바라보죠.

철학이나 사회사상 분야에서는 공공성을 어떻게 정의할까요? 제가 갖고 있는 고분도弘文堂의 『정치학 사전』에서 '공공권'이라는 항목을 살펴보겠습니다. 여기에서는 공공권을 "사람들이 공동으로 관심을 갖는 일에 의견을 교환하고 정치적 의사意思를 형성해가는 언설 공간"이라고 정의하고 있습니다(집필자는 사이토 준이치 씨). 참고문헌으로는 칸트, 아렌트, 하버마스 등이 거론되는데, 여기에서 중요한 것은 공공성의 본질을 무엇보다 우선 '논의'하는 언설 기능으로 파악한다는 점입니다. 다양한 이해관계를 갖고 있는 사람들이 충돌하고 논쟁하며 조정하면서 합의를 형성해가는 번거로운 과정에 열려 있느냐 여부가 무엇이 공적인가를 판단하는 기준이 된다는 거죠. 이 또한 상식적으로 쉽게 수긍이 갑니다.

하지만 이 정의에 준거하면 구글의 시도가 공적인 것이라고는 말하기 힘듭니다. 구글 어스, 지메일, 스트리트 뷰는 누구나 사용할 수 있는 서비스이지만 이를 실현하기까지 공적인 합의 형성이 존재하지는 않았기 때문입니다. 달리 말해 그들의 서비스는 '정치적 의사를 형성해가는 언설 공간'에 근거하고 있지 않기 때문입니다.

구글은 '여러분, 스트리트 뷰가 필요하십니까? 여러분의 자택을 사진에 담아도 되겠습니까?'라고 우리에게 묻지 않습니다. 그냥 그들이 만들고 싶은 것을 법이 허용하는 범위에서 만들었을 뿐입니다. 이 점이 중요합니다. 앞서 말한 것처럼 스트리트 뷰에 올라온 사진에는 꽤 아슬아슬한 사진도 포함되어 있습니다. 서비스 공개 후 며칠 동안 길거리에서 키스하는 고등학생 사진, 오줌 누는 중년 남성 사진, 카메라 위치가 높아 자택 내부가 거의 다 보이는 사진 등을 사용자들이 발견해 인터넷상에서 화제가 되었습니다(지금은 대부분 삭제되었습니다). 구글은 이에 프라이버시 침해 사례가 있을 경우 민원을 내면 대처하겠다고 답했지만, 만약 정부나 지자체가 갑자기 새 제도를 도입해 민원에 이런 태도로 응한다면 엄청난 비난을 받겠죠.

구글은 그들의 서비스에 대해 시민=소비자와 '대화'할 필요를 전혀 인정하지 않습니다. 물론 기업의 활동이니 문제될 것은 없지만, 구글의 서비스는 공공성이라는 말의 정의에 따르면 그 서비스가 아무리 편리하고 사람들에게 열려 있어도 본질적으로 공공성을 갖는다고 할 수 없는 것입니다.

실제로 지금 스트리트 뷰를 비판하는 사람 중에는 기업의 사적인 판단으로 만든 것에 지나지 않은 서비스가 시장 독점력을 배경으로 어느새 새로운 공공성처럼 수용되고 있는 상황에 이의를 표명하는 사람도 있습니다.

따라서 공공성과 구글 스트리트 뷰의 관계에 대한 논의는 '스트리트 뷰의 서비스 자체는 공적인 기능을 갖고 있지만 그 실현 과정에 문제가 있으므로 공공성이 있다고는 할 수 없다'는 결론에 이릅니다.

이 결론을 다르게 표현하면 다음과 같습니다. 저는 방금 공공성의 인문학적 정의를 확인하면서 '공공권public sphere'이라는 용어를 살펴보았습니다.

한편, 경제학을 배운 사람이라면 공공성을 다룰 때 오히려 '공공재public goods'라는 용어를 자주 사용하겠죠(저는 경제학을 배운 적이 없으니 어디까지나 추측에 불과합니다만).

공공재는 소비에서 비경쟁성 또는 비배제성을 갖춘 재화나 서비스, 즉 '그것을 어떤 사람이 사용한다 해도 다른 사람이 사용하지 못하는 일이 없는 또는 누구나 사용할 수 있는 재화나 서비스'를 가리키는 말입니다(이 둘을 충족하는 예로 자주 거론되는 것이 등대의 불빛입니다). 이 정의에 따르면 스트리트 뷰와 같은 서비스는 '공공재'입니다. 무료이고 누가 사용했다고 해서 줄어드는 것도 아니기 때문이죠.

전통적인 경제학은 '공공재는 시장을 통해 공급하기 어렵고 따라서 국가가 공급한다'고 설명했습니다(아마도). 즉, 공공권과 공공재, 인문학적 공공성과 경제학적 공공성은 느슨하게 연결할 수 있는 관계였던 겁니다. 그런데 요즘 화제인 구글적 의사擬似 공공성에서 이 연결 관계는 끊기고 맙니다.

구글 스트리트 뷰는 공공재여도 공공권의 정통성을 부여받지 못합니다. 스트리트 뷰의 시시비비를 둘러싼 논의의 핵심에는 이러한 새로운 공공성의 출현에 대한 상당히 심각한 혼란이 있다고 봅니다.

그리고 이는 스트리트 뷰의 개별적인 문제가 아니라 우리가 지금 살아가는 정보 환경의 특징이기도 하죠. 인터넷이 21세기 세계에서 가장 중요한 공공재라는 점은 누구도 의심하지 않겠지만, 많은 사람들이 지적하는 것처럼 그 설계 사상은 시민적 공공권의 체크를 전혀 거치지 않으며 앞으로도 그럴 것 같지 않습니다. 몇몇 시민단체가 이를 위해 노력하지만 상황을 뒤바꿀 정도의 흐름은 아닌 듯합니다.

물론 앞으로도 기존의 공공재, 적정한 규모의 시민적 공공권을 근거로 한 국가/지자체 단위의 공공재(도로, 수도, 공원 등)는 반드시 필요한 존재로 남을 것입니다. 하지만 지금은 지구적 규모로 공공권의 지원을 전혀 받지 않고 순식간에 정비되는 다른 유형의 공공재가 출현하고 있습니다. 우리는 이제 이런 상황을 염두에 두고 '공공성'을 고민하고 사유해야 할 것입니다.

여기까지 쓰면 『리얼의 행방』을 읽지 않았더라도 오쓰카 씨와 저 사이에 어떤 소통의 실패가 있었는지 대략 추측할 수 있지 않을까 합니다.

오쓰카 씨는 대담하는 동안 공공성의 개념을 위에서 언급한

'공공권'의 의미에 한정해 계속 사용했고, 그 태도를 결코 바꾸지 않았습니다. 반면, 저는 계속해서 그와 다른 공공성=공공재의 가능성이 있다는 것, 아니 실제로 출현하고 있다고 얘기했습니다. 그런데 오쓰카 씨에게 제 주장은 공공권을 통한 확인과 승인 없이 시장 원리를 긍정할 뿐인, 허무주의적 현실 긍정으로 보였던 거죠. 말싸움과 다를 바 없는 대담의 배경에는 이런 세계관의 대립이 있었습니다.

그리고 이 대립은 앞에서 기고한 두 회의 연재에서 다룬 문제와 깊은 관계가 있습니다. 오쓰카 씨의 입장에 선다면 한 저술가가 공공성이 있는지 여부를 판단하는 것은 비교적 쉽습니다. 그 사람이 공공권의 토론에 참가하는지 여부로 판단하면 되니까요. 하지만 제 입장에서는 그런 단순한 얘기를 할 수 없습니다. 공공권의 지원 없이 공공재가 정비되는 시대에 지식인의 역할은 무엇인가 — 라는 근본적인 의문에 직면할 수밖에 없으니까요.

덧붙이자면 하나 더, 공공권과 공공재, 언설의 공공성과 사물의 공공성이 앞으로의 정보 환경에서 과연 엄격히 구별이 가능할 것인가 — 라는 다른 차원의 의문도 나옵니다. 만약 21세기의 공공권이 인터넷이라는 새로운 공공재에 의존하지 않고서는 성립하지 않는다면 공공권이 정통성을 부여하지 않는 공공재는 인정하지 않겠다는 입장 자체가 성립되지 않는 게 아닐까요? 이는 매우 다루기 복잡한 문제입니다.

이번에도 지면이 다했네요. 만약 이어지는 얘기가 있다면 다음에 계속하겠습니다.

그건 그렇고 이 연재는 느슨하게, 어렴풋이 생각을 풀어간다는 방침이었는데 지난번과 이번 회는 아무래도 너무 딱딱한 얘기가 계속되었습니다. 특히 이번 회는 전혀 농담도 없고 '입니다, 이죠' 투로 썼다는 것 외에는 평소의 비평과 다를 게 없네요. 그다지 좋지 않은 경향입니다. 이래서는 제 자신의 껍데기를 전혀 깨트릴 수 없겠죠.

슬슬 과감한 도전을 할 필요가 있어 보입니다. 인터넷에 동영상을 공개하는 것에 필적하는, 문예지이기에 가능한 언설 테러를……

어쨌든, 또 다음 달에……

---

i) Google Street View. 구글의 서비스. 구글 어스와 연동되어 제공된다. 구글 어스가 수직으로 땅을 내려다보는, 지도에 가까운 이미지를 제공한다면 스트리트 뷰는 실제 땅에 선 사람이 건물을 보는 각도의 3D 이미지를 제공한다.

ii) 우메다 모치오梅田望夫. 일본의 IT 칼럼니스트, 블로그 운영자, 베스트셀러 작가. 1960년생으로 게이오대학교 공학부를 졸업하고 도쿄대학교 대학원 정보과학과 석사 과정을 수료하였다. 1994년부터 미국 실리콘밸리에 거주하고 있으며, 1997년에 컨설팅 회사인 '뮤즈 어소시에이츠'를 창업하였다. 『웹 진화론』 등이 번역 출간되었다.

공공성에 대하여 (2)

안녕하세요. 니가타대학교 인문학부에서 집중 강의를 담당하고 집중 강의는 인간이 할 것이 못 된다는 사실을 깨달은 아즈마 히로키입니다.

집중 강의를 하면 일주일 동안 반년 분의 강의를 합니다. 매일 4교시씩일본 대학은 일반적으로 1교시당 90분이다. 옮긴이 수업을 해야 합니다. 너무하죠. 그리고 그 이상으로 뒤풀이 자리가 가혹합니다. 이번에 저는 대학원생 시절 선배의 제안으로 니가타에 갔습니다. 굉장히 반가웠죠. 그래서 필연적으로 거의 매일 술을 엄청나게 마셨습니다. 4일 연속 술자리를 가지는 바람에 뇌와 위장이 엉망이 된 채로 도쿄로 돌아왔습니다.

인문학부 강의라 수업에서는 작품 분석도 했습니다. '〈별의 목소리〉의 이 장면에서 미카코의 하반신을 클로즈업하는 것은 처녀 상실의 은유다'라거나 '〈시끌별 녀석들 2〉의 마지막에서 아타루가 '엄마'라고 외치는 것은 이 영화의 모성 회귀를 상징한다'라든가 그런 얘기를 했습니다.

제 독자라면 이미 아시겠지만, 저는 자칭 비평가임에도 불구하고 작품 독해를 거의 하지 않습니다. 『게임적 리얼리즘의 탄생』

에서 주장한 '환경 분석'은 오히려 작품 '해석'에서 멀어지는 방법론입니다. 그런 이유로, 저는 니가타에서 이런 얘기를 하면서 '오, 나도 이런 분석을 할 수 있네'라고 마치 새로운 자신을 발견한 것 같은 기쁨을 느꼈습니다. 장소가 바뀌면 인간도 바뀌는 법이죠.

대학교수가 이래서는 안 된다는 생각도 듭니다만.

참, 공공성을 얘기했었죠. 예정대로라면 이번에는 공공권과 공공재의 관계 변화는 무엇을 의미하는지 조금씩 논의를 심화해야겠죠.

그런데 지난번 칼럼에서 구글 스트리트 뷰라는 (제 생각에는) 절묘한 시사성 높은 화제를 다루었음에도 불구하고 의외로 반응이 적었습니다. 난감하더군요. 그래서 이번에는 조금 다른 각도에서 접근해보겠습니다.

애초에 문예지에서 인터넷을 화제로 삼아봤자 별다른 반응을 얻지 못하는 건지 모르지만 그뿐만은 아닌 것 같습니다. 아무래도 지난번 글이 딱딱해서 인터넷 담론을 잘 아는 사람 외에는 주제의 매력이 잘 전해지지 않은 것 같습니다. "'구글적 공공성' 운운하지만 한마디로 사전에 조율하지 않고 실질적 표준을 만든 놈이 이긴다는 얘기 아냐? 새삼스럽게 뭘" — 이렇게 느꼈을지도 모릅니다. 그렇다면 따분한 얘기 맞습니다. 관심을 갖지 않는 게 당연합니다.

그러나 제가 하려는 말은 물론 그게 아닙니다.

지난번에도 논한 것처럼 공공권은 언어의 질서를 가리키고, 공공재는 사물의 질서를 가리킵니다. '구글적 공공성'의 중요성은 언어를 사물에 종속시키는 데 있는 것이 아니라 언어와 사물의 관계 자체를 바꾸는 데 있습니다. 언어를 사물처럼 처리하고, 공공권을 공공재와 같은 방식으로 구조화하는 새로운 '지식의 질서'가 엿보이기 때문입니다.

이는 추상적인 얘기가 아닙니다. 구글이 언어를 사물처럼 처리한다는 것을 구체적으로 말하면, 구글이 데이터 자체보다 '메타 데이터'에 주목해 언어를 처리한다는 것을 의미합니다. 널리 알려진 것처럼 구글은 방대한 페이지 랭킹을 내용이 아니라 '링크 구조'로 결정합니다. 검색 엔진의 세계에서 시니피앙_{기표}의 위치는 내용이 아니라 다른 시니피앙과의 관계를 통해, 그리고 오로지 그것을 통해서만 수학적으로 결정된다는 거죠. 이는 한 상품의 가격이 그 사용가치가 아니라 다른 상품과의 관계를 통해, 그리고 오로지 그것을 통해서만 수학적으로 결정되는 것과 같습니다. 이는 18세기 백과사전파와도 다르고 근대의 대학 제도와도 다른, 새로운 '지식의 구조화 원리'입니다. 아마도 『말과 사물』에서 푸코가 내놓은 통찰과 깊은 관련이 있으며, 그래서 저는 예전부터 인터넷, 구글에 계속 관심을 가져왔던 것인데…….

앗, 이런……

죄송합니다. 또 딱딱한 글이 되고 말았네요. 독자 여러분의 찌푸린 표정이 눈앞에 어른거립니다. 이 정도로 하죠.

어쨌든 사실은 이런 얘기를 쓰고 싶었습니다. 하지만 이대로 쓰면 문예지에 응당 실릴 법한 '사상 분야 학자가 뭔가 난해한 얘기를 하는' 부류의 글로 취급받아 화려하게 무시될 것 같습니다. 그래서 이번에는 '입구'를 바꾸겠습니다.

이번 입구는 '진지함'입니다.

저는 옛날부터 진지한지 경박한지 알 수 없는 사람이라는 말을 들어왔습니다. 초등학교 때는 선생님에게 '죄송하다'고 할 때마다 더 진지하게 빌라고 관자놀이를 주먹으로 압박당하고, "진지하게 빌려면 어떻게 빌어야 합니까?"라고 물었다가 귀싸대기를 맞았습니다.

덧붙이자면 초등학교 시절 저의 담임선생은 이른바 폭력 교사로, 지금 되돌아보면 상당히 큰 문제가 있는 인물이었습니다. 게다가 그는 롤리타 콤플렉스가 있던 사람으로, 혐오스러운 에피소드도 셀 수 없을 만큼 많은데 여기에서 다룰 내용은 아닌 것 같네요.

어쨌든 저는 초등학생 때부터 사람들을 난처하게 만드는 아이였습니다. 그런 불온한 인상은 어른이 되어서도 크게 바뀌지 않았는지, 지금도 "아즈마 씨, 어디까지가 진담입니까?"라는 질문을 종종 듣습니다.

예를 들면 지난주에도 "아즈마 씨가 라이트 노벨을 칭찬하는 것은 어디까지가 진심입니까?"라는 질문을 어느 대학교수에게 들었습니다. 그런가 하면 "『신초』에 실리는 소설은 진지하게 쓰시는 겁니까?"라는 질문을 학생에게 받았습니다. 데뷔하고 15년이 지나 젊은 독자가 늘어난 지금은 "아즈마 씨는 데리다 같은 철학자를 얼마만큼 진지하게 읽었던 겁니까?"라는 질문을 받는 일도 드물지 않습니다. 한마디로 저는 다양한 분야에서 일해왔고, 많은 독자들이 저마다 다른 인상을 갖고 있어서, 각각의 독자가 자기 마음에 든 아즈마 히로키만을 읽고 그 밖에는 모두 '가벼운 화젯거리'로 다룰 뿐이라는 인식을 갖는 것이죠.

여기에서 그치면 그럴 수도 있겠다 싶겠죠. 그런데 난감하게도 그런 질문을 받았을 때 저는 다음과 같이 답하고 맙니다.

원칙적으로 그런 질문에 대부분의 저자는 '진지하게 썼다'고 답할 것이 분명하다. 따라서 나도 진지하게 썼다고 답해 두겠다. 하지만 이런 답에는 아무런 의미도 없다. 따라서 당신은 당신이 믿고 싶은 것만 믿으면 되고, 결국 그 밖의 방법은 없다. 다만 이를 전제로 객관성을 위장해 덧붙이자면 『존재론적, 우편적』이든 『동물화하는 포스트모던』이든 「팬텀, 퀀텀」이든 각각 나름의 힘을 기울인 것은 사실이다. 상식적으로 생각했을 때 가벼운 화젯거리를 위해 그렇게 힘을 쏟을 리 없다. 그러니 "아즈마 히로키는 진지하게 임했다"고 답할 수밖에 없다.

뭐, 이런 식으로 답하는 거죠. 대부분의 사람들은 이 대답을 핵심을 비켜나간 것으로 받아들여 납득하지 못한 표정을 짓고 뒤돌아갑니다.

참…… 솔직히 말해 제가 그럴 때마다 가슴 속은 죄송한 마음으로 가득 찹니다. 하지만 저는 그렇게 말할 수밖에 없습니다. 이런 일종의 도회韜晦[i] — 실은 도회가 아니지만 — 는 저에게 신념이라든가 윤리 이전에 의사소통의 중심에 깊게 뿌리박힌, 피할 수 없는 초기 설정이기 때문입니다.

그래서인지 아무래도 저의 행동거지가 '진지하게' 받아들여지지 않나 봅니다. 제가 진지한지 여부는 늘 알 수 없는 것이고, "당신은 지금 진지합니까?"라는 질문에도 핵심을 비켜나간 답을 하는 게 사실입니다.

아는 분은 아시겠지만, 이러한 도회 습성은 현대 사상적으로 말하자면 '데리다적으로 올바른' 태도입니다. 그러나 현실을 살아가는 저에게 '데리다적'이라는 말로 정리할 수 있는 게 아니라 더 실존적이고 구체적인 삶과 직결되어 있습니다.

저는 2003년부터 2006년에 걸쳐 연구 기관 형태를 취하고 있지만, 실제로는 관공서를 위한 보고서를 제작함으로써 운영되는 기묘한 싱크탱크(고쿠사이대학교 글로벌 커뮤니케이션 센터, GLOCOM)에 적을 두고 정치인, 관료, 경영인 등 높은 분들과 자주 만날 기회가 있었습니다. 그러다 어느 순간 확 깨달았습니다. '나는 그들의 세계에 절대 들어가지 못한다. 왜냐하면 나는 '진지함'의 가치를 모르기 때문이다. 이런 곳에서 이렇게 높은 지위에 있는 사람들과 대화를 나누는데도 이 사태를 전혀 진지하게 받아들이지 못하니까.' 그래서 저는 GLOCOM을(부소장 직책까지 받았음에도 불구하고) 떠났습니다. 서른일곱 살에, 처자식이 있는데도 불안정하게 살아가고 있습니다.

진지함에 대한 자기 분석은 이렇듯 제가 살아온 길과 직결되어 있습니다.

자, 이런 저의 성격이 지난번까지 해왔던 공공성을 논의하는 것과 어떤 관련이 있을까요? 이미 눈치챈 분도 계시겠죠.

그렇습니다. 이는 지난번에 참조한 오쓰카 에이지 씨와 저의 대담을 담은 『리얼의 행방』과 관계있습니다. '너는 진지하게 말하고 있는 거냐'고 물으면 '그 질문에 제가 답하는 것은 의미 없다. 다만 객관적으로 나 자신을 진지하게 말하고 있다 할 수 있고, 그럴 수밖에 없다'고 답해 더욱 대화가 꼬여가는 — 이 책을 읽으면 알 수 있는 것처럼 이는 『리얼의 행방』에서 오쓰카 씨와 저의 '대립' 구조 그 자체입니다.

혹시 『리얼의 행방』을 갖고 계시다면 '계몽'에 관한 제3장의 대화를 보시기 바랍니다. 여기에서 오쓰카 씨는 아즈마 히로키가 독자를 계몽하지 않는 것이 아니라 제가 "아즈마 히로키가 독자를 계몽하고 있는 것"을 인정하지 않는 것을 꾸짖습니다. 즉, 쟁점은 메타적인 수준에 자리 잡고 있는 것이죠. 오쓰카 씨는 "아즈마 군은 꽤 진지한데 왜 그걸 인정하지 않는 거야? 왜 이걸 회피하는 거야?"라고 계속 설교합니다.

달리 말하자면 이렇습니다. 오쓰카 씨와 저의 대립은 사실 확인적으로는 공공성에 관한 이미지의 차이에서 비롯된 것입니다. 그러나 동시에 행위수행적으로는 진지함에 대한 감각의 차이에서 비롯된 것이기도 합니다.

이는 우연이 아닙니다. 왜냐하면 오쓰카 씨가 생각하는 공공성, 즉 하버마스적 공공권의 발상은 여기에 참가하는 사람이 모두 진지하고, 그 진지함의 기준을 사람들이 진지하게 믿는다는 ─ 재귀적 가치 선택이라고 할까, 자기 언급적 정당화를 요구하기 때문입니다.

이런…… 또 논의가 난해해지기 시작했습니다. 좋지 않습니다만 영원히 난해함을 피해갈 수도 없는 노릇이죠. 이 문제를 어떻게든 직감적으로 이해할 수 있게 표현해보겠습니다.

원래 '진지하다'는 개념은 골치 아픈 개념입니다. 사적으로는 아무리 경박하고 경솔해도 다른 사람 앞에서는 늘 진지하고 책임감 있는 사회인으로 행동하는 것, 이것이 상식적인 성숙함의 이미지입니다. 그러나 실제로는 진지할 때(공적일 때)와 경박할 때(사적일 때)를 구별할 수 있으면 충분하지 않느냐고 한다면 꼭 그렇지는 않습니다.

왜냐하면 어느 대상에 대해 진지하다는 것은 그 행위의 대상이 진지하게 임해야 할 과제라는 것을 믿고 있음을 포함하기 때문입니다. 예를 들어 진지하게 대학교수직에 임한다는 것은 '대학 교육을 진지하게 임해야 할 과제'로 여기고 이를 실천하고 있다는 것을 의미합니다. '교육 따위 어찌 되든 상관없어'라는 생각을 갖고 있으면서 형식적으로만 업무를 해가는 사람을 '진지하다'고 하지는 않죠. 진지하다는 것은 보이는 모습의 문제가 아니라 신념의 문제인 것입니다. 그래서 저는 폭력 교사에게 얻어맞은 겁니다.

그리고 공공권=정치의 공간은 이런 '진지함'의 위계 구조에서 정점에 위치합니다.

정치에 참가한다는 것은 정치를 진지하게 여긴다는 것이고, 또 정치의 진지한 가치를 인정한다는 이중의 가치 선택입니다.

이 점에서 정치는 같은 언어 게임이라 하더라도 다른 다양한 공동체적 연대, 이른바 작은 '취미'와 결정적으로 다릅니다. 오타쿠 따위 아무래도 상관없다고 여기지만, 재미 삼아 오타쿠 아이템을 수집하는 것은 얼마든지 가능합니다. 실제로 많은 오타쿠가 그렇죠. 하지만 정치 따위 아무래도 상관없다고 여기지만 재미 삼아 정치에 참가하는 것은 원리상 불가능합니다. 왜냐하면 그런 '진지하지 않은' 행위는 애초부터 정치 참가로 인정받지 못하기 때문입니다. 예를 들어 로젠 각하=아소 다로麻生太郎. 일본의 정치인. 총리를 지낸 거물 정치인임과 동시에 만화, 애니메이션에 일가견이 있는 것으로 알려졌다. 『로젠메이덴』이라는 만화를 보는 모습이 목격되어 '로젠 각하'라는 별명이 붙었다. 옮긴이를 지지하고 화젯거리로 소비하는 오타쿠의 모습을 떠올려볼까요. 그들은 이번 선거에서 실제로 자민당에 투표할지도 모르고, 투표한다면 형식상 정치적인 의사를 표명한 것이 됩니다. 하지만 많은 사람들은 그들의 행동을 '정치적'이라고 생각하지 않을 테고, 뭔가 이상하다고 느낄 것입니다. 우리 사회는 정치에 그런 감각을 갖고 있는 것이죠.

그래서 오쓰카 씨의 꾸짖음은 절반은 정당합니다.

공공적이라는 것은 우선 공공적인 것에 참가하고, 다음으로 그 참가 행위가 중요함을 표명하는 이중의 자기정당화를 의미합니다. 그런데 한편으로 공공적인 것에 참가하면서도 다른 한편으로 그 중요성을 인정하지 않으니 아즈마 히로키는 모순되어 있다 — 오쓰카 씨 비판의 요지는 이겁니다. 이는 기존의 공공성의 이미지에서 보자면 전적으로 옳은 비판입니다.

그러나 저는 오쓰카 씨와의 대화에서 다른 가능성을 얘기하고 싶었던 거죠. 사람들이 모두 진지하지 않아도 되는, 적어도 '자신이 진지한지 여부'를 쉼 없이 스스로 확인하지 않아도 되는, 더 느슨한, 절반쯤은 저절로 생성되는 정보 교환의 공간이 갖는 가능성을 얘기하고 싶었습니다.

'그런 기이한 가능성을 필요로 하는 것은 의사소통에 문제를 안고 있는 너 정도 아니냐'라고 반문하면 저로서는 반론의 여지가 없습니다. 실제로 그럴지도 모르죠. 이와 같이 우회적인 사유는 모두 단지 제가 유치하고 미숙해서 생겨난 것이고, 따라서 무의미할지도 모릅니다. 휴일에 딸과 함께 놀고 있자면 진짜로 그런 게 아닌가 하는 생각도 종종 듭니다. 애초에 이 연재의 첫 회에서는 평론 따위는 그만두고 싶다고 얘기했으니까요.

그럼에도 불구하고 다른 한편으로 이 유치함은 특이한 사례가 아니라 적지 않은 사람들이 비슷한 문제를 안고 있고, 따라서 사람들을 유치한 채로 공적인 공간으로 끌어들이는 수단과 원리를 고민하는 의미가 있다는 생각도 듭니다. 인터넷, 구글 등이 제기하는 여러 문제는 이러한 '느슨한' '경박한' 공공성을 고민할 때 큰 힌트를 줄 것 같습니다.

자, 딱딱해 보였던 지난번의 문제 제기도 조금은 부드러워졌을까요?

개인적으로 보았을 때 이번 연재는 "이 책, 진지하게 쓴 건가요?"라는 식의 질문을 자주 받는 것에 '무엇이 진지하고 경박한지 나도 잘 모르니까 그만하세요. 그냥 아무 선입견 없이 읽어달라고! 나는 다 진지하게 하는 거니까!'라고 답하는 글이기도 합니다.

진지함에 대한 저의 태도를 설명했지만 담당 편집자에게마저 '소설 연재 제3회에 이르러서야 아즈마 씨가 진지하게 쓰고 있다는 것을 믿게 되었다'는 말을 듣고, 몇 년 동안 알고 지낸 지인에게조차 '아키하바라 사건에 대해 아사히신문에 쓴 원고는 얼마만큼 진지하게 쓴 거냐'는 질문을 받는 현실이다보니 개선할 필요성이 있는지도 모르겠습니다. '도대체 나란 인간은 어떤 놈인 거지' 하고 생각하는 거죠. 알로하셔츠 같은 옷을 입고 있는 건

134

좋지 않은 일인가.

어쨌든, 또 다음 달에…….

---

i) 재능이나 학식을 숨겨 감추는 것을 말한다.

전체성에 대하여 (3)

안녕하세요? 『와세다 문학』에서 주최한 이벤트에서 열 시간 동안 거의 쉬지도 못하고 단상에서 일하다 온 아즈마 히로키입니다.

이 이벤트는 15명에 이르는 패널리스트가 모여 10월 19일에 와세다대학교에서 열린 대규모 심포지엄으로 '문예 비평과 소설 혹은 미디어의 현재부터 미래에 관하여'를 주제로 열렸습니다. 한 술자리에서 『와세다 문학』 편집장 '이치카와 마사토=마에다 루이 (필명)' 씨한테 부탁받아서 하게 된 일로 '신인상 심사위원도 수락 했고, 구마노대학교 때도 신세를 졌으니 이왕에 부탁받은 일 제 대로 좀 해볼까' 하고 별생각 없이 맡았다가 매우 힘든 하루를 보 냈습니다.

아침 10시 30분부터 밤 8시 30분까지, 두 번 휴식이 있었을 뿐 정말 계속해서 단상에 있었습니다. 게다가 휴식 시간에도 엑 스트라 프로그램에 불려가 도시락조차 제대로 먹지 못한 하드 스케줄이었습니다. 어느 방송사에서 하는 특별 프로그램도 아니 고 '○○시간 연속'이 도대체 무슨 의미가 있는지(ㅋㅋ), 의문을 갖 지 않을 수 없습니다.

솔직히 이번에 열린 〈와세다 문학 심포지엄〉의 토론 열기가 뜨거웠느냐면 꼭 그렇지도 않았습니다. 긴장감이 떨어진 장면도 꽤 있었습니다. 그러다 보니 정리해서 활자로 내놓으면 그다지 자극적이지 않을지도 모르겠네요. 모처럼 다채로운 논객이 모였으니 열 시간 연속 진행 같은 퍼포먼스를 할 것이 아니라 정성을 들여 논의하는 편이 낫지 않을까, 그렇게 느낀 청중도 적지 않았을 것 같습니다. 패널리스트 중 한 명으로 저 또한 그 기분을 이해합니다(이해나 하고 앉았을 처지가 아닐지도 모르겠습니다만).

그럼에도 불구하고 저는 (결코 팔이 안으로 굽어서가 아니라) 이번 심포지엄이 열려서 잘 됐다고 봅니다. 아니, '바로 이 시기에 개최될 필요성이 있었다. 대성공이다'라는 생각마저 갖고 있습니다.

왜 그렇게 생각하느냐? 이번에는 이 얘기로 시작하겠습니다. 문예지에 쓰는 글이기도 하고요.

이번 연재 주제는 제목을 보면 아시다시피 이번에는 제2회에서 두 연재분을 건너뛰고 다시 '전체성'을 주제로 다룹니다. 그렇다고 지난번이나 지지난번과 연결되지 않는 것이 아니라, 어느 한쪽을 고르자면 이번에는 '전체성'이 키워드가 된다는 뜻입니다. 그 정도로 생각해주시면 감사하겠습니다.

자, 그럼 문제를 단순하게 정리하겠습니다. 〈와세다 문학 심포지엄〉에서 뜨거운 논의가 이루어지지는 않았습니다(재미있는 부분도 있었지만 문제를 단순화하려고 이렇게 정리해둡니다). 그러나 이벤트로서는 성공했습니다. 제가 말하려는 것은 한마디로 이겁니다.

그런데 과연 이런 주장이 통할까요? 적어도 문학이나 비평을 업으로 하는 사람이 이런 엉성한 주장을 해도 되는 걸까요? 비난받아 마땅한 상업주의, 시니시즘이 아닐까요? 독자 중에서는 이렇게 생각하는 분도 계실 것 같습니다.

하지만 그렇지 않습니다. 제가 〈와세다 문학 심포지엄〉을 평가하는 것은 '내용은 별것 없었지만 청중은 많이 모았으니까 됐다'는 소극적인 이유 때문이 아닙니다. 애초에 이 심포지엄은 내용과 관계없이 형식이 정해졌습니다. 문학이니 비평이니 언뜻 심오해 보이는 주제를 내걸기는 했지만 실은 그냥 처음에 '열 시간 연속 토론'이라는 아이디어만 있었고, 주최자도 이를 전혀 감추지 않았습니다. 달리 말해 이치카와 씨는 〈와세다 문학 심포지엄〉은 축제에 지나지 않다는 현실 인식을 갖고 있었습니다.

제가 〈와세다 문학 심포지엄〉을 평가하는 것은 이치카와 씨의 이런 현실 인식이 무엇보다 중요하다고 보기 때문입니다. 지금 문예지 관련 분야에 가장 부족한 것은 이런 '무의미'한 축제가 아닐까요?

이런 설명만으로는 아직 시니컬하고 될 대로 되라는 식으로 들릴지도 모르겠습니다. 다른 사례를 들도록 하죠.

아는 분들도 많겠지만 저는 SF 분야와 관계가 깊습니다('일본 SF 작가 클럽' 회원이기도 하죠). 그쪽에는 해마다 한 번씩 〈일본 SF

대회〉라는 큰 축제가 열려서 작가, 독자, 예비 작가가 큰 온천 여관이나 컨벤션 센터에 모여서 시끌벅적 떠드는 특유의 관습이 있습니다. 저도 몇 번 참가한 적이 있는데, 이 대회의 역할은 아마 외부인이 상상하는 것보다 훨씬 큽니다. SF 대회가 없어지면 SF라는 장르도 사라지는 것이 아닐까, 그런 생각이 들 정도입니다.

그렇다면 SF 대회는 어떤 역할을 맡고 있는 걸까요? 제 생각에 그 본질은 프로그램에 있지 않습니다. SF 대회에서는 심포지엄이 열리고, 교류회도 열리고, 수상자 선정 결과도 발표됩니다. 하지만 이런 것들이 없어진다고 해서 장르가 사라지지는 않지요. SF 대회의 중요성은 오히려 그것이 열린다는 사실 자체, 즉 몇백 명, 몇천 명의 SF 애호가들이 모여 1년에 한 번씩 '여기 있는 사람 모두가 SF를 좋아해!'라는 마음을 공유하는 — 또는 <u>공유했다고 착각하는 과정을 거치는</u> 데 있습니다. 현대 사상에 관심 있는 독자라면 아시겠지만 이는 라캉이나 지젝이 자주 분석했던 현상입니다. 중요한 것은 '환상'이라는 거죠.

그럼 SF 분야에서는 왜 그런 라캉/지젝적인 환상이 중요할까요? 1970년대에 이미 '침투와 확산'이 이루어진 이 장르의 경우, 한편으로는 장르 의식이 강하게 남아 있으면서도 다른 한편으로는 'SF'라는 말의 의미 자체가 널리 확산되어 애매모호해져버렸고(어느 시기의 고마쓰 사쿄[i]는 "뭐든지 SF가 된다"고 적극적으로 발언했고, 그 영향은 아직도 남아 있습니다), 모두 SF에 귀속의식은 있지만 실제로는 어떤 작품을 SF로 볼 것인지 인식 공유가 이루어지지 않은 모순된 상황이 오랫동안 계속되고 있기 때문입니다.

조금 더 자세히 설명하면 이렇습니다. 저는 조금 전에 '공유했다고 착각한다'는 기묘한 표현을 썼습니다. 그 이유는 SF 대회에서도 모든 SF 팬이 진정한 의미에서의 취미 감각을 공유하는 것, 특정한 SF 가치관 아래 모이는 것은 현실적으로 불가능하기 때문입니다. 알기 쉽게 말해 『스즈미야 하루히의 우울』[ii]이 히트한 것을 얘기 나누고 싶은 20대와, 노다 마사히로[iii]의 죽음을 애도하는 50대와는 전혀 말이 통하지 않습니다. 단적으로 이 두 가지 현상은 현실에서 거의 아무 관계가 없습니다(물론 역사를 거슬러 올라가면 관계를 찾을 수 있지만, 그런 식으로 말하면 만화와 애니메이션도 꽤 많은 부분이 SF와 연관됩니다). 그리고 이 사실을 그들이 알고 있습니다. 따라서 실제로는 대회 행사장에서는 대화가 성립하지 않을지도 모릅니다. 그럼에도 '뭐, 서로 같은 SF를 논하고 있는 거니까' 하고 — 일종의 '거짓말'을 하고, SF 장르의 통일성을 '날조'하는 의식儀式으로서 SF 대회는 존재합니다. 즉, SF라는 장르를 하나로 묶는 특징은 이미 사라진 지 오래이니 이 의식이 사라진다면 일방적으로 독자층이 해체되겠죠. 아마도 SF 애호가들은 역사의 어느 시점에서 이를 무의식적으로 깨달았고, 그래서 SF 대회를 소중히 여기는 것이 아닐까? 그런 생각이 드는 겁니다.

거짓말을 하지 않으면 장르의 정체성을 유지할 수 없는 것은 SF만의 문제가 아닙니다.

제2회의 마지막 부분에서 말한 것처럼 일본 문학은 전체적으로(이 문맥에서는 '전체적으로'라는 표현 자체가 자기 모순적이지만) 같은 문제에 직면하고 있습니다.

물론, 문학의 전체성 따위는 옛날부터 존재하지 않았다고 지적할 수 있습니다. 그러나 라이트 노벨, 휴대폰 소설이 대두하면서 지금 우리는 '소설 형태를 취하면 다 문학인가. 만약 어떤 유형의 담론은 문학이라 부르고, 다른 유형은 그리 부르지 않는다면 그 경계를 설정하는 기준은 무엇인가'에 대해 일상적으로 의식할 수밖에 없는 상황에 놓여 있습니다. 즉, 예전에는 날카로운 문제의식 아래에서나 모습을 드러냈던 '문학의 무근거성'이 이제는 꽤 알기 쉽고 단순한 모습으로 나타나게 된 것입니다. 그리고 제 생각에 문예지가 최근 10년 혹은 30년 동안 (저는 무라카미 하루키와 아라이 모토코[iv]를 중요한 전환점으로 봅니다) 계속 빠져 있는 곤경은 결국 이 상황에 기인합니다.

따라서 이 상황에 새 바람을 불어넣기 위해 논의가 잘 이루어질지에 대해 괜히 고민하지 않고 와타나베 나오미나 후쿠다 가즈야 같은 전통적인 문예 비평의 거물부터 라이트 노벨 작가, 출판평론가까지 다채로운 패널리스트를 불러놓고 축제 같은 분위기만 연출한 이치카와 씨의 판단은 완전히 옳습니다.

〈와세다 문학 심포지엄〉은 현재의 문예업계랄까 문예지 업계에서, SF 대회가 SF 장르에서 갖는 역할을 맡으려는 시도라고 할 수 있습니다. 이치카와 씨는 사실은 전혀 다른 문학관을 가지고 있는 논객과 청중을 모아 '뭐, 서로 같은 문학 얘기를 하고 있으니까'라는 '거짓말'을 함으로써 문학이라는 메타 장르의 전체성을 날조하려 합니다.

이는 지금 문예지의 편집자가 취할 수 있는 가장 성실하고 야심적인 선택입니다. 적어도 순문학 내부의 작가만 불러 문학의 장래를 논하는 좌담회보다 훨씬 좋은 시도라고(결코 특정 좌담회를 가리키는 것이 아닙니다! 정말로!) 저는 생각하는 거죠.

〈와세다 문학 심포지엄〉과 SF 대회의 유사성을 느낀 것은 저뿐만이 아닙니다. 심포지엄이 끝나고 패널리스트였던 오모리 노조미[v] 씨와 신조 가즈마[vi] 씨도 같은 감상을 말씀하더군요.

자, 여기까지 읽고, 제 연재를 읽어온 독자 중에는 의문을 느낀 분도 계시겠죠. 문학의 전체성을 날조하려고 일부러 거짓말을 할 필요가 있다는 주장은 있을 수 있지만, 이는 바로 이 연재에서 네가 비판해온 전략이 아닌가? 너는 첫 번째 연재 때부터 계속 '굳이' 등을 논하는 비평가가 문제라는 주장을 펼쳤을 텐데 이제 와서 긍정하다니 무슨 심경의 변화가 있었던 거냐, 라고 말이죠.

하지만 그런 것이 아닙니다. 저는 제2회에서 지금 문학의 전체성을 굳이 떠안는 비평가가 있다면 이는 계몽의 장애가 될 뿐이라고 썼습니다. 그리고 이번에는 〈와세다 문학 심포지엄〉은 문학의 전체성을 날조하니까 좋게 평가한다고 주장합니다. 이는 표면적으로 모순되어 보입니다. 하지만 실은 그렇지 않습니다.

왜냐하면 전자의 경우 전체성의 날조를 떠안는 것이 개인의 의식적인 의미 부여를 통한 행위, '일부러'라는 결단임에 비해, 후자의 경우 이 기능이 집단적이고 무의식적이며 무의미한 공간에 맡겨지기 때문입니다.

다르게 표현하자면 이렇습니다. 〈와세다 문학 심포지엄〉에는 내용이 없습니다. 이는 '문학이란 무엇인가'라는 골치 아픈 문제에 전혀 답을 내놓지 않습니다. 그렇기 때문에 문학의 전체성을 떠맡는다고 착각할 수 있습니다. 이는 어떤 특정한 가치관을 가진 사람이 여기까지는 문학이고 여기부터는 문학이 아니라고 '일부러' 선을 긋는 행위의 대척점에 있습니다.

다시 SF의 예를 들죠. 앞에서 말한 것처럼 저는 '일본 SF 작가 클럽'의 회원이고, 그 인연 덕분에 작년부터 〈일본 SF 대상〉의 심사위원을 맡고 있습니다. 아마도 이 상은 매스컴도 주목하는, 일본 SF 분야에서 가장 권위 있는 상일 겁니다. 그러나 심사위원인 제가 이렇게 말하는 것은 문제의 소지가 있을지 모르지만, 이 상이 SF의 전체성을 대표하는 것은 원리적으로 불가능합니다. 이는 심사위원의 능력이나 제도에 문제가 있는 차원이 아닙니다. 조금 전에 말한 것처럼 SF라는 말의 의미는 매우 애매모호하고, SF적 상상력은 굉장히 다양한 표현과 매체로 확산되었습니다. '상'이라는 형식은 이런 다양한 문화를 평가하는 데 맞지 않습니다(이 상이 만들어지는 데 깊이 관여한 고마쓰 사쿄는 이런 다양한 전체를 대표하는 상으로, 영화도 만화도 음악도 SF적인 것이라면 무엇이든 적극적으로 알리는 제도로 〈일본 SF 대상〉을 만들려고 했던 모양입니다. 하지만 그의 이상은 그다지 계승되지 않았고 인터넷 사회가 도래한 지금은 단적으로 실현이 불가능해졌습니다).

물론, 그렇다고 해서 상이 필요 없다는 말은 아닙니다. 〈일본 SF 대상〉은 자신의 기준에 따라 성실하게 상을 주면 되는 거고, 그 나름의 역할이 있습니다. 하지만 장르의 전체성이라는 측면에서 보았을 때 〈일본 SF 대상〉은 아무리 권위 있고 의미가 있더라도, 아니 권위 있고 의미가 있어서 무의미한 축제인 SF 대회에 비해 결정적으로 낮은 위치를 점하게 되고 맙니다. 이것이 제 관점에서 본 SF 장르의 기본적인 성립 구조입니다. 그리고 문학 전체에 대해서도 같은 얘기를 할 수 있다는 거죠.

아니, 이는 이제 문학만의 얘기가 아닐지도 모릅니다. 현대 사회는 한편으로 더욱 복잡해지고 전체를 조망하기 힘들어졌습니다(거대 담론의 붕괴). 다른 한편으로는 유통되는 정보가 비약적으로 늘어나면서 이용 수단도 세련된 결과(웹 2.0 등), 웬만큼 의미 있는 내용을 알리려면 불가피하게 독자를 한정할 수밖에 없고, 또 그렇게 해도 충분히 소통이 이루어지는 상황이 도래하고 있습니다(섬-우주화).

이런 환경에서 사회의 전체성은 이제 무의미한 축제를 통해서만 상상할 수 있을지도 모릅니다. 우리가 살아가는 이 세계에서는 권위 있고 의미 있는 것이 꼭 논리적으로 우위에 있는 것은 아닙니다. 문화의 다양성과 유동성이 증가해 장르의 경계가 애매모호해지면 상징적인 위계 질서와 논리적인 위계 질서 사이에는 이러한 역전 현상이 나타납니다. 그래서 저는 새삼 '굳이'라는 전략은 유효하지 않다고 봅니다. 우리 세계는 이제 '굳이'로 어떻게 극복할 수 있을 정도로 단순하지 않습니다.

여기에서 지면이 다했네요.

〈와세다 문학 심포지엄〉을 칭찬할 생각으로 쓰기 시작했는데 끝에 이르고 보니 한 바퀴 돌아 다시 약간 어두운 논조의 결론에 이르고 말았습니다. 이것은 아즈마 히로키라는 비평가의 기본 사양이라고 할 수 있으니 그러려니 하고 받아주시면 고맙겠습니다. 저야말로 이런 제가 짜증납니다. 조금은 긍정적인 얘기도 했으면 싶거든요.

마지막에 여담 하나. 이번 〈와세다 문학 심포지엄〉에서 서프라이즈 게스트로 작가 아베 가즈시게[vii] 씨가 와주었습니다. 저는 4년 만에 그와 정겹게 대화를 나누었는데, 이는 역시 심포지엄이 축제로 설정되어서 가능했다고 봅니다. 만약 이 자리가 기노쿠니야 홀 같은 곳에서 엄격하게 정해진 주제와 틀로 설정된 대담이나 좌담회였다면 '저와 아베 씨 사이에 이런 저런 갈등이 있어서, 또는 적어도 그런 소문이 돌아서' 둘 다 조심하느라 재회하기 어려웠을 것입니다. 너무도 사적인 감상이지만 무의미하다는 것에는 이런 실제적인 기능도 있는 거죠.

그런 아베 씨와 저는 심포지엄이 끝나고 신주쿠에서 정말 모든 의미로 보았을 때 무의미한 쓸데없는 얘기를 계속하며 새벽 여섯 시까지 술을 마셨습니다. 저는 전날 오전 열 시에 행사장에 있었으니까 20시간 정도 쉬지 않고 사람과 얘기를 나눈 것이죠. 귀가하려고 택시에 타자마자 정신을 잃었습니다. 문학 시뮬라크르를 살아간 기나긴 하루였습니다.

그럼, 또 다음 달에…….

---

i) 고마쓰 사쿄小松左京. 일본의 소설가. 1931년 출생. 사쿄는 필명, 본명은 고마쓰 미노루小松実이다. 교토대학교 이탈리아문학과를 졸업하고, 경제지 《아톰》 기자, 공장 경영, 라디오 작가 등을 거쳐, 1961년 SF 매거진을 통해 작가로 데뷔했다. 호시 신이치, 쓰쓰이 야스타카와 함께 일본을 대표하는 SF 작가로, 1973년에 발표한 『일본침몰』은 400만 부가 넘게 팔렸다. 1974년, 제27회 추리작가협회상을 수상했다.

ii) 타니가와 나가루谷川流의 라이트 노벨 시리즈. 2003년 6월 7일 발매되어 2011년 6월 23일에 라이트 노벨 사상 최초로 100만 부 판매를 달성했다. 미래인, 우주인, 초능력자를 믿지 않는 키타 고등학교 신입생 콘과 미래인, 우주인, 초능력자를 간절히 기다리는 스즈미야 하루히가 주인공이다.

iii) 노다 마사히로野田昌宏. 일본의 SF 소설가, 우주 개발 평론가, TV 디렉터, 프로듀서. 1933년 출생. 1963년 연구 에세이 「SF은하제국흥망사」로 활동을 시작했고, 일본의 전설, 설화, 사건을 활용하여 〈캡틴 퓨처〉 시리즈 등 미국의 스페이스 오페라를 소개하는 「SF영웅군상」으로 유명하다. 일본 SF 팬들로부터 '우주군 대원수'로 불린다. 2008년 6월 6일 간염으로 사망하기 전까지 「풍전등화! 명왕성 돔 도시」를 집필하는 등 10권 이상의 SF 에세이와 수십 권의 번역서를 남겼다.

iv) 아라이 모토코新井素子. 일본의 여성 소설가로 라이트 노벨의 선구자로 알려져 있다. SF 소설 잡지 『기상천외』에서 데뷔했다. 남편은 서평과 문고 해설을 하는 테지마 마사아키. 일본 SF 클럽 회장이자 일본 추리작가협회 회원이다.

v) 오모리 노조미大森望. SF 장르를 중심으로 활동하는 일본의 평론가, 번역가. 펜네임은

146

'모리 노조미森のぞみ', 닉네임은 '와루모노ワルモノ'다.

vi) 신조 가즈마新城カズマ. 일본의 문화평론가. 『라이트 노벨 「초超」입문』에서 '제로 장르'라는 개념을 제창하였다. 본래 라이트 노벨은 SF, 판타지, 호러 등 각종 장르에서 매력적인 요소, 아이템, 설정을 흡수해서 재미있는 소설을 만들었지만, 기존 장르의 영향에서 벗어나 무無장르의 장르로 발달하고 있다고 분석하였다. 라이트 노벨이 장르성에서 탈피해 청춘 소설이나 사소설에 가까워지고 있다는 것이다.

vii) 아베 가즈시게阿部和重. 1968년 출생. 1994년 『아메리카의 밤』으로 제37회 군조 신인 문학상, 1999년 『무정의 세계』로 제21회 노마 문예 신인상, 2003년 『신세미아』로 제58회 마이니치 출판문화상과 제15회 이토 세이 문학상, 2005년 『그랜드 피날레』로 아쿠타가와상, 2010년 『피스톨즈』로 제46회 다니자키 준이치로 상을 수상하였다. 특히 『마지막 기차는 너의 목소리』는 휴대전화에서 연재하며 파격적이라는 평가를 받았다.

현실감에 대하여

안녕하세요? 〈와세다 문학 심포지엄〉과 〈제로 아카 도장〉이 계속되면서 극한에 이르도록 피곤한 아즈마 히로키입니다. 지난 달에 글을 쓸 때는 이달에 〈제로 아카 도장〉에 대해 얘기할까 싶었는데 생각을 바꾸었습니다. '비평의 미래'나 '문학의 역할' 같은 주제는 앞으로 반년 정도는 아무래도 좋습니다. 논단 내 힘겨루기도 제 알 바 아닙니다. 그런 화제에만 반응하는 젊은 독자도 알 바 아닙니다.

원래 그런 식으로 독자를 의식하지 않으려고 저는 이 연재를 '느슨하게' 시작했던 겁니다. 잠시 목적을 잊고 있었습니다. 해서, 이번에는 방향을 바꿔 가벼운 에세이를 쓰려고 합니다.

얼마 전에 보소房総 반도도쿄 옆에 위치한 치바현의 남부 지역. 옮긴이에 다녀왔습니다. 일과는 전혀 상관없습니다. 그냥 휴가차 드라이브를 다녀왔습니다. 거기에서 '셰익스피어 컨트리파크'라는 작은 테마파크를 들렀습니다.

셰익스피어 컨트리파크는 가모가와와 지쿠라 사이, 보소 플라워라인[i] 도로가에 있습니다. 영국 정원을 본뜬 '로즈메리 공원'

에 같이 세워졌습니다. 한 시간 정도면 둘 다 충분히 돌아볼 수 있는 작은 관광지입니다.

'왜 이런 곳에 영국 정원이, 또 셰익스피어'라고 누구라도 의문을 가질 법한데, 나중에 인터넷으로 알아보니 딱히 깊은 의미가 있지는 않았습니다. 미나미보소南房総 지역이라서 이 인근은 원래 화훼 재배를 많이 하던 곳이었고, 지역 활성화 차원에서 로즈메리 공원을 만들었답니다. 그리고 누군가가 『햄릿』에 로즈메리가 등장한다는 것을 알았고, 셰익스피어의 테마파크를 만들었다고 하네요. 경영 주체인 '마루야마마치丸山町진흥공사' 홈페이지에는 이렇게 다소 무책임한 설명이 게재되어 있습니다(마루야마마치는 이웃 지방자치단체와 합병해 현재 미나미보소 시의 일부입니다).

셰익스피어 컨트리파크는 결코 유명한 관광지가 아닙니다. 하지만 전시 내용은 성실했고, 별생각 없이 들른 것치고는 공부가 되었습니다.

예를 들면 저는 그때까지 셰익스피어가 연상의 여인과 열여덟 살에 결혼해 스무 살에 이미 세 살배기 아이의 아빠였다는 사실, 게다가 부인과 아이는 모두 본가에 떠맡기고 런던으로 혼자 떠났다는 사실을 전혀 몰랐습니다. 어떻게 보면 어이없는 인생이라고 할 수 있겠죠. 확 친근감이 느껴졌습니다.

셰익스피어 컨트리파크의 최고 볼거리는 셰익스피어의 생가를 재현한 건축물입니다. 실제 생가는 잉글랜드의 시골에 아직도 현존합니다만, 무슨 일인지 이 고장에 복제물을 지은 겁니다.

이 건물도 꽤 잘 만들어서 내부 장식과 가구도 충실하게 재현했습니다. 시대 설정은 셰익스피어가 런던으로 떠나기 직전으로 잡았는지 어린 아들을 안고 몽상에 잠긴 젊은 천재의 밀랍인형이 있어 제법 분위기가 납니다.

하지만 이 건물에서 가장 인상에 남은 것은 집도 전시품도 아닌 남성 가이드였습니다.

그 남성은 아내, 그리고 딸과 함께 전시를 둘러보던 저를 향해 쏜살같이 다가왔습니다. 나이는 40대 후반부터 50대 사이로, 중간 키에 중간 체격이었고, 테마파크 로고가 새겨진 보라색 바람막이를 입고 있었습니다. 아마도 이 고장 주민이 자원봉사자로 가이드를 하는 거겠죠. 평일에는 비닐하우스에서 채소를 키우고, 작은 트럭을 운전할 것 같은 '평범한 아저씨'였습니다.

그런데 이 남성이 셰익스피어를 열정적으로 논하기 시작했습니다. 제 어린 딸은 순식간에 그의 얘기에 흥미를 잃고 다른 데로 가버렸지만, 그런데도 결코 저를 놓아주지 않았습니다. 게다가 기묘한, 자랑스러운 표정까지 짓는 겁니다. 뭐라고 표현해야 할까요? 예를 들어 지방에 있는 어떤 마을의 적당히 쇠락한, 그다지 유명하지도 않은 성이나 절 또는 박물관을 방문하면 그 고장의 역사에 빠삭한 남성이 나타나서는, 부탁하지도 않았는데 하나부터 열까지 전시품을 설명하는 그런 경험을 한 분도 꽤 있을 텐데, 그런 남성과 가장 비슷합니다. 단, 다른 점이 있다면 그는 마루야마마치의 역사가 아니라 셰익스피어의 역사를 논한다는 거죠.

그리고 저는 그런 남성이 셰익스피어 생가의 내부 구조, 놓인 가구에 대해 각양각색의 지식을 펼쳐 보이고 2층의 침실로 우리를 안내해 "여기가 셰익스피어가 태어난 방입니다"라고 얘기하는 모습에 감동을 느끼며 바라보았습니다.

현기증을 느낄 정도였습니다. 예를 들어 남성은 팔을 펼치면서 "여기는 셰익스피어가 태어난 방입니다"라고 말하지만, 물론 그곳은 셰익스피어가 태어난 방이 아닙니다. 그냥 복제일 뿐이죠. 테마파크에서 한 발자국 나가면 그곳은 보소 지역이고 눈앞에 태평양이 펼쳐집니다. 그런데 그런 현실은 그의 열정에 아무런 영향도 주지 않습니다. 제 현기증은 가이드 마지막에 이 남성이 '18세기에 그려진 셰익스피어 생가의 스케치를 보여주면서 이 그림과 이 집은 난로 및 내닫이창 개수가 다르다. 왜냐하면 셰익스피어가 집을 떠난 후 개축했기 때문이다. 그래서 이 집이 오리지널에 가깝다'고 기쁜 듯 얘기하는 데서 정점에 달했습니다.

테마파크라는 도착倒錯. 물론 이는 새로운 얘기가 아닙니다. 테마파크니 하이퍼리얼리티니 시뮬라크르니 하는 논의는 사반세기 전에 이미 다 나왔죠.

실제로 버블 시대의 일본에서는 그런 '이론'의 뒤를 쫓기라도 하듯 외국 풍경을 그대로 본뜬 기묘한 테마파크가 우후죽순 건설되었습니다. 하우스텐보스 개원이 1992년, 시마志摩 스페인 마을 개원이 1994년. 이들과는 규모가 많이 다르지만 셰익스피어 컨트리파크도 그 시대가 낳은 일그러진 상상력, 즉 '키치한 포스트모던'의 사례가 아닐 수 없습니다. 인터넷의 자료에 따르면 마루야마마치진흥공사가 설립된 것은 1988년, 로즈메리 공원 개원은 1991년, 셰익스피어 컨트리파크 개원은 1997년이라고 합니다.

저는 여기에서 보소 반도의 현실과는 아무 관계없는 영국 시골 마을이 갑자기 생겨 관광 대상이 되었다는 사실의 도착성에 새삼 놀란 것이 아닙니다.

제가 테마파크를 화두로 삼은 것은 이 '아저씨'의 마음속에, 즉 원래는 시뮬라크르나 하이퍼리얼리티는 물론이요 영문학이나 영국 문화와도 거의 인연이 없었을 보소 반도에서 생활하는 평범한 남성의 마음속에 뚜렷하게 '키치한 포스트모던'에 대한 사랑이 싹트고 있는 광경을 목도하고 새삼 현대 사회의 현실 감각을 고민하게 되었기 때문입니다.

셰익스피어 컨트리파크는 완전히 가짜입니다. 경박하고 천박한 키치 그 자체죠.

그러나 이 가짜는 10년이 지난 지금 향토애의 대상으로 자리 잡았습니다. 적어도 제가 만난 남성은 셰익스피어 컨트리파크를 향토애의 대상으로 여기고 있었습니다. 그에게 고향을 향한 사랑은 실재하는 마루야마마치와 산을 향한 사랑과 함께 셰익스피어에 관한 각양각색의 지식 없이는 성립하지 않을 것입니다.

그리고 이 역전 관계는 딱히 셰익스피어 컨트리파크 특유의 것이 아닙니다. 또 테마파크만의 현상도 아니죠. 오히려 지금 일본에서는 꽤 보편화한 현상이라고 생각합니다.

예를 들어 미우라 아쓰시 씨가 '패스트 풍토'지방 고유의 특징이 사라지고 어느 지역이든 풍경이 비슷해지는 현상을 사회학자 미우라 아쓰시는 '패스트푸드'에 빗대어 '패스트 풍토'라고 했다. 옮긴이라고 칭한 지방 도시의 풍경. 쇼핑몰 자스코, 대형 서점 츠타야TSUTAYA, 중고 서점 북 오프. 이런 고유명사로 대표되는 '빈약한' 교외를 정감 있고 '풍요로운' 서민 동네와 대비시키는, 이러한 이항 대립은 미우라 씨만의 주장이 아니라 여전히 뿌리 깊게 자리 잡은 주장입니다. 하지만 현실은 거리의 점포, 패밀리 레스토랑, 편의점 할 것 없이 지은 지 몇십 년의 세월이 흐르면 그 존재가 새로운 '자연'으로, 즉 주어진 현실로 주민에게 받아들여지고 애착의 대상이 되는 것이 순리입니다. 예를 들면 패밀리 레스토랑은 지금은 황폐화된 교외의 상징이지만, 실은 쇠퇴기를 맞고 있어 5년 후, 10년 후에는 노스탤지어의 대상이 되어 있을 겁니다. 어릴 적 가본 쇼핑몰이 달콤한 기억으로 연결된 세대도 꾸준히 늘고 있습니다.

과거에는 테마파크와 패밀리 레스토랑으로 대표되는 허구적이고 인공적인 경험은 이에 대한 긍정과 부정 여하를 막론하고 우선은 촌스러운 '현실'을 무효화하는 계기로 여겨졌습니다. 그러나 이제 일본의 시골에는 수많은 시뮬라크르적 건축물이 여기저기 자리하고 사람들은 이를 유일한 현실로, 즉 고향으로 사랑하기 시작한 것처럼 보입니다.

그런 점에서 현재의 시뮬라크르에는 사반세기 전에 논할 때는 언급되지 않았던 기능이 추가되었다고 할 수 있겠죠. 좀 모순되는 표현이지만, 아우라를 갖춘 시뮬라크르, 강한 감정을 불러일으키는 시뮬라크르라고 불러야 할 그 무엇이 이 사회에 존재합니다.

문학에 대해서도 잠깐 언급하자면, 저는 문학에서 이런 현상과 비슷한 사례를 라이트 노벨이나 휴대전화 소설의 대두에서 찾습니다. 셰익스피어 컨트리파크를 뒤로하고 바닷가에 위치한 카페에서 카레를 먹고, 가모가와 씨 월드_{수족관}에서 딸에게 흰 고래와 범고래 쇼를 보여주면서 저는 그런 생각에 잠겼습니다.

얘기는 이걸로 끝나지 않습니다. 보소 반도에서 차를 몰고 집으로 돌아오는 길에 휴대전화가 울렸습니다.

화면에 뜬 이름은 TV 프로그램 제작사의 디렉터. 어느 프로그램을 취재하면서 저의 모교를 방문하게 되었으니 미팅을 진행하고 싶다는 연락이었습니다. 차를 세우고 남겨진 음성 메시지를 들었을 때, 그날 드라이브했던 내용과의 우연한 일치에 저는 잠시 멍해졌습니다.

그 취재는 단순한 모교 방문이 아니었기 때문입니다. 이 연재를 읽는 독자는 모르는 분이 많을 것 같아서 간략히 소개하자면, 제가 다녔던 고등학교는 최근에 오타쿠 사이에 큰 인기를 끌고 있는 〈클라나드CLANNAD〉라는 애니메이션의 '무대'입니다. 저는 그 애니메이션(정확하게는 원작인 미소녀 게임)의 팬을 공언하고 있습니다. 그래서 졸업생인 저와 함께 애니메이션의 무대가 된 고등학교를 산책하는, 인터넷에서 쓰이는 말로 '성지 순례' 프로그램으로 만들어진 겁니다.

이 또한 기묘한 현실 감각입니다. 저는 처음 그 애니메이션을 보았을 때 약간의 동요를 느꼈습니다.

애니메이션이니까 실제로 그 장소에서 촬영한 것이 아니니 무대라고 해봤자 배경을 본뜬 것에 지나지 않습니다. 단, 최근 추세가 그렇듯 배경이 상당히 사실적으로 그려졌습니다. 저는 한 장면 한 장면에서 20년 전에 다녔던 고등학교 교사校舍의 기억을 스스로도 놀라울 정도로 세밀하게 떠올릴 수 있었습니다. 예를 들어 저는 그 애니메이션을 보고 20년 전에 있었던 자동판매기가 지금은 철거되었다는 사실, 안뜰의 농구 골대가 지금도 건재하다는 사실을 알았습니다.

하지만 그 배경에서 움직이는 존재는 매우 비현실적인 '모에'[ii] 계열의 데포르메 캐릭터[iii]에 지나지 않습니다.

게다가 그 스토리는 실제 모교와는 아무 관계도 없고요. 오히려 대조적입니다. 실재하는 제 모교는 졸업생의 대부분이 도쿄대학교에 입학하는 이른바 명문 고등학교이고, 장소도 도쿄대학교 고마바 캠퍼스 근처에 있는, 남학생뿐인 살벌한 고등학교입니다(쓰쿠바대학교 부속 고마바고등학교라는 곳입니다). 지역과의 교류도 없고, 클럽 활동도 활발하지 않으며(적어도 제가 다니던 시대에는), 솔직히 말해 제게는 별로 즐거웠던 추억이 없습니다.

그런데 애니메이션에서는 그런 모교가 굉장히 즐거운 장소로 그려집니다. 그 세계에서 모교는 지방 도시에 있고, 운동 특기생이 있는가 하면 불량 학생들의 아지트도 있습니다. 졸업생들은 대부분 취직합니다. 무엇보다 여학생들이 있죠. 연애가 있고 싸움이 있습니다. 이 드라마는(캐릭터 디자인만 빼면) 저의 현실 속 고등학교 시절보다 훨씬 다채롭고 사건과 이야깃거리가 가득하며 '현실적'이라는 느낌조차 드는 겁니다.

물론 올해 서른일곱 살이 된 저는 그런 불량스러운 현실에 대한 동경은 유치한 몽상에 지나지 않다는 것, 도시의 고등학교를 다니는 이성과 성적인 접촉이 없는 동정童貞 고등학생의 굴절된 낭만주의의 표출에 지나지 않다는 것을 잘 알고 있습니다. 달리 말해 현실이란 전반적으로 따분하다는 사실을 알고 있습니다.

동시에 저는 열일곱 살이었던 제가 그런 유치함에 사로잡혔었다는 사실도 알고 있죠. 그래서 저는 애니메이션을 본 순간, 만약 제가 열일곱 살이었다면 분명 이 애니메이션 영상으로 본인의 현실을 덮어쓰기했을 것이라고, 즉 날마다 그 학교에 다니고 교실에 앉아 있으면서, 동시에 그곳에는 존재하지 않는 캐릭터를 현실에 겹치면서 기억을 재구성했을 것이라고 직감하고 전율을 느꼈던 것입니다.

아니, 이런 현실 감각의 흔들림을 논하는 데 더 이상 '열일곱 살이었다면'이라는 식의 유보는 필요 없을지도 모르겠습니다. 실제로 저는 곧 애니메이션 영상으로 뒤덮인 모교를 현실 세계에서 방문할 예정입니다. 주인공이 그 여학생을 만난 곳은 이 필로티[iv]고, 둘이 도시락을 먹었던 곳은 이 나무 밑이고, 이런 이야기를 나누겠죠.

조금 전에 말한 것처럼 저는 실재했던 고등학교 시절에 그다지 애착이 없습니다. 그러다 보니 모교를 들르는 것 자체가 10년 만입니다. 지금 제가 갖고 있는 학교 건물에 대한 기억은 이미 20년 전의 현실보다 오히려 이 애니메이션에 의해 구성되어 있죠. 앞으로 현실의 모교를 떠올릴 때도 2008년 말에 방문했을 때의 일을 잊지 않을 것입니다. 달리 말해 〈클라나드〉라는 시뮬라크르는 저의 기억 속에서 실재하는 쓰쿠바대학교 부속 고마바고등학교를 강하게 침식하기 시작했습니다. 그 과정은 이제 멈출 수 없습니다.

앞서 말한 것처럼 시뮬라크르의 상상력은 강고한 현실을 해체하고, 사람들을 그로부터 해방시키는 것으로 예전에는 여겨졌습니다. 그러나 최근 20년 동안 분명해진 것은 사람은 현실이 다양화하고 유동화하기에 시뮬라크르 속에서 가짜 유일성을, 가짜 강고함을 찾아내는 경향을 갖고 있다는 것입니다.

쉽게 말해 사람은 현실이 평범하고 따분하고 교환 가능한 것이기에 오히려 시뮬라크르 속에서 교환 불가능한 것을 찾아내고 맙니다. 셰익스피어 컨트리파크의 그 남성은 실재하는 마루야마마치가 평범했기에 테마파크에 향토사적 정열을 쏟았을 것이고, 저도 실재했던 고등학교 시절이 따분했기에 모에 애니메이션의 꿈같은 얘기로 기억의 공백을 채우고 있습니다. 이제 시뮬라크르는 현실 자체이고 캐릭터는 인간 자체입니다.

이런 시뮬라크르의 기능에 대해서는 2008년인 지금도 의외로 진지한 사유의 대상으로 여겨지지 않고 있습니다. 하지만 시뮬라크르의 아우라라는 이 모순된 기능의 분석은 앞으로 일본 사회와 문화를 점치는 데 없어서는 안 될 관점이라는 느낌이 듭니다.

마치기 전에 서비스를 하자면 블로그 논단을 잘 아는 젊은 독자라면 아시다시피 이번 내용은 최근에 『제로년대의 상상력』을 출판해 주목받고 있는 젊은 비평가 우노 쓰네히로 씨와 제가 펼친 '논쟁' 「스즈미야 하루히는 신 포도인가?」 문제와 깊은 관계가 있습니다.

하지만 앞머리에 쓴 것처럼 이번에는 그런 아는 사람들만 아는 얘기는 하지 않겠습니다. 여기에서 저는 많은 독자의 기대를 저버리고 경쾌한 에세이스트가 되겠습니다. 그리 결심했습니다.

그럼, 또 다음 달에…….

i) 치바현 남부의 도로 이름.

ii) 일본의 만화, 애니메이션, 비디오 게임 등에서 등장인물을 향한 애정, 사랑,
헌신, 흥분을 의미한다. 모에 감정을 유발할 수 있는 등장인물은 '모에
캐릭터萌えキャラクター'라 불린다. '특정한 대상을 향해 느끼는 깊은 감정'이라는 개념이
내포되어 있으며, 단순히 '좋아하다'라는 표현으로는 부족할 때 사용한다.

iii) '데포르메deformer'는 어떤 대상의 형태가 달라지는 일, 또는 달라지게 하는 것(변형,
왜곡)을 뜻한다. 만화, 일러스트 분야에서는 표현하려는 대상을 간략화 또는 과장해서
표현하는 방법론을 말한다. 캐릭터를 얼마나 캐릭터답게 표현할지에 대한 고민인
셈이다.

iv) 건물을 지상에서 분리시킴으로써 만들어지는 공간 또는 그 기둥 부분.

오락성에 대하여 (1)

새해 복 많이 받으세요,

라고 썼습니다만 실제로는 이 원고는 연말에 쓰고 있습니다. 연말 행사와 망년회로 생활이 엉망인 와중에, 블로그를 무대로 유치하고 무의미한 문젯거리에 휘말려 있습니다. 그런 상황에 놓인 아즈마 히로키입니다.

지금까지 '젊은 무명 독자에게는 최대한 우호적으로 대한다' '인터넷에 무슨 내용이 올라오든 신경 쓰지 않는다'는 신조를 지켜왔습니다만, 〈제로 아카〉〈와세다 문학 심포지엄〉〈넷스타〉 등 요즘 축제형 행사가 계속되어서인지 이 신조를 이용한 악의적인 독자 — 라기보다 그냥 비상식적인 독자가 나타났습니다. 흥미를 느낀 사람은 제 블로그를 보시길 바랍니다. 아무래도 독자나 학생과의 거리감을 재고할 시기에 들어선 것 같습니다.

돌이켜보면 올해로 저도 서른여덟 살, 40대가 코앞입니다. 고등학생이 현학적인 척 들뢰즈나 아키텍처를 언급하거나, 대학생이 블로그에서 '논쟁'하는 것을 보면 마음이 훈훈해집니다만, 그런 광경을 보고 훈훈함을 느끼는 것 자체가 이렇게 나이든 어른으로서 이상한 일인지도 모릅니다. 어쩌면 무의식적으로 무리를 해온 것인지도 모르죠.

2007년부터 2008년에 걸쳐서는 우노 쓰네히로, 후쿠시마 료타, 오사와 노부아키, 그리고 문예지 쪽은 아니지만 하마노 사토시, 오기우에 치키 등 신세대 저술가들이[i] 두각을 나타냈습니다. 저는 이런 세대교체를 적극적으로 뒷받침해왔는데, 이제 젊은 세대는 뚜렷한 존재감을 획득했습니다. 앞으로는 제가 굳이 등을 떠밀 필요는 없겠죠. 그런 안심하는 마음도 있습니다.

2009년은 제 연령에 걸맞게, 제가 하고 싶은 일을 하겠습니다. 추상적이지만 이게 올해의 포부입니다.

이 연재에 대해 편집부로부터 '변화무쌍한 스타일로 뜻밖에도 독자가 많다'라는 미묘한 평가를 받았는데, 변화무쌍하긴 해도 일관된 주제가 있긴 합니다. 원래 있다기보다는 지금까지 7회 연재를 이어오면서 조금씩 분명해졌습니다.

'이 사회에서 사상은 가능한가'라는 주제입니다.

우리가 살고 있는 이 사회에서 사상이란 것이 과연 가능한가? 여기에서 '사상'이란 학문 영역으로서의 철학·사상에 국한하지 않고, 문학이나 비평과도 관련 있는 인문학적 사유 일반을 가리킨다고 이해해주십시오. 이 복잡하고 난감한 포스트모던 사회에서 문학적이고 비평적이며 인문학적인 담론이 어떤 역할을 할 수 있을까? 이것이 이 연재를 통해 형식을 갖춘 논문과는 조금 다른 스타일로, 진지한지 아닌지 헷갈리는 퍼포머티브한 스타일로 제가 풀어가고 싶은 생각입니다.

아마도.

'뭔 소리를 하는 거야?' 하고 독자 중에는 어처구니없어하는 분도 있을 것 같습니다. '현대 사회에 사상은 가능한가'라니……너무 추상적인 주제 아니냐, 게다가 마흔 가까운 남자가 고민할 주제냐 하고 말이죠.

그러나 그렇지 않습니다. '현대 사회에 사상은 가능한가'라는 표현으로 제가 고민하려는 것은 매우 구체적이고 실천적인 내용입니다.

예를 들면 이런 현상이 있습니다. 저는 영어권 정보를 찾을 때 '딕digg'[iii]이라는 웹사이트를 참조하는데, 이 딕은 영어권의 대표적인 소셜 뉴스 사이트입니다. 소셜 뉴스 사이트란 웹사이트가 뉴스를 제공하는 것이 아니라 사용자들이 인터넷 이곳저곳에서 찾아서 가져온 뉴스에 추천 마크를 붙여 관리하고 공유하는 사이트입니다. 일본어 권역을 예로 들자면 하테나[iii] 북마크의 '주목 뉴스'와 가깝다고 할 수 있겠죠. 사용자들이 지금 어떤 기사에 주목하고 있는지, 어떤 화제에 관심 있는지 한눈에 알 수 있는 서비스입니다.

어느 날, 이 웹사이트를 보다가 알게 된 사실이 있습니다.

덕은 투고된 뉴스를 카테고리로 분류해 관리합니다. 메인 화면을 열면 가장 큰 분류 대분류가 표시되죠.

분류 이름으로는 '테크놀로지' '세계와 경제' '과학' '게임' '라이프 스타일' '엔터테인먼트' '스포츠', 그리고 '특이한 뉴스' 등 여덟 개가 있습니다. 덕이라는 서비스 또는 사용자는 이 여덟 개의 개념으로 세계에서 일어난 일을 분류해 관심을 정돈하고, 다른 사용자와 나누는 대화를 조정하는 겁니다.

그럼, 이 분류 가운데 문학과 비평은 어느 카테고리에 속할까요?

실은 '라이프 스타일'입니다. 라이프 스타일에는 여섯 가지 소분류가 있습니다. 그중에는 '예술과 문화'라는 카테고리가 있고, 신간 서평이나 문학상 기사는 현대 미술이나 연극 기사와 함께 여기에 저장됩니다. 라이프 스타일에는 '예술과 문화' 외에 '자동차' '교육' '음식' '건강', 그리고 '여행'이 있습니다.

물론 이 분류는 특정 사상을 기준으로 나뉜 것이 아닙니다. 단순히 인터넷을 사용하는 소비자의 '취향'을 반영한 것에 지나지 않죠('게임'이 대분류 중 하나인 것에서 이를 확인할 수 있겠죠). 그러나 이 소박함과 난폭함이 현재 문학과 비평, 혹은 더 넓게 '문화'의 위상을 사유하는 데 거친 통찰을 제시합니다. 이 분류가 의미하는 바는 현대 사회에서 문학과 비평은 새로 출시된 자동차의 디자인, 새로운 다이어트 방법, 연말연시 해외여행 등과 마찬가지로 생활을 꾸며주는 취미 분야의 화제에 지나지 않는다는 잔혹한 현실입니다.

그렇습니다. 이제는 '엔터테인먼트'조차도 아닌 거죠. 오락에
도 끼워주지 않는 거죠. 엔터테인먼트의 소분류는 '예능' '영화'
'음악' 'TV' '코믹과 애니메이션'의 다섯 가지로 나뉘어 있습니다.

이 분류법에 따르면 문학은 영화보다 다이어트에 가깝습니
다. 이것이 갖는 의미는 결코 작지 않습니다.

저의 책을 읽은 분이라면 제가 현대 사회의 기본 특성을 '거
대 담론이 사라진 것'에서 찾고 있다는 사실을 알고 계시겠죠.

그러나 여기에서 굉장히 자주 오해받는 게 있습니다. '거대
담론의 붕괴'라는 제 주장은 교양이 붕괴했다느니, 이데올로기를
믿지 않게 되었다느니, 공통된 규범의식이 사라졌다느니 식의 사
회 각 방면에서 '담론'이 큰 역할을 하지 않게 되었다는 현상을
가리키는 것이 아닙니다.

제가 중요하다고 여기는 것은 좀 더 추상적인 변화입니다.
현대 사회는 분명 다양한 방면에서 담론의 영향력이 줄어들었습
니다. 사람들이 교양을 믿지 않고 이데올로기라는 말은 죽은 지
오래입니다. 그렇지만 여기에서 주목해야 하는 것은 '모두가 같은
담론에 관심을 가져야 한다'는 신념, 조금 학문적인 표현을 쓰자
면 '특정 담론의 공유화 압력' 같은 메타 담론적 신념이 사라졌
다는 점입니다. 문제는 모두가 믿는 거대 담론이 사라졌다는 데
있는 것이 아닙니다. '모두가 믿는 거대 담론이 있어야 한다'고 모

두가 믿지 않게 되었다는 것이야말로 심각한 문제죠.

물론, 지금도 이른바 거대 담론을 믿는 사람이나 믿고 싶어 하는 사람은 많겠죠. 예를 들면 일본에는 민족주의자도 있고 마르크스주의자도 있으며 신흥 종교를 믿는 사람도 있을 겁니다. 테러리스트도 거대 담론을 믿는 자라고 할 수 있겠죠(그들은 신념을 위해 목숨까지 바치니까요). 하지만 현대 사회는 그들이 그런 담론을 개인적으로 믿는 것은 얼마든지 허용하지만, 그들이 '모두가 그 담론을 믿어야 한다'고 결심해 다른 사람의 신념에 강압적으로 개입하는 것은 결코 허용하지 않는 이중 기준의 ― 리처드 로티의 말을 빌리자면 '아이러니'한 ― 사회가 되었습니다.

이런 특징을 '포스트모던'이라고 부를지, '재귀적 근대'라고 부를지는 좋고 싫음의 문제인 만큼 어느 쪽이든 상관없습니다. 어쨌든 현대 사회의 이런 성격은 근대 사회의 원리상 필연적인 귀결입니다(자유주의의 본질적으로 비정치적인 성격 ― 최근에 저는 이런 문맥에서 카를 슈미트를 다시 읽으려고 하는데 다른 기회에 논하겠습니다). 따라서 이 추세를 되돌리기는 힘듭니다. 즉 '거대 담론의 붕괴' 추세가 가까운 미래에 반전되는 일은 없을 것입니다.

우리는 다른 사람이 무엇을 믿든 상관하지 않지만 그것을 나에게 강요하는 것은 싫어하고, 모두가 서로의 신념이 적용되는 범위를 상호 감시하고 제한하는 시대를 살고 있습니다.

이런 사회에서는 신념 자체의 내용보다 그 적용 범위가 신념의 옳고 그름을 따질 때 중요해집니다. 실제로 '신흥 종교 신자나 테러리스트를 위험시하는 것은 그들이 잘못된 내용을 믿고 있어서가 아니라 그들이 그 신념을 폭력적으로 타인에게 강요하는 것이 문제'라는 것이 현대 사회의 원리겠죠.

조금 전에 언급한 딕과 같은 분류는 이런 현대 사회의 특징이 낳은 필연적인 귀결입니다. 이는 결코 '최근에 문학을 읽지 않게 되었다. 비평의 영향력이 없어졌다'는 식의 단순한 얘기가 아닙니다.

거듭 말하지만 현대 사회는 다른 사람이 무엇을 믿든 상관하지 않지만 그것을 본인에게 강요하는 것은 모두가 싫어하는 사회입니다. 철저한 '상호 불간섭'이야말로 정의이고 미덕이라고 느끼는 사회입니다.

이런 사회의 특징은 사상 또는 이와 연동하는 문학과 비평의 존재 의의를 뿌리째 바꾸고 맙니다. 이런 환경에서는 '사상을 펼치는 것' 자체가 매우 힘들기, 아니 거의 불가능하기 때문입니다.

물론 지금도, 그리고 앞으로도 사상은 생겨날 것이고, 사상을 믿는 사람도 있을 것입니다. 하지만 그 사상을 펼치고 널리 퍼뜨리는 것은 극히 어려울 겁니다.

이렇게 말하면 이번에는 (오쓰카 에이지 씨처럼) '그건 옛날부터 그랬지. 사상은 원래 그런 거야'라는 반론이 예상됩니다. 그러나 그런 반론은 너무 거칠고 둔감합니다. 사람들이 특정 사상을 잘 이해하지 못하는 상황과, 애초부터 '사상을 펼칠' 필요성을 인정받지 못하는 상황은 전혀 다릅니다. 우리는 현재 전자가 아니라 후자의 문제에 직면하고 있는 겁니다.

현대 사회에서 사상은 이제 '개인의 취미'로서만, 즉 주말에 요리하는 사람도 있고 드라이브하는 사람도 있으며 게임을 즐기는 사람도 있는 것처럼 푸코, 데리다, 가라타니 고진을 읽는 사람도 있는 — 딱 그 정도의 존재일 뿐입니다.

조금 전에 언급한 딕의 분류가 보여주는 것처럼 말이죠.

실제로 일본에서도 (특히 젊은 세대에게) 사상, 문학, 비평은 이제 '좀 특이한 취미'로 취급받고 있습니다. 여기에서 자세한 분석은 하지 않겠습니다만 앞머리에서 말한 '신세대'의 대두도 실은 그런 '비평의 취미화'(블로그 논단, 로스제네 논단……)와 맞물려 있습니다.

아시다시피 이와 같은 사상의 경박화, 라이프 스타일화, 이른바 '서브컬처화'는 1980년대 뉴아카데미즘으로 시작해 최근 오타쿠 논단과의 접근에 이르기까지 일관된 흐름입니다. 이러한 추세에 대한 반발도 계속 이어지고 있죠. 하지만 지금까지 한 얘기로도 알 수 있듯이 단순하게 비난하고 거절할 수 있는 흐름이 아닙니다. 사상이 주말을 보내는 취미가 되고 마는 것, '수다'의 도구가 되고 마는 것, 이는 한탄스러운 일이지만 현대인에게 사상이 갖는 역할은 그것밖에 없는 거죠.

만약 이런 상황이 근대 사회의 원리, 자유주의나 모더니즘이 가져오는 귀결이라면 사상, 문학, 비평을 하는 사람도 (근대적 신념을 여전히 믿는다면) 설사 개인적으로 그것이 아무리 불쾌하더라도, 이 난감하고 아이러니컬한 상황을 받아들여야 합니다. 여기에 대한 저항은 전근대적이고 퇴행적인 신념에 의거하지 않는 한 논리상 불가능합니다.

주말을 보내는 취미로서의 사상, 서브컬처로서의 문학, 그리고 소통 도구로서의 비평.

아마도 제 이름은 많은 독자들에게 최근 10년 동안 이런 추세를 이끈 '주모자' 중 한 명으로 기억되어 있겠죠. 그래서 그런 당사자가 이런 글을 쓰는 것이 기묘하게 들릴지도 모르겠습니다. 하지만 저는 이런 추세를 '환영'했던 것은 아닙니다. 그냥 불가피하다고 여겼을 뿐이죠.

이를 전제로 '만약 앞으로도 사상이 살아남고 싶다면 취미로서의 사상, 서브컬처로서의 사상을 더 효율적으로 조직해야 한다. 구체적으로는 오타쿠를 어느 정도 포섭하면서 시장을 넓혀 가야 한다'고 주장해온 것에 지나지 않습니다.

이 전략은 때때로 저를 우울하게 합니다. 그래서 이 연재를 시작할 때부터 비평은 이제 의미 없는 것인지도 모른다는 불평을 계속하고 있는 겁니다.

다만, 불평만 늘어놓는 것으로 끝낼 수는 없습니다. 저로서는 이 환경을 인정하면서도, 그 위에서 새로운 전략을 세울 필요가 있습니다.

여기에서 지면이 다했네요. 부제목에 쓴 것처럼 이 주제는 다음 회로 이어집니다.

그럼, 또 다음 달에……

---

i) 우노 쓰네히로宇野常寬. 1978년 출생. '제로연대의 상상력'을 논하며 2008년 일본의 비평 공간에 등장한 인물이다. 오타쿠, 비평가, 미디어 프로듀서로 활동하고 있다. 극우 만화가나 자유민주당 정치가와도 함께 책을 펴내고, 역사 수정주의를 비판했다는 이유로 극우 세력의 비난을 받고 출연하던 TV 프로그램에서 내려오고, 전쟁을 반대하면서도 헌법 9조 개정을 주장하는 등 기존 잣대로는 파악되지 않는 활동을 펼치고 있다. 그에게 일본은 젠더적으로도 후진국이고, 집단주의가 만연한 '낡은' 국가다. 전후戰後, 즉 20세기 후반 50년의 거품 경제 시기를 낡음으로 규정한 그는 상상력과 테크놀로지로 현실을 바꿔야 한다고 말한다. 이를 위해 낡음보다 '새로움', 거대함보다 '작음', 실현 불가능한 이상이 아니라 '실행성'의 가치를 강조한다.

후쿠시마 료타福嶋亮大. 1981년 출생. 교토대학교에서 중국 근대 문학을 전공했다. 릿쿄대학교 준교수로 재직 중이다. 2004년 메일 매거진 『파상언론』에서 비평 활동을 시작했으며, 2008년부터 잡지 『유리이카』에 연재한 「신화 사회학」을 바탕으로 2010년 첫 저서 『신화가 생각한다: 네트워크 사회의 문화론』을 펴냈다. 2013년 『부흥 문화론: 일본적 창조의 계보』는 '기노쿠니야서점 인문서 30선'에 선정되고, 2014년 36회 산토리 학예상을 수상했다. 『성가신 유산: 일본 근대 문학과 연극적 상상력』(2016) 『울트라맨과 전후 서브컬처의 풍경』(2018) 『변경의 사상: 일본과 홍콩에서 생각하다』(2018) 『백 년의 비평: 어떻게 근대를 상속할 것인가』(2019) 등을 펴냈다.

오사와 노부아키大澤信亮. 일본의 비평가로 '초좌익' 잡지라는 부제를 달고 출간되는 잡지 『로스제네』에 소설 「좌익의 어디가 잘못되었는가?」를 실었다. 소설 속 주인공은 이름이 명시되지 않은 '나'로, 20대 히키코모리로 집에 틀어박혀 전혀 사회 활동을 하지 않는 인물이다. 유일하게 시간을 보내는 활동은 인터넷 블로그에 좌익을 비판하는 글을 올리는 것. '나'는 자신의 존재를 긍정도 부정도 하지 않으며, 자신의 상황을 사회 구조의 탓이라고 여긴다. 그렇다고 해서 '좌파'가 되어 사회와 정부를 비판하는 것이 아니라 오히려 그러한 주장을 하는 '좌익'을 질투한다. 좌익이 자신들보다 더 약자들을 발견하여 상대적으로 위에 서는 위선적인 존재라는 것이다.

소설에서 오사와 노부아키는 '나'의 열등감을 얘기하면서 사회의 저변으로 내몰리고 있는 사람들이 좌익 세력을 적으로 돌릴 수밖에 없는 이유를 생각해보는 계기를 제공한 것이다.

하마노 사토시濱野智史. 1980년 출생. 사회학자, 비평가, 아이돌 PD. 게이오기주쿠대학교 환경정보학부를 졸업하고 동 대학원 정책·미디어 연구과 석사 과정을 수료했다. 휴대전화 소설 애호가들이 자주 입에 담는 '감동'을 아즈마 히로키가 데이터베이스 소비를 논할 때 예로 든 동물화한 오타쿠의 '모에'와 동일한 감각에서 오는 자극으로 보았다.

오기우에 치키荻上チキ. 1981년 출생. 일본의 시사평론가로 미디어론을 중심으로 정치 경제, 사회 문제, 문화 현상에 관한 비평 활동을 하고 있다. TBS 라디오 프로그램 〈오기우에 치키 Session-22〉를 진행하고 있다. 저서로 『그녀들의 매춘』 『재해지원 수첩』 『모든 신문은 한쪽으로 치우쳐 있다』 『이지메를 낳는 교실』 등이 있다. 『이 안경으로 말씀드리자면』이 번역 출간되어 있다.

ii) 소셜북마킹 서비스. 다른 사람이 올린 북마크에 의견을 달고 투표하는 것을 말한다. 인기 있는 아이템일수록 사이트에서 좋은 자리를 얻게 된다. 딕의 인기도는 북마크된 콘텐츠가 그만큼 인정받고 있다는 증거로 사용된다.

iii) 하테나はてな는 인력 검색 서비스와 블로그 호스팅 서비스, 소셜 북마크 서비스를 개발해 운영하고 있는 일본의 기업이다.

오락성에 대하여 (2)

안녕하세요? 새해를 맞이한 후에도 별로 일도 하지 않고 차분하게 보낸 덕분에 이제야 지난해 말에 느꼈던 우울함이 사라진 아즈마 히로키입니다.

역시 인간에게는 휴식이 필요합니다. 세상에는 바쁜 사람이 많습니다. 아마도 대부분이 바쁜 사람일 텐데, 여러분의 심리적 건강 상태는 괜찮으신가요? 저는 파견촌 붐2008년 금융 위기 때 연말연시를 힘들게 지내던 실업자나 노숙자에게 음식, 임시 거처 등을 제공한 시민 활동. 옮긴이을 뉴스로 보고, 에도가와 란포江戸川乱歩, 일본의 추리 소설 작가. 1894-1965. 옮긴이를 읽으면서 '고등유민[i] 좋겠네' 하고 쓸데없는 생각이나 하며 새해 첫 달을 보냈습니다. 빨리 고등유민이 되면 좋겠습니다.

이 연재는 기본적으로 각 회마다 완결되는 형태로 쓰려고 합니다만 이번에는 지난번과 이어집니다. 지난번에 저는 '딕'이라는 소셜 뉴스 서비스를 사례 삼아 현대 사회에서 '사상'은 주말의 취미일 뿐이라고 얘기했습니다. 구체적으로는 딕의 카테고리 분류에서는 문학, 사상, 비평이 속하는 '예술과 문화' 카테고리가 '자동차' '교육' '음식' '건강' '여행'과 함께 '라이프 스타일'이라는 카테고리로 분류된다는 것을 소개하고 이로부터 얘기를 넓혀 갔습니다.

현대 사회에서 문학과 비평은 새로 출시된 자동차의 디자인, 새로운 다이어트, 연말연시의 해외여행 등과 마찬가지로 생활을 꾸며주는 취미 분야의 화제에 지나지 않습니다. 이는 딱히 미국의 소셜 뉴스 사이트를 살피지 않더라도, 지금 일본의 '논단'을 바라보고 있으면 실감할 수 있습니다. 2007년부터 2008년에 걸쳐 일방적으로 쇠락의 길을 걷는 옛 논단과는 다른 새로운 세대의 언설이 대두했다는 말이 여기저기에서 들려옵니다. 그러나 새로 등장한 '블로그 논단' '서브컬처 논단'을 살펴보면 실제로 거기에서 오가는 말의 대부분이 사상이나 운동 용어로 치장한 유희놀이에 지나지 않는다는 것을 누구나 알 수 있습니다. '새로운 논단'의 최전선으로 여겨지는 저조차 그렇게 생각합니다.

저는 사상의 취미화, 하이데거의 용어를 쓰자면 '수다'화를 긍정적으로 평가하지 않습니다. 오히려 매우 곤혹스럽습니다. 하지만 동시에 비평이 어떻게 살아남을 것인가, 사상이 어떻게 살아남을 것인가를 진지하게 고민했을 때 (구체적으로는 제가 만드는 『사상지도』가 몇 부나 팔릴지를 생각했을 때 — 참고로 이 잡지 형태의 서적은 창간호와 제2호 모두 초판 1만 부를 찍었습니다) 이런 추세를 거부할 수 없다고 생각하는 거죠.

이는 이념에 관한 논의가 아닙니다. 그냥 현실적인, 냉정한 비즈니스 문제일 수밖에 없습니다. 이제 우리는 사상과 비평의 언어를 주말의 취미, 아니 그보다 못한 역할, 즉 평일 심야에 일을 마치고 귀가해 인터넷 블로그로 스트레스를 해소할 때의 수다거리로 소비하는 독자를 상대하지 않으면 일정 수준의 부수를 유지하는 사상 잡지를 출판하는 것이 불가능합니다. 따라서 우리는 앞으로 좋든 싫든 사상의 취미화, 유희화, 더 심한 표현을 쓰자면 '수다거리화'를 받아들일 수밖에 없습니다. 이는 기정사실입니다.

그럼 이런 환경에서 비평가는 앞으로 무엇을 해야 하는 걸까요? 이것이 지난번 마지막에 남은 문제였습니다.

이 문제는 제대로 고민해도 답이 나올 것 같지 않습니다. 그러니 각도를 바꿔 다시 질문해보겠습니다.

모든 담론이 수다거리가 되는 가혹한 세계가 온다고 했을 때, 우리는 왜 그곳에서 사상이나 비평의 장소가 없어진다고 느낄까요?

이런 감각의 존재는 우리가 암묵적으로 사상과 비평은 '수다거리'와 '수다거리가 아닌 것', 즉 '경박함'과 '진지함'의 경계를 긋는 일을 한다고 여겨왔음을 뜻합니다. 그렇다면 이 암묵의 전제를 바꿈으로써 돌파구를 열 방법은 없을까요?

우리는 어느새 제4회에서 다뤘던 논의로 돌아왔습니다. 저는 그 글에서 공공성이 있는 행위란 진지하게 행동하면서 동시에 자신의 진지함을 확인하는 자기 언급적 행위로, 아무래도 저는 그런 행동을 잘 못하는 것 같다고 했습니다.

제4회의 글은 제 얘기를 쓴 것입니다만, 거기에서 적은 '나'에 관한 얘기는 하나의 예에 불과합니다. 저는 저와 마찬가지로 진지한 행동이 서투른 사람이 현대 사회에 많이 존재한다고 느낍니다.

만일 공공성이 진지함과 떼려야 뗄 수 없는 관계라고 한다면 현대 사회에서 공공성을 구상할 때 어려움에 부딪치는 이유는 이 진지함의 기준이 무너지고 있다는 사실, 적어도 특정 세대 아래에서는 명백하게 무너지고 있다는 사실이 아닐까요? 모든 담론이 수다거리가 되는, 아니 아무리 생각해도 수다거리인 담론이 어느새 사회적으로 큰 영향력을 갖는 환경에서 사람들은 이제 무엇이 진담이고 무엇이 농담인지, 진지함이 정말 사회에 도움이 되는지 혼동하는 상태가 되었습니다. 이런 혼란의 구체적인 예는 인터넷에 흘러넘칩니다. '2채널'일본의 익명 인터넷 게시판. 옮긴이의 존재가 이 역설을 체현한다고 할 수 있습니다. '2채널'을 만든 IT 기업가 니시무라 히로유키만큼 '경박'하면서 사회적으로 영향력 있는 사람은 드뭅니다. 그리고 지금, 니시무라 히로유키 밑에서 니코니코 동영상을 개발하는 것과 아마미야 가린雨宮処凛, 빈부 격차 해결에 힘쓰는 사회운동가. 옮긴이가 쓴 「현대 일본의 새로운 '계급'을 둘러싼 지적 지형도」(『세계의 문학』 138호(2010))를 참조하기 바란다. 옮긴이과 함께 아소 총리 사저 앞에서 데모하는 것 가운데 어느 쪽이 공공성의 가치를 갖는지 묻는다면 쉽게 답하기 힘들 것입니다. 어느 쪽도 공공성이 있다고 할 수 있고 동시에 수다거리로 볼 수 있기 때문입니다.

진지함과 경박함을 가르는 경계가 사라진 것은 일본만의 얘기가 아닙니다. 담론의 세계에서만 보이는 현상도 아닙니다. 이 현상은 인문학적 담론 바깥에서 경영학, 마케팅, IT 분야에서 일반화된 상태입니다. '해커' '크리에이티브 클래스' '심볼릭 애널리스트' 등의 말을 들어본 적이 있다면 21세기 정보자본주의 사회에서는 경박한 라이프 스타일이 가장 크리에이티브한 것을 만든다는 주장도 들어본 적이 있겠죠. 1973년에 태어난 핀란드 사회학자 페커 히매넌[ii]에 따르면 '성실하게 일하는 것=사회를 바꾸는 것'이라는 등식은 막스 베버의 『프로테스탄트 윤리와 자본주의 정신』과 함께 이미 과거의 것이 되었다고 합니다. '어떻게 사는 것이 공공성 있는 삶인가'를 판단하기가 현대 사회에서는 매우 어렵죠.

그렇다면 이런 세계에서 사상과 비평은 무엇을 해야 할까요? 제가 여기에서 떠올리는 것은 역시 자크 데리다의 사상입니다.

1990년대 이후, 일본에서 데리다는 역사, 기억, 정치를 고상한 표정으로 논하는 '진지한' 사상가로 여겨지고 말았습니다(인터넷에는 '아즈마 히로키는 그런 데리다의 진지함을 전혀 모른다'는 비판이 넘쳐납니다). 하지만 『존재론적, 우편적』에서 쓴 것처럼 1960-1970년대의 데리다는 그런 경직된 이미지와는 동떨어진, 정형화하기 힘든 특이한 글을 썼습니다. 그때 데리다가 추구했던 것은 진지한 철학이 아니라 진지한지 경박한지 알 수 없는 근원적인 '결정 불가능성'의 문제였습니다.

제 생각에, 현재의 의사소통 환경은 바로 이 데리다적 조건이 전면화한 것처럼 보입니다.

물론 데리다는 사회학자도 매체학자도 아닙니다. 데리다는 어디까지나 인간 소통의 보편적 조건을 통찰한 '철학자'였습니다. 따라서 데리다가 지적한 결정 불가능성의 문제, 달리 말해 '에크리튀르'[iii]의 문제가 특정 시대의 특정 매체 환경에서 증폭된다는 해석을 데리다는 결코 허용하지 않았을 겁니다.

그러나 우리가 데리다의 텍스트를 반드시 데리다가 좋아하는 방향으로 읽어야 하는 건 아니죠. 데리다는 시대적으로 국한되지 않는 문제를 고찰하려 했더라도 그 당시에 보편성을 추구한다는 것은 시대의 제약에 놓였을 수도 있습니다. 데리다의 텍스트를 글자 그대로 해석하자면 그가 지적한 언어의 '에크리튀르'적 성격, 예를 들어 '문맥에서 떼어내기'나 '다른 문맥에 접목하기' 등은 인터넷 시대에 더욱 쉬워졌고 눈에 띄게 되었습니다. 스팸이나 트랙백에서 알 수 있듯이 '오배誤配 가능성'도 높아졌습니다. '유령' '편지' 등 데리다가 즐겨 사용했던 은유도 돌이켜보면 굉장히 인터넷이나 블로그와 친화적인 이미지죠.

그래서 저는 지금 데리다 사상을 다시 읽으면 매우 구체적이고 실천적인 함의를 끌어낼 수 있다고 봅니다. '모든 언어화된 것들이 수다거리가 되고 마는, 적어도 수다거리가 될 가능성이 있는 세계에서 철학에는 어떤 사명이 남겨져 있는가?' 대담하게 재해석하자면 이것이야말로 초기 데리다가 사유하려 했던 것이 아닐까요?

만일 그렇다면 이 질문은 지금 우리가 직면한 과제이기도 합니다.

모든 언어화된 것이 수다거리가 되고 마는 환경에서 사상가조차 더는 진지함과 경박함을 구별할 수 없다면 이 둘을 구별하지 않는 앞으로 도래할 사상은 어떤 형태를 취할 것인가?

제가 『존재론적, 우편적』에서 쓴 것처럼 데리다가 『산종』『조종』『엽서』에서 제안하고 실천한 것은 문학성과 허구성이 텍스트에 침입하는 것, 그리고 텍스트의 '기생적' 성격을 강조하는 것이었습니다. 이 부분을 자세히 논하면 아무리 지면이 많아도 부족할 테니 여기에서 설명하진 않겠습니다. 어쨌든 중요한 점은 데리다는 결코 진지함으로 되돌아가라고 한 게 아니라 오히려 철저히 경박한 텍스트, 아니 진지함과 경박함 사이에 있는 텍스트를 많이 만들어 '오배'를 꿈꾸며 세계로 내보내는 것이 사유의 윤리라고 생각했다는 점입니다.

진지한 문제에 진지하게 답하는 것만이 사상이나 비평의 역할이 아닙니다. 오히려 진지한 문제가 어느새 경박해지거나, 반대로 경박한 공간에서 어느새 진지한 문제 제기가 나오는 그런 뒤섞임의 현장을 정확히 끄집어내고, 때로는 그런 착란을 실천하는 것이 바로 사상과 비평의 역할이라고 데리다는 생각했습니다.

그렇다면 이 착란은 구체적으로는 어떤 장소에서, 어떤 형태로 실천될까요?

최근에 저는 — 데리다는 전혀 이런 얘기를 한 적이 없으니 데리다 독자에게는 한마디 듣게 될지도 모릅니다만 — 여기에서 텍스트의 '오락성'이 결정적 역할을 할 것 같은 느낌이 듭니다.

오락성이란 무엇일까요? 한마디로 오락성은 제공하는 측에 경박하게 접해 오는 사람의 마음을 사로잡아 놓지 않는 능력입니다('entertain'이라는 단어는 본래 '고객을 유지하는 것'이라는 뜻이라고 합니다). 오락성이 없는 텍스트, 대상을 넓히자면 오락성이 결여된 콘텐츠는 그것을 이해하려는 마음이 있는 진지한 수용자에게만 받아들여질 뿐입니다. 예를 들어 늦은 밤까지 일하고 지친 사람이 집으로 돌아가는 전철에서 사상서를 읽기란 힘든 일입니다. 하지만 미스터리 소설이라면 읽을 수 있겠죠. 단적으로 오락성의 유무는 이런 차이로 나타납니다.

현재의 의사소통 환경에서 진지한 언어를 진지한 콘텐츠로 유통시키기는 힘듭니다. 따라서 사상이나 비평은 (일정 정도 추상적인 논의를 하고 싶다면) 스스로가 경박한 콘텐츠로 소비될 가능성을 열어두면서 진지함과 경박함 사이에서 텍스트를 만들 수밖에 없습니다. 이를 위한 전제로, 진지한 독자만이 아니라 내용을 제대로 이해해주지 않는 '경박한 독자'를 사로잡아 놓지 않는 힘을 텍스트가 갖춰야 합니다. 이를테면 진지한 학자들이 좌석을 가득 채운, 모두가 진지한 논의를 이해할 자세가 되어 있는 학회나 심포지엄 자리에서 에크리튀르의 착란 가능성을 논해봤자(데리다에 관해서도 그런 토론은 수없이 이루어지고 있습니다만) 그런 실천은 아무 의미 없습니다. 그 상황 전체가 수다거리로 소비될 뿐입니다. 어떻게 하면 이런 학회나 심포지엄에 흥미 없는 '경박한 독자'를 오락성을 위장해 끌어들일 것인가? 여기에 앞으로 도래할 사상과 비평이 감행해야 할 모험이 있는 것 아닐까요?

따라서 저는 앞에서 말한 딕에서 '예술과 문화'가 '라이프 스타일'로 분류된 것 이상으로, 영화·음악·만화가 속해 있는 '엔터테인먼트'로 분류되지 않은 쪽이 훨씬 심각한 사태라고 생각합니다. '예술과 문화'에는 오락성이 없습니다. 문학·사상·미술은 진지한 수용자들만을 전제로 한 진지한 취미일 뿐, 집에서 소파에 편하게 앉아 포테이토칩을 먹으면서 채널을 바꾸거나 인터넷을 누비는 경박한 소비자가 접할 일이 없습니다. 만약 이것이 사실이라면 문학, 사상, 미술이라 불리는 것은 더 이상 원래 갖고 있는 의미에서의 '문화' '예술'이 아닌 게 되고 맙니다. 왜냐하면 그런 형태로 존재한다면 이 세계에서는 일부의 취미인에게만 수용되고 나머지 대중에게는 비아냥 대상이나 수다거리로 전락할 것이고, 이 조건을 결코 극복하지 못할 것이기 때문입니다.

우리는 사상과 비평이 주말의 취미로 소비되는 것을 거부할 수는 없습니다. 하지만 사상과 비평을 '진취적인' 독자가 고상한 표정으로 자신의 정체성을 걸고 구매하는 진지한 소비재가 아니라, 더 대충 대충, 가벼운 마음으로 어쩐지 재미있을 것 같아 읽게 되지만 때로는 인생까지 바꾸고 마는, 즉 진지함과 경박함 사이에 자리한 특이한 소비재로 바꿀 수는 있습니다. 아니, 아마도 우리에게는 그런 형태 외에는 사상과 비평을 유지할 방도가 없습니다. 즉, 앞으로 사상과 비평은 오배 가능성을 갖추기 위해서라도 일정 정도 오락성을 담아야 합니다.

저는 작년부터 이렇게 생각해왔습니다.

마지막으로 여담 하나.

이 원고를 쓰기 직전에 다른 잡지의 연재 원고를 위해 오시이 마모루[iv] 감독이 2006년에 만든 실험 영화 〈입식사열전〉[v]을 볼 기회가 있었습니다. 들려오는 평가 때문에 보지 않았는데 이게 꽤 재미있었습니다.

오시이는 원래 전혀 정치적 의미가 없는 일을 굳이 시대착오적이고 정치적으로 '해석'해 과도하게 의미를 부여한 패러디 기법을 종종 구사합니다. 〈시끌별 녀석들〉의 '안경=지바 시게루'가 좋은 예죠 — 이렇게 말해도 이 사례가 문예지에서는 전혀 안 통할지도 모르겠네요.

어쨌든 이 〈입식사열전〉에서는 이 기법을 전면적으로 활용하고 있습니다. 오시이는 이 영화에서 처음부터 끝까지 먹을 것에 집착하는 '입식사'라는 사람들과 음식점 주인의 기상천외한 대결을 통해 전후戰後 일본의 가짜 역사를 오시이 특유의 긴 내레이션으로 썰을 풀어갑니다. 물론 이것은 그냥 웃어 넘어가고 듣고 넘어가면 되는 얘기입니다. 전혀 내용이 없는, 그럼에도 불구하고 왠지 모르게 철학 용어와 정치 용어가 섞인 경박한 내레이션을 몇십 분 동안 듣고 있자면 조금씩, 일반적으로 깊은 내용이 있는 콘텐츠로 수용된 진지한 쪽의 오시이 작품에 나오는 내레이션 — 예를 들어 〈기동 경찰 패트레이버 2〉의 국가론이나 〈이노센스〉의 생명론도 똑같이 무의미하고 공허한 패러디로 느껴집니다. 혹시 〈입식사열전〉은 최근 10년 동안 급격히 성공해 고상한 콘텐츠로 진지하게 수용되고 '일본을 대표하는' 영화감독이 되고 만 오시이가 그런 자신에게 내놓은 일종의 자아비판이 아닐까요.

물론 이는 과잉 해석이겠죠. 다른 연재에 쓴 오시이론에도 이 해석은 쓰지 않았습니다.

다만 이번에 〈입식사열전〉을 보고 불현듯 이런 망상을 한 것은 사실입니다. 저는 〈이노센스〉는 별로 좋아하지 않지만 〈패트레이버 2〉는 꽤 좋아합니다. 〈패트레이버 2〉는 아마도 각본과 연출 모두 매우 진지하게 제작한 작품입니다. 저 또한 오시이 팬의 한 사람으로서 그 진지함을 충분히 평가하고 있습니다. 실제로 오시이의 출세작이 되기도 했습니다.

그러나 그런 저조차 〈입식사열전〉의 경박한 이야기에서 〈패트레이버 2〉의 진지한 이야기에서보다 더 정교한 지성을 느끼고 말았습니다. 어쩌면 오시이도 그렇게 느끼는지도 모르겠습니다. 우리는 이런 골치 아픈 세상을 살고 있는 것입니다.

그럼, 또 다음 달에……

---

i) 고등유민高等遊民은 고등 교육을 받고도 부모의 경제적 원조 속에서 일하지 않는
   고등실업자를 말한다.

ii) 패커 히매넌Pekka Himanen은 스무 살에 헬싱키대학교에서 철학박사 학위를 취득했다.
    다양한 분야의 사람들과 기술 발전의 의미를 탐구하고 있다. 헬싱키대학교와 버클리의
    캘리포니아대학교에서 강의하고 있다. 리누스 토발즈, 마누엘 카스텔스와 함께 쓴
    『해커, 디지털 시대의 장인들』이 번역 출간되었다.

iii) 에크리튀르écriture. '문자' '쓰여진 것'이라는 뜻으로, 말과 글은 현전성(現前性, 지금-여기
     존재하는 것)을 결여하고 있으며 불확정적이므로 의미 자체가 홀로 떨어져 확정적인
     것으로 작용하는 일은 없음을 이르는 말이다. 데리다가 『그라마톨로지』에서 사용한
     용어다.

iv) 오시이 마모루押井守. 1951년 도쿄 출생. 영화감독, 연출가. 〈기동경찰 패트레이비
    극장판〉(1, 2) 〈공각기동대〉 〈아바론〉 〈이노센스〉 〈스카이 크롤러〉 등을 감독했다.
    〈인랑〉의 기획과 각본을 맡았다. 〈이노센스〉는 2004년 칸 국제영화제 경쟁 부문,
    〈스카이 크롤러〉는 2008년 베네치아 국제영화제 경쟁 부문에 노미네이트되었다. 저서
    『철학이라 할 만한 것』이 번역 출간되었다.

v) 〈입식사열전立喰師列傳〉은 〈공각기동대〉의 속편 〈이노센스〉 이후 오시이 마모루가 2년
   만에 선보인 작품이다. 디지털로 촬영한 실사와 애니메이션을 합친 '슈퍼 라이브메이션'
   기법으로 제작한 코미디물이다. 먹을 것에 집착하는 '입식사'라는 사람들과 음식점
   주인의 기상천외한 대결을 통해 일본의 전후 60년사를 되짚어보는 작품이다.

루소에 대하여 (1)

　안녕하세요? 2월은 28일밖에 없다보니 원고 마감 시간이 예상보다 금방 와서 정신없는 아즈마 히로키입니다.

　이 연재도 9회째를 맞아 점점 화젯거리가 줄어들고 있습니다. 이럴 때는 구상하고 있는 내용을 꺼내야겠죠. 다음 저서에서 다루려는 주제 말입니다.

　그래서 앞으로 몇 회에 걸쳐 루소 얘기를 하려 합니다(단, 이번 회는 도입이라 루소에 관한 얘기는 거의 나오지 않습니다). 네, 저명한 18세기 프랑스 철학자 장 자크 루소[i]입니다.

　갑자기 웬 루소 얘기냐고요? 사실 저는 최근 1년 동안 여기저기에서 루소를 얘기하고 있습니다. 그래서 여기에서 루소를 다루는 것은 갑작스러운 일은 아닙니다. 다만, 이번에 루소를 다루기로 한 배경에는 한 달 전에 출판사 하쿠스이샤白水社의 『루소전집』 전 14권 + 별권 2권을 구매했다는 완전히 개인적인 사정도 있습니다. 말하자면 개인적으로 루소에게 꽂힌 셈이죠.

　『루소 전집』은 20년 전에 간행된 것으로, 지금은 헌책방에서 사야 합니다. 인터넷에서 찾아봤더니 딱히 프리미엄이 붙은 것도 아니어서 7만 5천 엔에 한 세트를 손에 넣을 수 있었습니다.

열여섯 권에 이 가격이면 사상 분야 독자 입장에서는 그렇게 비싼 것은 아닙니다만(사상 분야 서적은 일반적으로 엄청 비싸서, 저는 학부생 시절에 출판사 고분토弘文堂의 『에크리』, 출판사 후지와라쇼텐藤原書店의 『구별 짓기』 등을 울면서 샀던 기억이 있습니다), 그래도 대학 도서관에 가면 틀림없이 빌릴 수 있는 책, 그것도 주요 저작은 문고판까지 있는 전집을 굳이 구매하는 것은 낭비라는 생각도 듭니다. 조금 고민했지만 그래도 구매했습니다. 지금은 서재 가장자리에 높이 쌓인 전집을 보며 매우 만족스러워하고 있습니다.

저는 수집가가 아닙니다. 전집을 사도 상자는 버리고, 장식용 포장지도 찢어서 버리는 등 책을 거칠게 다룹니다. 그런데도 전집을 구매하는 행동에는 독특한 무게감이 있습니다. 이 위대한 철학자에게 미미하지만 '책임'을 느끼게 된다고나 할까, 그런 착각에 빠지는 거죠.

그래서 저는 이번에 이 착각 속에서 루소를 써보려 합니다.

아무리 그래도 루소라니. 한 발 뒤로 물러서는 독자 여러분의 모습이 눈에 선합니다.

지난 연재에서 사상과 비평에는 '오락성'이 있어야 한다고 써놓고는 루소라니……. 오락성이 필요하다면 루소를 논할 게 아니라 시사 문제를 날카롭게 파고든다든지, 화제작을 독특한 관점에서 분석한다든지 그런 노선을 걸어야 하는 것 아닐까요?

전적으로 맞는 말입니다. 실제로 많은 저술가는 그렇게 해서 비평의 상품성을 확보하죠. 저도 그렇고요. 저의 저서 중 가장 널리 알려진 것은 『동물화하는 포스트모던』입니다. 그러나 제 독자의 대부분은 아즈마 히로키라는 저자의 사상이 아니라 현대 일본 사회에 관심이 있었을 것입니다. 세속적인 현실과 맞물려 있지 않은, 추상적인 사유만 전개하는 글은 보편적인 독자를 향해 쓴 것처럼 보이지만 실은 편향된 독자에게만 읽힙니다. 지난 연재에서 쓴 말을 빌리자면 '주말의 취미'로 여기는 독자에게만 읽힙니다.

그래서 저도 비평가로 살아가는 이상 시사 문제나 화제작을 언급하는 게 좋다고 생각하죠. 실제로 저도 새 책을 읽고, 영화를 보고, 미술관에 가기도 하니 이런 화제로 연재를 이어가려고 마음먹으면 이어갈 수 있습니다. 그렇지만 그것이 정말로 비평의 미래를 여는 길일까요?

지금 쓴 내용과 모순된 것처럼 느낄지도 모르겠지만 솔직히 저는 그렇게 보지 않습니다. 사상과 비평이 세속적이고 최근 유행하는 화제를 다뤄 연명하려 하는 것 ― 이는 최근 사례를 들자면 '00년대 비평'에 속하는 사람들의 방향성이고, 이것이 현재로서는 대중요법으로서 유효한 것은 지금까지 거듭 말한 바와 같습니다. 그러나 이것이 진정한 비평의 복권을 가져오는 길이라는 생각은 전혀 들지 않습니다.

왜냐하면 생활과 근접한 얘기를 하는 것은 저급하고 ― 요즘 화제인 미즈무라 미나에 씨[ii]의 말을 빌리자면 '현지어'적이고

— 추상적이고 딱딱한 사유가 고급스럽고 '보편적'이라고 믿어서가 아닙니다[미즈무라 씨의 저서에 한마디 하자면 그가 하려는 말은 충분히 이해하지만, 제가 지금 살아가는 세상은 문예 비평보다 모에 애니메이션이 더 (대중적인 영향력도, 국제적인 인지도도, 어쩌면 이론적으로도 훨씬) '보편적'으로 여겨지는 가혹한 세계로, 그런 와중에 『동물화하는 포스트모던』은 영어판도 나오는 등 나름 노력하고 있는데, 라고 생각했습니다]. 그게 아니라 실천적인 의미에서 그런 연명법의 유효성에 한계가 있다고 보기 때문입니다.

좀 더 설명해보겠습니다.

저는 비평가를 자임하고는 있습니다만 최신 화제작을 논하거나 시사 문제를 언급하는 일이 거의 없습니다. 그래서 여러 사람들에게 눈치 없는 녀석이라는 평가를 받는데, 저로서는 그럴 만한 이유가 있습니다.

첫째는 그 시점에 제가 언급하게 될 대부분의 '감상'은 제가 언급하지 않아도 누군가가 언급할 것이고, 그러니 제가 애써 언급할 필요는 없다는 생각이고, 둘째는 설령 나름 고민해서 의견을 내놓아봤자 많은 독자들은 그 내용이 아니라 '이 타이밍에 이 작품 또는 사건을 언급했다'는 행위수행적 측면에 반응할 것이고, 그렇다면 딱히 언급할 필요가 없기 때문입니다. 두 이유 때문에 저는 적극적으로 최신 화제를 언급하는 걸 피하고 있습니다.

이 감각을 좀 더 추상적으로 표현할 수도 있겠습니다.

모든 텍스트는 콘텐츠로서의 측면과 커뮤니케이션으로서의 측면이 있습니다. 내용 자체에 관심을 갖고 읽는 측면과 '그것을 읽는 행위'가 커뮤니케이션 수단으로 기능하기 때문에 내용과 상관없이 소비되는 측면입니다. 이 이중성은 원리적인 것과 동시에 현재의 문화 상황을 분석하는 데 매우 중요한 의미를 갖습니다. 왜냐하면 현대 사회에서는 모든 작품·사건과 관련해 '커뮤니케이션 지향 소비'화, 쉽게 말해 커뮤니케이션 수단화가 급속히 진행되기 때문입니다. 지금까지는 콘텐츠로 소비된 것이 어느새 커뮤니케이션으로 소비되는 현상이 00년대 들어 도처에서 나타나고 있습니다.

비평도 이 추세를 피할 수는 없습니다. 그 결과, 현재 일본의 비평이 처한 환경은 다음의 두 가지 특징을 갖기 시작했습니다.

첫째, 우리는 지금 인터넷의 등장으로 예전보다 훨씬 많은 저술가가 쓴, 훨씬 다양한 '비평'을 읽을 수 있게 되었습니다. 다양한 작품이나 사건에 관한 전문가의 분석부터 무책임한 소문까지 온갖 의견이 인터넷에 널려 있습니다. 게다가 공짜로 손쉽게 읽을 수 있습니다. 물론 대부분은 기존의 비평이나 저널리즘의 기준에서 보면 쓰레기와 다름없을지도 모르죠. 그러나 비평으로서의 완성도를 문제 삼지 않는다면, 이 아마추어들의 공간에서 어지간한 작품이나 사건에 대해 나올 법한 화두는 대부분 곧바로 나오는 것도 사실입니다.

다시 말해 이제 비평은 누구나 출판할 수 있고, 어지간한 의견은 인터넷에 이미 존재하는 것입니다. 이 상황은 당연히 프로 저술가에게 '아마추어 비평의 다양성'에 환원되지 않는 독자적인 견해와 분석을 요구할 겁니다. 거꾸로 보자면 인터넷 전성시대에는 아무나 말할 수 있을 것 같은 평범한 의견은 굳이 비평가가 내놓을 필요가 없습니다. 블로거가 무료로 공개하는 글이 있는데 프로를 자임하는 저술가가 같은 수준의 글을 써서 원고료를 받는다면 비도덕적이기까지 하죠.

둘째, 역시 인터넷 덕분에 우리는 훨씬 효율적이고 빠르게 정보를 수집할 수 있습니다. 그 결과, 하나의 작품이나 사건에 누가 어떤 태도로 어떤 의견을 내놓았는지 손쉽게 정리할 수 있습니다. 달리 말해 지금의 독자는 특정 비평을 읽을 때 비평에 관한 비평, 즉 비평을 둘러싼 메타 비평도 함께 읽는 환경에 놓여 있습니다.

이로 인해 요즘의 젊은 비평 독자들은 비평의 출발점에 있는 작품이나 사건에는 그다지 흥미를 보이지 않고 "A는 X를 긍정했는데, B는 X를 부정했다"는 식의 관계성만을 추출해 이를 수다거리로 즐기는 쪽으로 변했습니다. 이른바 '00년대 비평'은 메타 비평적이고 재귀적인 (쉽게 말해 자작자연하는) 구조 속에서 활기를 띠고 있습니다. 거듭 강조한 것처럼 저는 이런 비평의 변화를 부정할 생각은 없습니다. 하지만 결국 내용은 읽히지 않을 것을, 제 글이 수다거리로 소비될 것을 알면서 고심해 글을 쓸 마음은 생기지 않습니다.

따라서 저는 비평가라는 직업에 일반적으로 기대되는 시사적인 에세이나 짧은 리뷰를 쓸 마음이 거의 들지 않는 겁니다.

그리고 이런 '오락성'으로 비평의 미래가 열릴 것 같지도 않습니다. 그런 '오락성'은 위에서 말한 비평의 데이터베이스화(카탈로그화)와 커뮤니케이션화(수다거리화)가 진행되면 순식간에 그 파도에 휩쓸릴 것입니다. 사람들에게 회자되는 작품이나 사건에 순발력 있고 재치 있게 반응하는 '비평가'나 '지식인'이 앞으로 얼마나 상품 가치가 있을지 저는 의문스럽습니다. 구체적으로 생각해보아도 그런 애매모호한 직업은 신문의 문화면과 TV의 와이드쇼가 사라지면 순식간에 사라질 것입니다.

제가 생각하는 사상이나 비평의 '오락성'은 이런 시사성을 의미하지 않습니다.

그러면 어떤 것일까요? 바로 이를 생각하려고 루소를 읽는 것입니다.

독자 여러분 중에는 지금 '루소, 루소…… 말은 하지만 평소와 똑같이 불평만 늘어놓고 전혀 본론으로 들어가지 않잖아'라며 불만을 느끼는 분도 계실지 모르겠습니다. 조금만 기다려주세요. 이러한 '불평'은 다음 회 이후 중요한 복선이 되기 때문입니다.

생각해보면 지금까지 이 연재를 통해 꾸준히 비평의 불필요성이나 불가능성을 논해왔습니다. 달리 말해 현재 일본의 미디어 환경에서 비평적 언어를 구사해 공공적이고 보편적인 장소에 도달하는 것의 어려움, 다시 미즈무라 씨의 말을 빌리자면 (일종의 확대 해석을 해서 표현하자면) '문학적 언어'가 '현지어'에서 벗어나는 것, 커뮤니케이션의 수다거리화에서 벗어나는 것의 어려움을 논한 것입니다. 제가 앞에서 털어놓은 '불평'은 이 어려움을 형성하고 있는 구조를 요약한 거죠.

일본은 메이지 유신 이후 오랫동안 '비평', 특히 그 핵심 역할을 해온 '문예 비평'이라는 풍요로운 지적 전통의 맥을 이어왔습니다. 그런데 누구나 인정하듯이 최근 15년 동안 그 전통은 급속히 쇠퇴하여 영향력을 잃고 있습니다. 이유는 무엇일까요?

이유는 간단합니다. 정보 전달 비용이 한없이 제로에 가까워져 출판이라는 자원이 모든 사람에게 개방되었기 때문에 비평의 데이터베이스화(카탈로그화)와 커뮤니케이션화(수다거리화)가 급속히 진전되어서입니다(이는 일본만의 현상은 아니라고 생각하는데, 이에 대해서는 다른 기회에). 이러한 두 가지 추세는 성격이 각기 다르지만 같은 사태의 앞면과 뒷면 관계이기도 하며, 비평적 언어로서의 '국어'의 가능성을 양쪽에서 협공하고 있습니다.

한편으로 비평적 언어는 너무도 손쉽게 공공성을 가진 존재가 될 수 있어서 공공적일 수 없습니다. 다른 한편으로 비평적 언어는 너무도 손쉽게 상대화할 수 있어서 역시 공공적일 수 없습니다. 테제와 안티테제가 충돌해 진테제Synthese[iii])가 탄생하는 소통적 이성의 변증법은 현대 사회에서 잘 기능하지 않죠.

그럼 이 꼼짝할 수 없는 상황을 타파하려면 어떻게 해야 할까요?

　이 질문에 대한 답도 이미 연재를 통해 내놓았습니다. 이 상황 자체를 타파할 수는 없으니 다른 형태의 공공성을, 달리 말해 '보편어'로 향하는 다른 형태의 접근 방식을 고민해야 한다는 것입니다. 비평적 언어는 이제 수다거리로 기능할 뿐입니다. 그렇다면 이를 전제로 새로운 공공성을 사유할 수 없을까? 이것이 이 연재의 과제입니다.

　제가 루소에 매료된 이유는 그가 현대와는 전혀 다른 사회 조건, 전혀 다른 미디어 환경을 살았던 사상가였는데도 이러한 과제에 도전했던 인물로 느껴졌기 때문입니다.

　종종 지적된 것처럼 루소는 다양한 모순을 안고 있던 사상가입니다. 그의 저작을 통독하면서 '도대체 이 사상가는 인간을 신뢰하는 것인지 아닌지' 도통 알 수 없다는 의문이 생깁니다.

　루소는 한편으로는 인간의 자유와 행복을 노래한 사상가로, 고백 문학과 연애 문학, 그리고 근대 교육 사상의 원조입니다. 그런데 다른 한편으로는 편협한 인물로 사람들을 싫어했던 것으로도 유명합니다. 디드로, 흄과도 결별했고 만년의 『고독한 산책자의 몽상』에서도 세상을 향해 억한 감정을 토로했습니다. 루소는 어떤 측면에서는 인간을 신뢰하고, 다른 측면에서는 인간을 전혀 신뢰하지 않는 사상가처럼 보입니다. 인간에 이중적인 관점을 가진 인물이 근대 사회의 기반을 만들었다고 평가받는 『사회 계약론』을 썼다는 사실은 매우 중요한 의미가 있습니다.

우리는 종종 인간에게는 이성이 있어서 대화와 토론을 거듭하면 협력할 수 있고, 사회도 좋은 방향으로 갈 것이라고 여깁니다. 포스트모던이니 뭐니 말하지만, 사람들의 주장을 요약하면 그렇습니다.

그러나 지금까지 거듭 말한 것처럼 현재의 미디어 환경은 그런 환상을 이미 예전에 산산조각으로 만들었습니다. 흥미롭게도 250년 전의 루소도 비슷한 환상이 산산조각이 난 지점에서 '사회 계약'을 구상한 것으로 보입니다. 만약 그렇다면……

그에게는 진정한 의미에서의 사상의 가능성이 남아 있는 것이 아닐까요?

그럼, 또 다음 달에!

---

i) 장 자크 루소Jean-Jacques Rousseau. 이성 중심의 사상을 허물고 낭만주의의 탄생에 공헌한 18세기 프랑스의 사상가이자 소설가. 1712년 제네바의 시계 수리공 집안에서 태어났다. 태어난 지 얼마 되지 않아 어머니를 여의고 아버지 손에서 자라다가 열 살이 되던 해 아버지가 칼부림 사건으로 도피한 후부터는 외숙부 밑에서 자랐다. 법원 서기의 필사 수습 사환, 동판 조각사의 견습공 등 불우한 소년기를 보낸 그는 열여섯 살에 제네바를 떠나 바랑 남작부인을 만난다. 두 사람은 모자간의 사랑과 이성간의 사랑이 뒤섞인 모습이었는데, 루소는 바랑 부인을 통해 철학과 문학 소양을 갖추게 되었다. 1742년 파리로 나온 그는 디드로가 공동 편집하던 『백과전서』를 집필하면서 저술가로 활동하게 되고, 『불평등 기원론』『정치 경제론』『신 엘로이즈』 등을 남겼다. 1762년 4월, 마흔 살에 자유 실현에 관한 『사회 계약론』, 인간 교육에 관한 사상을

담은 『에밀』을 출간했다. 하지만 『에밀』을 압수하고 루소를 체포하라고 명령한 파리 의회의 결정으로 스위스로 도피했지만, 제네바 당국 역시 『사회 계약론』과 『에밀』에 유죄 판결을 내렸다. 1768년, 아내 테레즈 르바쇠르와 이혼하고, 1770년 파리로 돌아온 루소는 여러 곳을 떠돌다가 지라르댕 후작의 영지에서 집필 활동을 하다가 1788년에 생을 마쳤다. 마지막까지 쓰고 있던 작품은 『고독한 산책가의 몽상』이었다.

ii) 미즈무라 미나에水村美苗. 1951년 출생. 열두 살 때 미국으로 건너가 보스턴미술학교, 예일대학교 불문과를 졸업하고 동 대학원 불문과 박사 과정을 수료했다. 그 후 프린스턴대학교 강사, 미시간대학교 객원 조교수, 스탠포드대학교 객원 교수를 역임하며 일본 근대 문학을 강의했다. 오랜 외국 생활로 인해 일본 문화에 대한 향수와 동경을 안고 자란 그는 특히 나쓰메 소세키의 작품을 애독했다고 알려져 있다. 1990년 나쓰메 소세키의 유작 『명암』의 뒷얘기를 그린 『속 명암』을 발표하며 데뷔했는데, 소세키의 문체를 현대에 완벽하게 재현했다는 극찬을 받았다. 1995년 일반적인 일본 소설의 형식을 깨고 가로쓰기에 영어를 섞어 쓴 『사소설from left to right』로 노마 문예 신인상을 수상했다. 『본격소설』로 요미우리 문학상을 수상하기도 했다.

iii) 변증법 논리나 헤겔 철학에서, 서로 모순되는 정립定立과 반정립反定立을 거쳐, 대립과 모순이 통일되는 새로운 단계.

루소에 대하여 (2)

안녕하세요? 이토 게이카쿠[i] 씨의 부고를 접하고 슬픔에 잠긴 아즈마 히로키입니다.

이토 씨는 긴 투병 생활 끝에 3월 20일에 운명했습니다.

같은 세대를 살아온 사람의 죽음은 특히 무겁게 다가옵니다.

『문학계』 독자 가운데에는 이토 씨를 모르는 분도 많을 겁니다. 이토 씨는 1974년생으로 젊은 SF 작가입니다. 데뷔 2년밖에 되지 않아 저서가 세 권밖에 없지만, 일본 SF를 이끌 재목으로 관계자들의 주목을 받던 작가입니다.

독자들은 2년 전에 '문학계 신인상'문학계는 이 연재가 실린 문예지 이름이다. 옮긴이을 수상하고, 그 후 다른 문예지에서도 활약하고 있는 엔조 도[ii] 씨의 죽마고우라고 소개하면 이해할지도 모르겠습니다. 엔조 씨와 이토 씨는 작품 세계는 전혀 다르지만 같은 세대의 신성新星으로 SF 분야에서는 함께 거론될 때가 많습니다. 그중 한 분이 타계하고 말았습니다.

이토 씨의 소설을 한마디로 소개하자면 근미래 군사 SF입니다. 하지만 그의 작품 세계는 이런 분류로는 전달할 수 없는 날카로운 시대 관찰과 풍부한 상상력이 가득했습니다.

예를 들어 첫 번째 작품 『학살기관』은 9.11 이후의 상황을 강하게 의식한 소설입니다. 설정이 너무 공상적이라는 감상도 있지만, '테러와의 전쟁'을 지지하는 감시형 소비 사회, 인터넷형 의사소통, 신자유주의의 본질을 이렇게까지 냉담하면서 리얼하게 드러낸 작품을 저는 본 적이 없습니다. 유작이 된 『세기말 하모니』는 그 연장선상에서 더욱 포괄적인 세계를 그려냈습니다. 그는 이 야심적인 유토피아/디스토피아 소설에서 신자유주의와 인터넷을 배경으로 한 '고도 감시=복지 사회'를 그렸습니다. 소설에서 이토 씨는 앞으로 도래할 감시=복지 사회를 긍정하지도 부정하지도 않는 양가적 태도를 취합니다. 하지만 바로 이 양가적 태도가 소설을 집필하던 당시 이토 씨의 삶이 고도의 감시=복지 기술 없이는 유지될 수 없는 상태였음을 염두에 두면 그야말로 잔혹하고 리얼하게 다가옵니다. 이토 씨는 그런 소설을 쓰는 사람이었습니다.

21일 저녁, 이토 씨의 부고를 알리는 자동응답기에 남겨진 음성을 들었을 때, 저는 오사카에 있는 테마파크의 나이트 퍼레이드를 보려고 가족과 함께 자리 잡기에 여념이 없었습니다. 하지만 부고의 충격이 너무 커서 퍼레이드는 거의 기억이 나지 않습니다. 다음 날도 스파이더맨, E. T. 등의 놀이 기구를 타면서도 나도 모르게 이토 씨의 죽음을 생각하며 동요하고 있었습니다.

저는 이토 씨와 몇 번밖에 만난 적이 없습니다. 한 번은 밤을

꼬박 새운 이벤트여서(지금 생각하면 당시 이토 씨는 건강했습니다) 상당히 깊은 얘기를 나누었지만 친구라고 부를 정도로 친하지는 않았습니다. 그럼에도 제 스스로가 놀랄 정도로 크게 동요했습니다.

이토 씨는 고마쓰 사쿄의 계보를 잇는 스케일이 큰 사회파 SF 소설을 언젠가 집필할지도 모르겠다는 기대를 갖게 하는 진귀한 인물이었고, 같은 세대에 이런 작가가 있다는 것에 저도 모르게 큰 희망을 느꼈나 봅니다. 그런데 그 희망을 돌연 빼앗기고 말았습니다. 이는 너무 큰 손실이고 슬픔입니다.

앞에서 말한 것처럼 이토 씨의 매력은 SF 장르 내부에서는 이미 널리 알려졌습니다. 그러나 SF 바깥까지 알려졌다고는 생각하기 힘들죠. 장르의 벽은 여전히 존재합니다.

만약 그가 몇 년만 더 살았더라면 『문학계』 독자들도 『학살기관』과 『세기말 하모니』의 존재, 그리고 이 작가의 풍부한 가능성을 알았을 것입니다. 그래서 적어도 제목만이라도 적어두고 싶어서 연재의 취지와 벗어나지만 추도의 글을 썼습니다. 물론, 지금 여기에 이토 씨를 소개했다고 그가 기뻐하지는 않겠죠. 하지만 남은 사람이 할 수 있는 일은 그 정도밖에 없습니다.

진심으로 이토 게이카쿠 씨의 명복을 빕니다.

— 이렇게 시작했으니 평소 분위기로 돌아가는 것은 불가능에 가깝겠지만, 아무튼 연재로 돌아가겠습니다. 지난번에 저는 루소를 독해했습니다.

저는 루소에 관한 책(정확히는 루소도 다루는 책)을 이번 가을부터 쓰려고 합니다. 전체 구성도 차례도 아무것도 없는 상태에서 쓰려고 하지만, 현시점에서 출발점으로 삼으려는 것은 『에밀』의 문장입니다. 좀 길지만 인용해보겠습니다.

인용한 부분은 이와나미 문고판의 상권 114쪽부터 115쪽인데, 원문을 참조해 번역을 일부 다르게 했습니다.

의존 상태는 두 종류가 있다. 하나는 사물에의 의존으로, 이는 자연에 기인한다. 다른 하나는 인간에의 의존으로, 이는 사회에 기인한다. 사물에의 의존은 어떤 도덕성과도 상관없고, 자유를 방해하지 않으며 악을 낳지도 않는다. 인간에의 의존은 무질서하고 모든 악을 낳으며, 이로 인해 지배자와 노예는 서로 상대를 타락시킨다. 만약 사회에 이 악에 대항하는 방법이 존재한다면, 그 방법은 인간의 자리에 대신 법을 두고, 일반 의지를 현실의 힘으로 무장시켜 모든 특수 의지적 행위에 두는 것이다. 만약 각국 국민의 법이 자연의 법과 마찬가지로 어떤 인간의 힘으로도 굴복시킬 수 없는 불변성을 갖출 수 있다면 그때 인간에의 의존은 사물에의 의존으로 바뀔 것이다. 그리고 공화국에서는 자연 상태의 이득이 시민 상태의 이득과 연결될 것이다. 인간을 악으로부터 벗어나게 해주는 자유와, 인간을 미덕으로 이끌어주는 도덕성이 연결될 것이다.

루소가 자연과 문화, 자연과 사회라는 이분법으로 나누고, 전자를 높이 평가하고 후자에 비판적이었다는 사실은 널리 알려져 있습니다. 그는 평단 데뷔작인 『학문 예술론』(1750년)에서 이미 학문과 예술을 악의 근원으로 꼽았습니다. 고등학교나 대학 수업에서 루소를 '자연으로 돌아가라'고 선언했던 철학자로 배운 독자도 많을 겁니다.

이 사상은 여기에서도 확인할 수 있습니다. 인간은 자연에 의존해야 하지만(할 수밖에 없고), 사회에는 의존하지 말아야 한다. 이것이 루소의 주장입니다.

『에밀』은 근대 교육 사상의 출발점으로 평가받는 책으로 교육 실천과 밀접한 관계가 있습니다. 예를 들면, 인용한 곳과 이어지는 글에서 루소는 어린이 교육에서 중요한 것은 "사물에의 의존에 머물게 하는 것"이라고 썼습니다. 구체적으로 말하자면 어린이는 그 신체적 한계가 허용하는 한에서 자유롭게 키워야 하고, 인공적인 규칙으로 옭아매는 것은 좋지 않다는 뜻입니다. 루소의 문장은 표면적으로는 늘 평이하고 실천적입니다.

그러나 좀 더 깊고 추상적인 곳까지 내려가면 다소 기묘한 측면이 보이기 시작합니다.

루소가 '일반 의지'와 '특수 의지'의 차이를 '사물에의 의존'과 '인간에의 의존'의 차이로 설명하는 부분입니다. 그는 여기에서 '일반 의지'는 인간이 사회적 과정을 거쳐 만들어내는 것이 아니라 사물처럼 자연적으로 생기는 것이라고 말합니다.

하지만 '의지'가 '사물'이라니 도대체 무슨 말일까요?

일반 의지와 특수 의지. 이는 루소를 대표하는 저서 『사회 계약론』의 중심 개념입니다. 『사회 계약론』과 『에밀』은 두 권 모두 1762년에 간행되었습니다. 앞에서 제가 인용한 글은 『사회 계약론』을 의식한 것이 명백합니다(인용 부분에서는 생략했지만 『사회 계약론』에 관한 주석도 달려 있습니다).

그렇다면 이 개념들은 어떤 의미를 가지고 있을까요? 거칠게 설명하자면 '일반 의지'는 사회 전체의 의지, '특수 의지'는 개인의 의지를 뜻합니다. 루소는 『사회 계약론』에서 주권이란 일반 의지의 행사에 다름 아니며, 따라서 정부의 행동이 일반 의지에 거스를 경우에는 이를 전복해도 된다고 주장했습니다. 루소가 사후에 프랑스 혁명의 이론적 지주로 여겨진 이유입니다. 즉, 일반 의지는 '사회 전체의 합의' 정도로 이해되고 있습니다. 여기까지는 고등학교에서 배우는 내용이라고 할 수 있겠죠.

그러나 실제로 『사회 계약론』을 읽어보면 '일반 의지'라는 개념은 꽤 복잡하고 다루기 힘든 존재임을 알게 됩니다.

예를 들어 루소는 일반 의지가 나타나기 위해서는 정치체 안에 '부분적 사회'가 존재하지 않고, 시민 한 사람 한 사람이 자신의 의견만 표명하는 것이 중요하다고 주장했습니다. 쉽게 말해 대학, 노동조합, 자치단체 등에서 적극적으로 논의하고 서로 정치적인 의견을 나누어서는 안 된다고 강조한 것입니다. '한 사람 한 사람이 자기 힘으로만 정보를 모아 홀로 정책을 판단한다. 그리고 그 작은 판단들을 모아 거대한 의지를 형성하고 일반 의지가 탄생한다.' 이것이 루소의 주장입니다.

이 주장은 현대인의 감각으로는 상당히 이상하게 느껴집니다. 이 연재에서도 이미 언급했듯이 지금 우리는 사회 전체의 합의를 이루기 위해서는 '대화'가 중요하다는 생각, 무엇보다 공공성은 우선 대화 공간이라는 생각에 익숙해져 있기 때문입니다. 공공성에 가장 영향력 있는 현대 사상가로 꼽히는 위르겐 하버마스가 그렇게 주장합니다. 그런데 루소는 그런 사상과 무관합니다.

루소의 일반 의지 개념은 알쏭달쏭해서 철학사에서는 이 해석을 두고 거듭 의견이 엇갈렸습니다. 예를 들어 널리 알려진 해석으로, 루소의 일반 의지는 개별과 보편의 매개 없는 일치를 목표로 삼고 (그래서 부분적 사회가 배제되는 거죠) 전체주의로 경도될 위험성이 있다는 해석이 있습니다. 『인간 불평등 기원론』에서 자연인의 자유를 찬양하고 인민을 폭정으로부터 해방시켜야 한다고 호소했던 사상가가 어느새 전체주의로 경도된 이유는 무엇일까요? 에른스트 카시러는 이를 '루소 문제'라고 명명해 책까지 썼습니다. 그리고 장 스타로뱅스키와 데리다는 매개 없는 일치를 욕망하는 루소 사상에도 에크리튀르 수준에서는 이를 가로막는 장애가 있었다고 지적합니다. 이를 논하면 미궁에 빠져 나오지 못할 수 있으니 이 정도로 하겠습니다.

어쨌든 루소의 일반 의지 개념은 지금 상식적으로 생각하는

'사회 전체의 합의'와는 상당히 동떨어져 있다는 것입니다. 그리고 『에밀』에서는 이 일반 의지를 '사물'에 비유한 거죠.

루소는 사회의 중심에는 시민 한 사람 한 사람의 판단이 소통 없이 집적되어 생기는 '사물'이 있다고 여겼습니다. 그는 이를 일반 의지라고 불렀습니다. 이 기이한 개념이 수많은 철학자들을 고민에 빠트렸다는 사실은 방금 확인해드렸습니다.

그러나 여기에서는 그런 철학사는 잊고, 또 현대의 공공성 관점도 잠시 접어둡시다. 루소의 문장을 있는 그대로 현대 사회의 상황에 비추며 마음을 비우고 읽어보도록 하죠.

그러면 다른 해석이 떠오릅니다.

루소는 『사회 계약론』에 다음과 같이 썼습니다.

"만약 인민에게 충분한 정보가 주어져 숙고할 때, 시민들이 서로 어떠한 의사소통도 하지 않는다면, 작은 차이가 많이 모여 그 결과 항상 일반 의지가 생성되어 숙고는 항상 바른 것이 될 것이다."

_ 이와나미 문고판 47쪽(번역문은 변경)

수많은 시민이 서로 고립되어 있으면서도 충분한 정보를 모을 수 있는 상태, 그리고 시민들이 표명한 의견을 의사소통을 전혀 거치지 않고 사물처럼 취합해 통합함으로써 하나의 결과를 내놓는 상태. 『사회 계약론』이 쓰이고 2세기 반이 지나는 동안,

이런 루소의 말은 매우 신비적이고 관념적으로 여겨졌습니다. 그러나 지금을 사는 우리에게 루소의 설명은 전혀 신비롭지 않은, 오히려 도처에 널린 일상의 환경을 가리키는 것처럼 느껴집니다.

즉, 인터넷에서의 정보 집약 과정을 묘사한 말처럼 느껴지는 거죠.

루소의 '일반 의지' 개념은 지금의 미디어 환경에 비추어 다시 읽으면 공공성, 대의제를 운운하기 이전에 너무도 절묘하게 인터넷을 논하는 것처럼 보입니다. 이것이 제가 루소 독해의 출발점으로 삼으려는 지점입니다.

최근 10년 동안 일본의 논단에서는 '소통'이라는 말이 유행했습니다. 그래서 인터넷에 대해서도 사람들의 소통에 미치는 효과만 논의된 면이 있습니다.

그러나 다소 냉정히 생각하면 인터넷의 본질이 소통의 확대인 것은 분명 아닙니다(소통의 정의를 확대한다면 달라지겠지만). 인터넷이라는 미디어와 이에 부수하는 다양한 서비스의 혁신은 오히려 서로 소통한 적도, 만난 적도 없고, 서로 관심도 없는, 어쩌면 서로의 존재조차 모르는 사람들을 단편적인 데이터만을 지렛대 삼아 멋대로 연결해 집합적으로 처리하는, 그리고 그 결과를 통해 일정 정도 사람들의 행동까지 바꾸고 마는 측면에 있습니다.

이 설명이 와 닿지 않는다면 아마존닷컴에서 이루어지는 구매 행동을 떠올려보기 바랍니다.

예를 들어 여러분이 아마존에서 어떤 책을 구입합니다. 그러면 '당신이 지금 산 책을 구매한 다른 사람들은 이 책 외에 이런 책도 구매했다'는 추천 리스트가 표시될 겁니다. '협조 필터링'이라고 불리는 기술은 인터넷(정확히는 웹 2.0이라고 해야 하지만 복잡한 논의는 생략하죠)의 본질이 잘 드러납니다.

당신이 누구와도 얘기를 나누지 않고 직관적으로 마음에 든 책을 샀을 뿐이라고 생각해봅시다. 그런 당신은 물론 '당신이 방금 구입한 책을 구매한 다른 사람'에 대해서는 아무것도 모릅니다. 어디에 살고, 무슨 생각을 하며 어떤 인생을 사는지 아무것도 모르고 관심도 없습니다. 그 '다른 사람'도 당신을 모릅니다. 하지만 당신과 '다른 사람'은 책의 제목을 통해 연결되었고, 그 결과 두 사람의 구매 이력은 어딘가에 있는 서버에 디지털 데이터, 즉 '사물'로서 두 '인간'의 개별성과는 무관하게 기록·처리되어 추천 서적 리스트라는 형태로 당신에게 하나의 질서를 제시합니다.

저에겐 이 정보 처리 과정이 일반 의지의 생성에 관해 쓴 루소의 묘사와 똑같이 느껴집니다.

실제로 루소가 『사회 계약론』에서 말한 것처럼 이 과정에서는 소비자가 '서로 어떠한 의사소통도 하지 않'고, 자신의 취향만으로 행동하는 편이 정확한 데이터를 취득할 수 있겠죠. 따라서 루소는 250년 전에 일반 의지 개념을 마치 웹 2.0 서비스처럼 구상했던 것이 아닐까요.

정해진 지면이 다 되었네요.

루소의 문제는 이토 씨의 유작 『세기말 하모니』의 세계관과
도 밀접한 관련이 있는데, 이에 대해서는 다음 회 이후의 숙제로
삼겠습니다.

그럼, 또 다음 달에.

---

i) 이토 게이카쿠 伊藤計劃. 1974년 출생. 무사시노미술대학교를 졸업하고 2007년
『학살기관』으로 데뷔하였다. 두 번째 장편소설 『세기말 하모니』로 일본 SF 대상,
세이운상 일본 장편 부문을 수상한다. 2009년, 34세의 나이로 요절했다. 『학살기관』
『세기말 하모니』, 그리고 프롤로그만 집필했던 미완의 원고를 엔조 도가 이어서 완성한
『죽은 자의 제국』은 모두 극장판 애니메이션으로 제작되었다. 2013년 일본 서점대상을
수상하였다.

ii) 엔조 도 円城塔. 1972년 출생. 도쿄대학교 대학원 종합문화연구과 박사 과정을
수료했다. 2007년 『오브 더 베이스볼』로 문학계 신인상을 수상하고, 비슷한
시기 『Self-Reference ENGINE』로 데뷔했다. 『오유차담』으로 노마 문예상,
제3회 와세다대학교 쓰보우치 쇼요 대상 장려상, 『어릿광대의 나비』로 제146회
아쿠타가와상을 수상했다. 『고토 상의 일』 『이것은 펜입니다』 『바나나 껍질 벗기기에
가장 좋은 날』 『책 읽다가 이혼할 뻔』 등이 있다. 『죽은 자의 제국』은 요절한 SF 작가
이토 게이카쿠가 남긴 미완의 원고를 그가 이어서 완성한 작품이다.

루소에 대하여 (3)

안녕하세요? 이 연재에서 몇 번 언급한 미야다이 신지 씨와 함께 어쩌다 보니 미국 강연 여행을 다녀온 아즈마 히로키입니다. 둘이서 세 곳, 혼자서 한 곳에서 강연과 워크숍을 하고 왔습니다.

이번 미국 방문은 저의 『동물화하는 포스트모던』의 영어판 출간이 계기가 되었습니다. 영어판은 미네소타대학교 출판부에서 간행했습니다.

이 출판사는 사이토 다마키[i] 씨의 책도 번역하고 있는데, 일본 비평 관련 출판에 의욕을 보이고 있습니다. 편집자가 주최한 저녁 만찬에서는 미야다이 씨와 제가 편찬한 『1995년대 이후의 일본 비평』 논집을 영어판으로 출판하고 싶다는 얘기도 나왔습니다.

영어권에 일본 비평 담론이 소개된 것은 지금으로부터 10년 전에 『비평 공간』이 진출한 것을 마지막으로 거의 멈췄다고 합니다. 그러다가 쿨 재팬Cool Japan, 만화, 애니메이션 등 일본의 서브컬처 콘텐츠가 세계에서 주목받은 현상. 옮긴이의 대두를 계기로 요즘은 상황이 바뀌는 것 같습니다. 우리는 서로 협력해 적극적으로 상황을 바꿔나가기로 의견을 모았습니다. 미야다이 씨와도 뜻이 맞아 앞으로 함께 여러

일을 시도할 것 같습니다.

어쨌든 미야다이 신지라고 하면 부르세라여고생이 입은 속옷 등을 매매하는 것. 옮긴이 현상을 연구한 사회학자, 아즈마 히로키라고 하면 오타쿠 철학자로 알려져 있어서 일본에서도 그다지 좋은 평가는 받지 못하고 있습니다. 하지만 우리가 부르세라나 오타쿠에 초점을 맞춘 것은 여기에 현대 일본 사회의 '어떤 문제'가 단적으로 나타났기 때문입니다.

쿨 재팬이라 불리는 현상의 본질은 코스프레나 애니메이션이 해외에 유행한 것이 아니라 이 '어떤 문제'가 일본 특유의 문제였다기보다 뜻밖에도 세계의 공통된 문제였음을 증명한다는 점에 있습니다. 이런 변화 속에서 비록 짧은 기간이었지만 이번 여행은 우리 두 사람 모두 자신이 해온 연구의 의미를 재발견한 의미 있는 여행이었습니다.

이번 여행을 기획한 조치대학교의 문학연구자 고노 시온 씨, 펜실베이니아주립대학교의 조나단 E. 에이블 씨에게 감사의 마음을 전하고 싶습니다.

근황 보고는 이 정도로 하고 루소 얘기로 들어가죠.

지난번에 저는 첫째로 루소가 일반 의지라는 개념을 사람의 질서가 아니라 사물의 질서로 보았다는 점, 둘째로 루소의 정의는 오랫동안 모순된 것으로 여겨졌지만 지금 시점에서 바라보면 단순히 인터넷의 정보 집약 체제를 논하는 것으로 읽을 수 있다는 점을 논했습니다.

이런 독해는 학문적으로는 꽤 억지스러운 주장입니다. 있을 수 없는 일이라고 할 수도 있겠죠. 일반 의지라는 개념이 정치적이라기보다는 오히려 종교적 신념을 바탕으로 했다는 것, 즉 루소가 현실 정치에서 구현할 생각이 전혀 없었다는 것은 많은 연구를 통해 밝혀진 사실입니다. 따라서 일반 의지가 웹 2.0으로 실현된다는 독해는 근본적으로 핵심을 빗나간 독해라는 말을 듣기 십상이겠죠.

그러나 이 글의 목적은 루소를 '올바로' 독해하는 것이 아니라 그런 '올바름'에서 벗어나더라도 매력적인 그의 개념들을 당시와는 전혀 다른 문맥과 환경에서 재구성해 새로운 형태로 다시 태어나게 하는 사고 실험thought experiment을 하는 것입니다.

글쓴이의 의지와 상관없이, 때로는 의도적으로 거슬러 새로운 문맥으로 텍스트를 읽는 것. 과거에 '탈구축'이라고 불렸던 이 방법은 지금 젊은 독자에게는 '2차 창작'이라고 이해시키는 게 쉬울 겁니다.

그렇습니다. 제가 이 글에서 말하려는 것은 개념을 캐릭터 삼아 만들어내는 2차 창작입니다. 원작(=루소의 텍스트)에서 '일반 의지'는 시골에 사는 승복을 걸친 별 볼 일 없는 중년 남성이었습니다. 그런데 저는 그를 퉁명스러운 천재 소녀 프로그래머 같은 괴짜 캐릭터로 바꾸고 싶은 겁니다(물론 어디까지나 비유입니다!). 여기에서 제가 나눌 '이야기'는 원작과는 동떨어져 있을지도 모릅니다. 하지만 이 또한 루소가 만들어낸 상상력의 공간 안에 있는 것이라고 볼 수도 있습니다. 이 글과 루소의 텍스트 사이에 존재하는 관계성은 이 정도죠.

들뢰즈는 '철학이란 개념을 만들어내는 것'이라고 말한 바 있습니다.

저는 때때로 이 표현을 빌려 '비평이란 개념을 2차 창작하는 것'이라고 말하고 싶은 유혹에 빠집니다. 실제로 가라타니 고진의 『탐구』 등은 매우 2차 창작적이고, 더 정확하게는 〈슈퍼 로봇 대전〉일본의 비디오 게임. 건담, 마징가 Z 등 다양한 로봇들이 대전하는 형식으로 진행된다. 옮긴이을 떠올리게 합니다. 원래의 철학적·역사적 문맥을 완전히 무시하고 여기저기에서 개념을 꺼내서 가차 없이 겨루게 하는 모습이 매력적인 책이 아니었을까요?

얘기가 곁길로 샜습니다.

이처럼 일반 의지라는 개념을 '다르게 읽는 것'의 이점은 지난번에 시사했던 것처럼 루소의 수수께끼를 쉽게 풀 수 있다는 점입니다.

복습해보겠습니다. 루소는 일반 의지에 종속되는 것을 '인간에의 의존'이 아니라 '사물에의 의존'이라고 표현했습니다. 이러한 의존이 성립하려면 정치체 안에 '부분적 사회'가 존재하지 않는 것, 즉 시민끼리 토론하지 않는 것이 중요하다고 주장했습니다.

인간에의 의존과 사물에의 의존. 토론을 통한 합의와 절대적 주권. 다시 원문을 읽어보면 『사회 계약론』에서 루소는 이 구별을 '전체 의지'와 '일반 의지'의 차이로 설명합니다. 특수 의지를 아무리 모아봤자 그것은 어디까지나 특수한 사례를 대상으로 한 의견에 지나지 않기 때문에 일반 의지가 되지 않는다, 일반 의지는 특수 의지의 플러스와 마이너스를 상쇄해서 도출한 수학적 합계이므로 '틀리는 일이 없으며' '일반적'이라고 루소는 기묘한 열정을 담아 주장합니다(제2편 제3장).

거듭 말하지만 루소의 주장은 철학사적으로 이해하기 힘든 위험한 것으로 치부되었습니다. 실제로 일반 의지와 전체 의지가 다르다는 주장은 말장난에 지나지 않는 것으로 보입니다.

그러나 이 구분은 지금의 정보 환경을 고려하면 아주 쉽고 구체적으로 이해할 수 있습니다. 좀 더 나가보겠습니다.

예를 들어 사사키 도시나오[ii] 씨가 『인포 커먼스』에서 소개한 미국의 저널리스트 크리스 앤더슨의 발언에 주목해보죠.

앤더슨은 유명한 '롱테일 이론'을 주창한 사람입니다. 그는 블로그에서 '우정'과 '신뢰'를 대치시켰습니다. 사사키 씨는 이 대치가 현재의 인터넷 서비스가 갖는 성격을 사유하는 데 큰 의미를 갖는다고 지적했습니다.

왜 그럴까요? 지금 이런 일이 벌어지고 있기 때문입니다.

가령 제가 믹시00년대 일본에서 유행한 SNS. 한국의 싸이월드와 비슷한 서비스. 옮긴이에 가입했다고 하죠. 그리고 믹시 안에서 친구들이 많습니다.

그렇지만 책을 사거나 또는 주말에 영화나 전시를 관람하러 갈 때 믹시 친구들의 의견을 신뢰하고 책, 영화, 전시를 고르냐면 꼭 그렇지는 않습니다. 친구라고 해서 취미가 같은 건 아니기 때문이죠. 오히려 저는 아마존이 추천하는 도서 리스트, 즉 얼굴도 이름도 모르는 수많은 사람들의 소비 행동으로부터 도출된 거대한 데이터베이스를 신뢰합니다. 이런 일이 일상적으로 일어나고 있습니다.

우리와 인터넷의 관계는 우정을 조달할 때와 신뢰를 조달할 때라는 두 가지 다른 지향성이 혼재해 있습니다. 이 양자의 차이는 믹시처럼 '우정'형 소셜 미디어와, 구글 및 아마존과 같은 '신뢰'형 데이터베이스 서비스의 차이로, 이는 아키텍처 디자인에서도 명확히 반영됩니다.

인터넷은 사람을 '연결하는' 도구라는 말이 회자됩니다. 하지만 그 '연결 방식'은 크게 두 종류로 나뉘어 있었던 것입니다.

전체 의지와 일반 의지를 구별한 루소의 생각은 바로 우정과 신뢰의 구별과 겹쳐서 생각할 수 있습니다.

전체 의지란 한마디로 믹시 친구들과의 수다입니다. 제가 무슨 질문을 하면 '저 책이 좋아, 이 책이 좋아'라고 여러 대답이 돌아옵니다. 하지만 어떤 결론도 나지 않죠. 각각의 의견은 모두 '특수'하고 일반성을 갖지 않기 때문입니다. 아마존은 그런 복잡한 과정을 거치지 않습니다. '당신의 구매 이력에 따르면 당신은 이 책을 읽고 싶을 것이다. 적어도 당신과 취향이 비슷한 사람들은 이 책을 샀다'는 데이터를 '일반적인' 사물로 내놓습니다.

루소는 일반 의지에의 종속은 바로 자기 자신에의 종속이고, 따라서 신민이 주권에 저항하는 것은 원리적으로 불가능하다고 생각했습니다. 이 또한 매우 물의를 일으킨 주장으로, 그 의미를 놓고 신비주의적이거나 전체주의적 해석이 따랐습니다.

하지만 이 말도 아마존을 떠올리면 쉽게 이해할 수 있습니다. 추천 리스트에의 종속은 자신의 소비 이력에의 종속이고, 소비자의 데이터베이스에의 저항은 원리적으로 의미 없다 ― 딱 들어맞지 않습니까?

구글이나 아마존 같은 '아키텍처 권력' '데이터베이스 권력'은 환경 자체로 기능합니다. 따라서 지배와 피지배의 대립 자체가 무의미합니다(이 내용에 관심 있는 독자는 제가 쓴 『정보 환경 논집』과 하마노 사토시 씨가 쓴 『아키텍처의 생태계』를 읽기 바랍니다). 실제로 구글을 '새로운 권력'으로 지칭하며 저항 세력을 조직했던 감시 사회론은 이제 자취를 감추었습니다. 일반 의지에 관한 루소의 논의는 이런 새로운 권력을 예견한 것처럼 보입니다.

우정과 신뢰의 대립. 이는 고유명사적이고 인격적이며 사교적인 의사소통과 익명적이고 비인격적이며 수학적인 정보 교환의 대립이라고 바꿔 말해도 그 취지에서 크게 벗어나지 않습니다.

같은 시대의 백과전서파는 물론, 존 로크부터 현대에 이르기까지 많은 사상가들은 인간이 갖는 사교성의 '불능不能', 달리 말해 의사소통에 사회 계약의 기초를 두려 했습니다. 하지만 루소는 그들과 달리 익명적인 정보 교환에 일반 의지의 기초를 두었던 것입니다.

　루소는 이상적인 정치 체제를 구상하면서 의사소통의 공간을 배제하고 추상적인 일반 의지의 출현에만 기댔습니다. 그 선택은 앤더슨/사사키의 용어를 쓰자면 우정에 기대지 않고 신뢰에만 기댄 정치 체제의 구축을 꿈꾸었음을 의미합니다.

　생각해보면 매우 대담한 사상적 도전입니다.

　이러한 두 가지 정보 회로의 구분은 루소 시대에는 전혀 기술적 근거가 없었기 때문입니다. 데이터베이스에서 알고리듬에 의해 '수학적'으로 추출되는 민의의 가능성을 루소는 상상하지 못했을 것입니다(그래서 그의 텍스트가 종교적이고 형이상학적인 양상을 보인 것인지도 모르겠습니다).

　루소의 시대에는 우정으로부터 신뢰를, 사교로부터 정보를 떼어낼 수단이 존재하지 않았습니다. 그가 놓였던 상황을 상상하기 위해 굳이 그가 살던 시대, 250년 전까지 거슬러 올라갈 필요는 없습니다. 15년 전을 생각해보죠. 인터넷이 등장하기 전에 해외 서적 한 권을 구하기가 얼마나 힘들었는지.

　이는 저의 경험이기도 합니다. 1990년대 전반, 평범한 대학생이 해외 서적을 읽으려고 마음먹었을 때 가장 큰 장애는 배송의 번거로움이나 결제 문제가 아니었습니다. 애초에 어디에서 해외 서적을 살 수 있는지, 어떤 책을 사야 하는지, 어느 도서관에 있을지 등의 정보를 얻는 것 자체가 어려웠습니다. 영어라면 그나마 낫지만, 프랑스어나 독일어 서적은 특수한 환경에서 자랐거나 문학을 전공하는 친구가 없으면 정보를 얻을 수 없었습니다. 즉, 신뢰할 수 있는 정보를 얻기 위해서는 우선 사교 회로를 만들 필요가 있었던 거죠. 여기에 학력, 계급에서 암묵적인 필터링이 존재했습니다.

그런데 인터넷이 출현하면서 상황은 급변했습니다. 요즘 대학생들은, 아니 대학생이 아니더라도 서적 이름과 필자 이름만 알면 연구실의 퉁명스러운 조교의 기분을 맞추려고 애쓰지 않아도 또는 니시신주쿠나 진보초의 허름한 빌딩 깊숙이 들어가지 않아도 얼마든지 정보를 얻을 수 있습니다. 대학원 선배나 유학 경험이 있는 친척이 없어도 정보를 얻을 수 있습니다. 좋은 세상이 된 것이죠.

앞서 언급한 사사키 씨는 우정과 신뢰의 단절이야말로 지금 사람들이 느끼는 불안의 원인이라고 보고, 다음 세대의 인터넷 서비스는 양자를 공존시키는 쪽으로 발전할 거라 주장합니다.

저는 반대로 우정과 신뢰를 분리할 수 있다는 것이 인터넷의, 아니 21세기의 새로운 사회적 인프라가 갖는 가능성이라고 생각합니다. 왜냐하면 인류 역사상 최초로, 설령 신뢰할 친구나 의견을 구할 상대가 한 명도 없는 모든 사교 공간에서 배제된 사람이더라도 익명의 데이터 바다에서 신뢰할 정보를 얻을 수 있는,

그리고 번거로운 소통을 거치지 않고 사회와 연결될 수 있는 자유를 획득함을 의미하기 때문입니다.

루소라는 개인이 그 자유의 가능성을 얼마만큼 구체적으로 상상했는지는 모르겠습니다. 다만, 저는 그의 문장이나 개념에 군데군데 그 예감이 새겨져 있다고 느낍니다.

그래서 저는 지금 루소의 저서를 재료 삼아 이 자유를 확장하기 위한 텍스트를 '2차 창작'하고 싶은 것입니다.

벌써 지면이 다 됐네요. 이런 속도로 도대체 언제 루소 편을 마칠 수 있을지 불안은 더해만 갑니다만, 마지막에 한마디.

위의 독해는 거칠게 요약하자면 루소의 철학과 인터넷 사용자(그것도 사교성이 없는 인터넷 사용자)의 감성을 연결 지으려는 시도입니다. 독자에 따라서는 아무리 그래도 일반적인 루소의 이미지, 산을 거닐고 식물을 사랑하며 싱그러운 청춘을 그려내던 문학자 이미지와 너무 동떨어졌다고 느낄지도 모르겠습니다.

그러나 제가 보기에 이는 '자연'의 어감과 '인터넷'의 어감에서 느끼는 거리감에 기인한 단순한 착각이 아닐까 합니다. 루소의 저작을 조금만 읽으면 알 수 있듯이 그는 '자연을 사랑한 문호'라는 표현으로 만족할 수 있는 존재가 아닙니다.

루소는 자기도취적이고 피해 망상적이며 쉽게 상처받는 인물이었습니다. 『고백』을 읽으면 알 수 있듯이 그는 요샛말로 오타쿠나 중2병이 딱 맞는, 상식에서 벗어난 사람이었습니다. 그런 루소이기에 지금 인터넷에서 보이는 광경과 친화성 있는 겁니다.

예를 들어 루소 인생의 최전성기 중 하나인 두드토 백작부인과의 삼각관계를 계기로 살롱에서의 풍문에 의심과 불신에 빠져 마지막에는 디드로 등과 결별하는 경위를 살펴보면 블로그의 엔조炎上, 인터넷에서 비방 댓글이 쇄도하는 상태. 옮긴이와 다를 게 없습니다(의심스럽다면 『고백』의 제9권과 제10권을 읽어보시길 바랍니다). 『신 엘로이즈』의 숫총각 느낌이 나는 연애관이나 『루소, 장 자크를 심판하다』에서 유감없이 발휘한 자기 냉소 습성을 예로 들 수도 있겠죠. 어쨌든 루소는 결코 '상식적인 어른'은 아니었습니다.

근대 정치사상은 『사회 계약론』에서 시작되었다고 합니다. 그런데 그 출발점이 디드로 같은 빈틈없는 정통 지식인이 아니라 루소와 같은 비상식적인 재야 사상가의 저서라는 사실이 갖는 의미는 상당히 크다고 최근에 생각하게 되었습니다.

그럼, 또 다음 달에.

---

i) 사이토 다마키齋藤環. 1961년 출생. 쓰쿠바대학교 의학연구과 박사 과정을 수료하고, 소후카이 사사키병원 정신과 진료부장을 거쳐 쓰쿠바대학교 사회정신보건학과 교수로 재직하고 있다. 사춘기와 청년기의 정신 병리, 은둔형 외톨이·사회적 우울증 등 현대인의 사회 병리적 현상에 주목하고 있다. 1993년 『문맥병-라캉/베이트슨/마투라나』로 비평가로 데뷔한 이래 서브컬처·오타쿠 문화에 관한 정신분석적 비평으로 이름을 알렸다. 『사회적 은둔형 외톨이』 『은둔형 외톨이 문화론』 『전투미소녀의 정신분석』 『가족의 흔적』 등을 썼다. 『나는 엄마가 힘들다』 『엄마는 딸의 인생을 지배한다』 등이 번역 출간되어 있다.

ii) 사사키 도시나오佐々木俊尚. 1961년 출생. 마이니치신문사를 거쳐 테크놀로지, 정치,
경제, 사회, 라이프 스타일 등 다양한 분야를 취재하고 집필 활동을 하고 있다. 덴쓰
종합연구소 연구원으로 일하며, TOKYO FM〈타임 라인〉을 진행하고 있다. 『느긋하게
밥을 먹고 느슨한 옷을 입습니다』『큐레이션의 시대』『전자책의 충격』 등이 번역
출간되어 있다.

아시모프에 대하여

안녕하세요? 골든 위크[i]도 끝나고 원고 마감이 몰려 1년에 몇 번 겪는 정신없이 바쁜 상태에 놓인 아즈마 히로키입니다.

지난달 미국 강연 여행을 비롯해 4월부터 행사가 계속된 관계로 스케줄이 엉망이 되어버렸습니다. 원고를 쓰고 있는 지금도 이 글이 정말 게재될지 불안하기 그지없습니다.

자, 이번에도 지난번에 이어 루소를 얘기하겠습니다 — 라고 쓰고 싶습니다만 네 번이나 계속 같은 주제를 다루면 독자 여러분이 식상해할 것 같습니다. 그러니 조금 다른 주제를 다루겠습니다.

이번에는 아이작 아시모프[ii]의 장편소설 『벌거벗은 태양』 얘기를 하죠.

아시모프를 군이 소개할 필요는 없을 것입니다. 20세기를 대표하는 SF 작가죠. 『벌거벗은 태양』은 아시모프가 1957년에 간행한 소설입니다.

『벌거벗은 태양』에는 사람과 똑같이 생긴 로봇이 등장합니다. 아시모프는 로봇 SF의 원조로, 그의 로봇 소설들이 통틀어 하나의 미래사를 구성하는데 『벌거벗은 태양』은 그중 하나입니다. 이 작품은 1954년에 내놓은 『강철 동굴』의 속편에 해당하는데, 이 둘은 SF 장르와 미스터리 장르를 융합한 걸작으로도 유명합니다. 두 권 모두 미래 사회에서 살인 사건이 일어나 이를 인간과 로봇의 두 형사가 해결하는 소설입니다.

이번에 『벌거벗은 태양』을 다루는 이유는 아시모프가 이 소설에 도입한 미래 사회의 설정이 이 연재의 문제의식에 비추었을 때 시사하는 바가 크기 때문입니다.

『벌거벗은 태양』의 지구는 인구만 많고 생산성은 낮은 곳으로, 인류의 발전으로부터 뒤처진 행성입니다. 반면 우주에는 여러 식민 행성이 존재하고, 그 사회 구조와 생활 양식은 지구와 많이 다릅니다. 이런 배경 속에서 지구인 '베일리' 형사가 로봇 '다닐'과 한 조가 되어 식민 행성 중 하나인 '솔라리아'에서 발생한 살인 사건을 수사하는 얘기입니다. 베일리는 사건 수사뿐만 아니라 지구의 미래 정책을 위해 식민 행성의 현황을 조사하는 임무도 함께 띠고 있습니다.

솔라리아는 기이한 행성입니다. 인구는 겨우 2만 명입니다. 모두가 넓은 땅을 소유하고 행성의 사방에 흩어져 살고 있습니다. 주민은 대부분이 연구자나 예술가이고, 경제는 2억 대에 이르는 로봇이 전담합니다. 가족 제도는 붕괴해 솔라리아인은 모두 혼자 삽니다. 그들은 태어난 직후부터 부모와 격리되고, 로봇에 둘러싸여 혼자 자라며, 기본적으로 누구와도 직접 만나는 일이 없습니다.

솔라리아인의 사교는 전적으로 입체 영상으로 이루어지고 모임 자체가 존재하지 않습니다. 신체적인 접촉은 터부시되고, 부부조차 생식을 위해 어쩔 수 없이 성행위를 해야 할 때만 유일하게 만납니다. 자식에 대한 애정도 없죠. 반대로 영상을 매개로 한 소통에서는 극히 개방적으로, 이성 앞에서 거리낌 없이 전라의 모습을 합니다. 베일리 형사는 수사를 목적으로 몇 명의 솔라리아인을 만나는데, 그중 한 사람은 실제로 사람과 접촉한 충격으로 졸도하고 맙니다. 말하자면 히키코모리(은둔형 외톨이)로 가득한 행성인 겁니다.

이 설정은 소설에서 『벌거벗은 태양』을 매력적인 미스터리로 만드는 데 결정적인 역할을 합니다. 솔라리아에서는 인간과 인간이 공간을 공유하는 일이 거의 없습니다. 반면 로봇은 (아시모프의 작품 세계에서는) 유명한 '로봇 3원칙'이 있어서 인간에게 위험을 가할 수 없습니다. 그러면 도대체 누가 피해자를 죽였을까? 이 미스터리가 독자의 관심을 끄는 중요한 기제가 되는 거죠.

하지만 『벌거벗은 태양』의 소설로서의 매력에 관해서는 독자 여러분에게 맡기겠습니다. 이 글에서 다루고자 하는 주제는 솔라리아의 설정이 갖는 사상사적 의미입니다.

아시모프는 소설에서 솔라리아의 상황을 '사회학자'의 입을 통해 다음과 같이 말합니다.

(사회적 안정이란) 이곳의 상태를 말합니다. 현재의 솔라리아 말입니다. 모든 인간이 유한계급인 세계입니다. (중략) 아마 앞으로 1세기 정도 지나면 모든 우주 국가가 솔라리아가 되고 말 것입니다. 이는 어쩌면 인류사의 종말, 아니 완료라고 생각해요. 드디어 모든 인류가 모든 필요한 것과 원하는 모든 것을 충족하는 날이 도래하는 겁니다. (중략) 무언가를 추구하는 것이 끝나고 마는 거죠. 인류가 이어받을 권리는 살아갈 권리, 자유로울 권리, 그리고 행복할 권리뿐인 세상이 되고 맙니다. 추구고 요구고 없는 거죠. 오로지 행복할 권리뿐입니다.

_ 하야카와 문고판, 198쪽

솔라리아는 '역사의 종언'에 자리합니다.

이 대사의 중요성을 놓쳐서는 안 됩니다. '인류사의 종말' '모든 인류의 모든 필요한 것과 원하는 것을 충족한다'는 표현은 두말할 나위 없이 마르크스-헤겔주의에서 가져온 것입니다. 『벌거 벗은 태양』은 1957년에 미국에서 간행되었고요. 간행 시기와 '역사의 종말'이라는 말에서 연상되는 것이 있습니다.

역사의 종말이라고 하면 일본에서는 미국의 정치사상가 프랜시스 후쿠야마가 유명합니다. 그는 냉전이 붕괴하고 자유주의 국가의 승리로 근대적 인간의 역사는 끝났다고 주장했습니다.

그렇지만 역사의 종말은 딱히 후쿠야마의 독창적인 개념이 아닙니다. 원래 헤겔의 개념이죠. 후쿠야마는 헤겔의 역사관을 프랑스의 철학자 알렉상드르 코제브를 참조해 도입했습니다.

코제브는 1960년대 말 『헤겔 독해 입문』이라는 두꺼운 책의 제2판에 '포스트 역사', 즉 '역사의 종말 이후'의 세계에 유명한 주석을 덧붙였습니다. 인명이 많이 등장해 다소 복잡해졌지만 코제브의 주석이 바로 『벌거벗은 태양』과 같은 시대, 1950년대 미국과 일본을 여행한 경험을 바탕으로 쓰인 것입니다.

코제브는 1950년대 미국은 이미 역사가 끝난 이후의 사회라고 썼습니다. 후쿠야마는 냉전의 종언이 역사의 종말이라고 주장했지만, 코제브는 제2차 세계대전의 종언에서 역사의 종말을 읽어냈습니다(더 정확하게는 프랑스 혁명 시점에서 역사는 끝났고, 그 후로는 종말이 퍼졌을 뿐이라고 생각하는데 여기에서 자세한 설명은 생략하겠습니다). 그는 포스트 역사의 미국적 소비 사회의 경우 인간은 환경과 조화를 이루어 '예술과 사랑과 놀이'에 '만족'하면서 살아갈 뿐이라고, 한마디로 '동물성'으로 돌아간다고 우울한 어조로 주장했습니다.

코제브가 말하는 '동물'이 어떤 것인지, 또 이 동물과 아시모프가 그린 솔라리아에서의 삶이 어떤 관계가 있는지 본격적으로 논하려면 논문을 하나 써야겠죠.

그러나 여기에서 중요한 것은 프랑스의 철학자가 미국에서 역사의 종말을 보았을 때, 거의 같은 시대에 미국의 SF 작가가 역사의 종말을 맞이한 미래 사회를 그렸다는 것, 그것도 소통과 생식을 싫어하고 노동으로부터 해방된 유한 계급의 '히키코모리의 나라'로 그렸다는 동시대성입니다.

이런 배경을 고려하면 『벌거벗은 태양』의 독해는 돌연 의미 심장해집니다. 역사가 종말을 맞은 세계에서 인간은 가상적인 소통에 의존한 히키코모리가 됩니다. 아시모프가 제시한 미래는 이제 풍자로 치부할 수 없는 리얼리티를 겸비하고 있지 않을까요? 최근 일본에서는 3차원에서 이성과 사랑을 나누기보다 2차원의 그림에 '모에'하는 것을 선호하는 젊은이가 늘었다며 비웃는 사람이 있습니다. 하지만 솔라리아의 설정은 그런 사회의 도래를 예감하게 합니다.

역사의 종말, '동물', 오타쿠…… 이 키워드에서 연상할 수 있듯이 이 문제는 저의 졸저 『동물화하는 포스트모던』의 주제와 직결됩니다. 동시에 이 연재에서 처음부터 언급했던 '공공성의 쇠퇴'와도 관계가 깊습니다. 번거로운 물리적·신체적 교류는 모두 로봇(기계)에게 맡기고, 가상의 소통만으로 특화된 취미의 세계에서 즐겁게 살아가고 싶은 욕망은 일본의 오타쿠에게만 보이는 욕망이 아닙니다. 아마도 근대 사회의 필연적인 귀결 중 하나일 겁니다. 1950년대 미국에서 살았던 아시모프는 이 추세에 민감했고, 이를 솔라리아의 설정으로 도입한 것이 아닐까요?

역사의 종말에는 '히키코모리의 나라'가 도래한다. 『벌거벗은 태양』은 그런 세계를 묘사한 소설입니다.

물론, 아시모프는 그런 '히키코모리의 나라'를 긍정하지는 않았습니다. 『벌거벗은 태양』은 오히려 솔라리아를 디스토피아로 그립니다. 그의 비판적 태도는 소설만이 아니라 아시모프의 다른 작품에서도 확인할 수 있습니다.

앞서 말한 대로 아시모프는 로봇 SF의 원조이고, 『벌거벗은 태양』은 대표작입니다. 그런데 아시모프의 SF에는 또 하나의 유명한 작품군이 있습니다. '파운데이션 시리즈' 혹은 '은하제국 흥망사 시리즈'로 불리는 작품군에서 아시모프는 인류가 우주에 만든 은하 제국의 붕괴와 '파운데이션'의 건국이라는 장대한 미래사를 그립니다. 이 미래사와 로봇 SF의 세계가 함께 하나의 역사를 구성하고 있습니다.

『벌거벗은 태양』의 사건은 두 세계를 잇는 위치에 있습니다.

좀 더 설명해보겠습니다.

방금 소개한 대로 『벌거벗은 태양』에서 지구는 더 이상 발전하려는 의지를 상실한, 소극적이고 쇠퇴하는 과정에 있는 행성입니다. 한편 우주로 퍼진 식민 행성도 솔라리아로 귀결되는 길을 걷고 있습니다.

『벌거벗은 태양』은 솔라리아에서의 경험을 거쳐 지구인 베일리가 그 상황을 변혁하려는 의지를 갖는 얘기이기도 합니다. 마지막에 베일리는 지구의 정치인에게 다음과 같이 말합니다.

"우리와 솔라리아는 동전의 양면과 같습니다. 솔라리아인은 뿔뿔이 흩어져 개개인이 제 발로 격리된 고립 상태로 도피합니다.

그리고 우리는 갤럭시를 거부해 고립 상태로 도피합니다."

_ 348쪽

"우리는 지금의 우리 상태를 바꿀 수 있습니다. 바깥으로 눈을 돌리고 바깥 세계로 나가야 하지 않겠습니까? 그러면 우리에게 반란 같은 것은 필요 없습니다. 우리는 수많은 우리의 행성으로 퍼져 우리 자신이 우주인이 될 수 있는 것입니다."

_ 350쪽

베일리의 주장을 계기로 지구인은 우주로 다시 진출해 미래의 은하 제국을 건립하는 토대를 마련합니다.

즉, 『벌거벗은 태양』은 역사의 종말을 그린 소설이자 동시에 '은하 제국의 흥망'이라는 역사가 다시 시작하는 굴곡 지점을 그린 소설입니다. 인류가 '히키코모리의 나라'라는 막다른 골목에 도달하고, 거기에서 다시 역사가 시작되는 '굴곡 있는 미래사'를 아시모프는 그렸습니다.

정확히 논하자면 이 전후 관계는 조금 더 복잡합니다. 파운데이션 시리즈는 아시모프가 20대였던 1940년대에 일단 끝납니다. 다른 한쪽인 로봇 시리즈도 같은 시기에 쓰이지만 이쪽은 좀 더 긴 시기에 걸쳐 산발적으로 써내려갑니다.

두 줄기의 미래사가 통합된 것은 1980년대, 고령이 된 아시모프가 팬들의 희망에 답해 파운데이션 시리즈를 30년 만에 재개하고, 『벌거벗은 태양』의 속편을 쓰기 시작하면서부터입니다. 따라서 아시모프의 작품 이력을 보면 젊었을 때는 '거대 서사담론'로서의 미래사를 구상했지만, 나중에는 '작은 서사담론'에 주력했다고 보는 게 무난할지도 모르겠습니다. 아시모프는 1960년대 이후 SF는 별로 쓰지 않았고, 과학 에세이와 미스터리 단편소설을 많이 발표했습니다. 이 관점에서 보면 『벌거벗은 태양』이 굴곡 있는 미래사의 굴곡 지점이라는 주장은 만년의 아시모프가 팬서비스 차원으로 내놓은 얘기를 무리해서 독해한 것이 되겠죠.

설령 그렇다고 해도 『벌거벗은 태양』이 '히키코모리의 나라'로 귀결되는 미래 사회를 예견하고, 주인공이 여기에 위화감을 느끼며 저항하는 얘기라는 점은 분명합니다. 그 상상력은 지금도 전혀 빛바래지 않았습니다.

역사의 종말에 자리하는 히키코모리, 그리고 그들에게 '바깥으로 나아가라. 거대 서사담론와 접속하라'고 호소하는 소설가. 이는 순문학, 오락 소설 할 것 없이 지금도 여기저기에서 볼 수 있는 광경이 아닐까요?

저는 이번 글에서 언뜻 보기에 뜬금없는 아시모프의 작품을 거론했습니다. 하지만 여기까지 읽은 분들은 왜 이 연재의 흐름에 『벌거벗은 태양』을 넣었는지 어느 정도 감이 오셨을 겁니다.

저는 지난번까지 3회에 걸쳐 루소의 '일반 의지' 개념은 지금의 정보 환경을 고려하면 매우 구체적인 독해가 가능하다는 것, 일반 의지를 통해 '사교성 없는 합의 형성'의 가능성을 읽어낼 수 있다는 것, 그리고 이를 실현하기 위해서는 고유명사적이고 인격적인 소통(우정)과 정보의 단편을 매개로 한 비인격적 연결(신뢰)의 구별이 중요하다고 주장했습니다. 제가 이렇게 루소를 독해한 이유는 현대 사회의 원리를 사유하는 데 필수적이라고 보기 때문입니다.

사람들은 젊은이들에게 '히키코모리는 나쁘다. 사회에 참여해라. 결혼해서 가족을 이뤄라. 지역 활동에 참가하고 신문을 읽고 선거해라'라고 이런저런 설교를 합니다. 하지만 양심적이고 현실적인 사람이라면 현대 사회에서 그런 설교는 설득력을 갖지 못하고, 그 이전에 애당초 그럴 만한 근거가 없다는 사실을 알고 있습니다.

그래서 최근 들어 일부 저술가는 '굳이'형 논리를 구사하지 않고서는 공공적인 주장을 하지 못하게 되었다는 것이 이 연재를 시작할 때 내놓은 문제의식이었습니다. 사교성 없는 합의 형성의 원리, 다시 말해 설교나 '굳이'를 통한 동원을 우회한 통치 원리, 그것도 마케팅의 언어가 아닌 사회사상의 언어로 사유해야 하는 이유는 이 문제의식 때문입니다.

이 문제는 딱히 일본만의 문제가 아니며 인터넷과 서브컬처의 문제도 아닙니다.

역사의 종말 이후에 등장하는 '히키코모리의 나라'를 어떻게 관리할 것인가, 또 사람은 그런 세상에서 어떻게 살아야 하는가.

이는 반세기 동안 세계 여기저기에서 사상적으로 다루어왔고 대중적인 상상력을 통해서도 종종 표현되고 있는 문제였습니다. 이번 회는 이를 확인하려고 아시모프의 소설을 예로 든 것입니다.

마지막으로 한마디. 지면도 거의 다했고, 스포일러를 피하기 위해서도 자세히 논할 수 없지만(『벌거벗은 태양』은 미스터리 소설이기도 해서 조심할 필요가 있습니다), 이 소설의 결말에서는 솔라리아의 '동물화'한 질서가 무너지면서 인간의 동물적인 본능, 쉽게 말해 성욕이 소환됩니다. 즉, '히키코모리의 나라'를 무너뜨리는 것은 인간의 주체적이고 인간적인 결심이나 기개가 아니라 단적인 동물적 욕구라는 스토리인 것이죠. 아시모프가 이를 자각했는지 여부와는 상관없이 여기에 기묘한 아이러니가 담겨 있습니다.

'역사가 끝나고 인간이 동물성으로 회귀하더라도 인간은 동물로서 인간적이기 때문에 결코 동물적인 삶에 안주할 수 없다.' 이 논리는 실제로 1990년대에 역사의 종말을 선언한 후쿠야마가 『대붕괴 신질서』에서 리버럴리즘_{자유주의}의 중요성을 주장하려고 의거한 것이기도 합니다.

동물적 리버럴리즘_{자유주의}. 다음에는 이를 주제로 다시 루소 얘기로 돌아가도록 하죠.

그럼, 또 다음 달에…….

i) 일본에서 4월 말부터 5월 초까지 공휴일이 모여 있는 일주일을 말한다.

ii) 아이작 아시모프Isaac Asimov. 1920년 러시아의 페트로비치Petrovichi에서 태어나 세 살 때 가족이 미국으로 이주하였다. 1948년 컬럼비아대학교에서 생화학 박사학위를 취득하고, 보스턴대학교에서 생화학 교수를 역임하였다. 21세의 나이에 훗날 SF 소설의 초석이 되는 파운데이션 시리즈Foundation Series를 시작하였다. 이후 그는 로봇, 엠파이어, 파운데이션 시리즈 등 SF 소설로 많은 사랑을 받으며 470권이 넘는 책을 저술하였다. 1971년, 미국 SF작가협회에서 'SF의 그랜드 마스터' 칭호를 수여 받았다. 1992년 4월, 72세의 나이로 사망하였다. 총 7편으로 구성된 '파운데이션' 시리즈를 비롯해 『강철 도시』 『벌거벗은 태양』 등 로봇 시리즈, 『우주의 기류』 『별들은 먼지처럼』 등 은하제국 3부작과 네뷸러상과 휴고상을 수상한 『신들 자신』 등을 썼다.

글쓰기에 대하여

안녕하세요, 아즈마 히로키입니다. 갑자기 다른 잡지를 얘기해서 죄송합니다만 『신초』에 게재한 소설 연재가 드디어 마지막 회를 맞이했습니다. 지금은 그 원고를 탈고한 지 한나절밖에 지나지 않아서 이쪽으로 사고를 전환하기가 쉽지 않습니다.

그래서 이번 회에는 요즘 계속 논하고 있는 공공성이니, 루소니, '동물'이니 하는 얘기가 아니라 다소 문학적이랄까 관념적이고 유용성은 전혀 없는 에세이를 쓰려고 합니다(그러니 문학에는 흥미 없지만 아즈마가 쓴 글이니까 확인해둘까 하는 생각으로 이 페이지를 펼친 인터넷 계열 독자라면 이번 회는 읽을 필요가 없습니다).

여러분은 2, 3년 전 문예지에서 '소설은 소설가만 알 수 있다'는 논쟁이 있었다는 걸 알고 계시나요. 저는 원래 비평가로 그 논쟁 이후에 소설을 쓰기 시작했기 때문에 소설가만 알 수 있는 소설 경험이 어떤 것일지 이번에 소설을 연재하며 조금 기대했었습니다.

안타깝게도 저는 그런 특별한 경험을 하지는 못했습니다. 원고지 600매 일본의 원고지는 400자/1매이므로 한국 원고지로 셈하면 1200매에 해당한다. 옮긴이 내외의 장편을 마무리한 지금도 딱히 소설관이 바뀌지 않왔고, 다른 사람의 소설을 잘 이해하게 된 것 같지도 않습니다. 앞으로도 저는 만약 평론을 쓴다면 지금까지와 같은 스타일로 쓸 수밖에 없겠죠.

다만 다른 경험은 했습니다. 소설과 평론의 차이라기보다는 오히려 지금 '글을 쓴다'는 것이 무엇을 의미하는지, 특히 '활자로 쓴다'는 것이 무엇을 의미하는지 생각하게 되는 경험이었습니다.

좀 더 설명해보겠습니다.

저는 근 1년 동안 소설 「팬텀, 퀀텀」을 쓰면서 이것은 『존재론적, 우편적』의 속편 같다는 느낌을 계속 받았습니다.

실제로 「팬텀, 퀀텀」은 존재와 우편에 관한 얘기이니 (이렇게 요약하면 추상적으로 들리겠지만 읽으면 금방 알 수 있습니다) 『존재론적, 우편적』과 주제가 일치한다고 할 수 있습니다. 단행본으로 출판하면 적지 않게 그런 방향의 독해가 나오겠죠.

그러나 제가 말하려는 것은 이런 주제의 연속성이 아닙니다.

『존재론적, 우편적』은 제가 11년 전에 간행한 책입니다(일본에서 1998년 간행한 이 책은 한국에서는 2015년에 번역 출간되었다). 프랑스의 철학자 자크 데리다의 사상을 풀어낸 책으로 알려졌지만, 실제로는 (제 입으로 말하기 겸연쩍지만) 상당히 독자적인 해석을 가미한 — 인터넷 속어를 사용하자면 '전파'를 수신한 — 텍스트입니다. 이 책은 아직도 제 저서 가운데 가장 높은 평가를 받고 있으며, 이 책을 간행함으로써 제 경력이 본격적으로 시작되었지만,

다른 한편으로 최근(00년대)의 제 독자들은 이 책을 거의 논하지 않습니다. 그런 묘한 위치를 차지하고 있는 책입니다.

그럼 제 독자들조차 『존재론적, 우편적』을 거론하지 않는 이유는 무엇일까요? 상식적으로 생각하면 '이 책이 난해한 현대 사상을 다루고 있고, 젊은 독자는 그런 분야를 싫어하니까'라고 정리할 수 있겠죠. 문제는 그렇다면 현대 사상은 왜 읽히지 않느냐는 겁니다. 그 배후에는 단지 『존재론적, 우편적』만이 아니라 좀 더 일반적인 변화가 자리 잡고 있습니다.

여기에서 열쇠가 되는 것이 이 연재에서도 종종 다룬 '언설의 수다거리화' '언설의 소통 도구화'라는 변화입니다.

최근 10년 동안 혹은 (1995년을 경계로 삼자면) 15년 동안 문예지에서 블로그까지 일본의 논단에서 벌어진 현상을 한마디로 정리하면 언설의 '수다거리화'입니다. 언설은 최근 10년 동안 내용이 아니라 기능으로 가늠되는 대상이 되고 말았습니다.

이렇게 말하면 꼭 '옛날부터 그랬다'는 반론을 듣게 됩니다. 그러나 세상을 논할 때 중요한 것은 질적인 동일성이 아니라 양적인 변화입니다. 현재의 독자는 고작 10년 전과 비교해도 이런 면에서 의미 있는 차이를 보입니다. 학술 논문에서 블로그까지, 모든 언설을 사실확인적 내용이 아니라 행위수행적 효과에 중점을 두고 독해합니다.

그 상징적인 사례가 미야다이 신지의 베스트셀러 『일본의 결점』입니다. 이미 읽은 분들도 많겠지만, 미야다이는 책에서 '이

넘은 더 이상 이념 자체로는 의미 없고 투쟁에서 이기기 위한 도구로 여겨야 한다'는 꽤 명료한 메시지를 내겁니다. 이 메시지를 10만 명 이상이 지지하고 있습니다. 미야다이의 주장은 매우 논리적이고 이성적이어서 논단이나 언론의 미래를 생각하면 꽤 심각한 상황임을 알 수 있습니다.

미야다이를 논하면 길어질 테니 자세한 얘기는 다른 기회에 하죠. 어쨌든 00년대에는 평론을 읽으면서 거기에 무엇이 쓰였나보다는 '이 필자는 왜 이 시기에 이걸 썼을까?'를 추측하는 독해 태도가 급속히 강화되었습니다. 물론 이는 개탄할 상황입니다. 그러나 이것이 현실입니다.

『존재론적, 우편적』은 그런 00년대의 독해 방식으로는 극히 읽기 힘든 책인 것이죠. "아즈마 히로키는 왜 1998년에 데리다에 관한 책을 내놓았는가"를 생각해봤자 아무 답도 나오지 않습니다. 실제로 『존재론적, 우편적』은 좋게 말하면 반시대적, 나쁘게 말하면 취미에 지나지 않은 책으로, 당시 저는 단지 데리다에 대해 쓰고 싶어서 썼을 뿐 (출간 직후 언론으로부터 워낙 이 질문을 많이 받아서 오히려 왜 이 질문을 많이 하는지 이해되지 않아 신경질적으로 대답했습니다) 그 상황에서의 의미 같은 건 거의 생각한 적이 없었습니다. 『존재론적, 우편적』이 지금의 젊은 독자들을 곤혹스럽게 만드는 이유는 내용의 난해함 이전에 이 상황에 대한 배려의 부재 때문이 아닐까요?

물론 저는 하나의 사례로 제 책을 거론한 것에 지나지 않습니다. 『존재론적, 우편적』 외에도 상황론적 독해로는 이해하기 힘들기 때문에 내용 이전의 단계에서 배제되는 책들이 많을 것 같습니다. 아마도 지금 문학이나 사상이 제대로 읽히지 않는, 비평 중에서 서브컬처와 사회학만 남은 현재의 상황이 위와 같은 선택의 결과가 아닐까 합니다.

00년대 비평의 독자는 모든 글을 우선 '수다거리'로, 즉 행위수행적 효과로 받아들이려 합니다. 따라서 자신의 담론이나 작품이 수다거리로 취급된다는 사실을 자각하고, 이 상황까지 모두 아우르면서 전략적으로 ('굳이') 대응하는 글쓰기가 이상적이라고 하겠습니다. 그러나 거꾸로 논리적 귀결로서 그들은 적극적으로 내용 자체를 중시하는 담론이나 작품, 달리 말해 행위수행적 효과를 봉인하고 사실확인적 측면만 사유하는 유형의 텍스트에 대해서는 침묵할 수밖에 없습니다. 여기에서는 더 이상 자세히 논하지 않겠습니다만, 제가 볼 때 이것이 00년대 비평의 구조적 약점입니다(첨언하자면 후쿠시마 료타의 최근 글은 이 약점을 자각하여 이를 극복하려는 것으로 보이는데, 이 얘기도 다른 기회에 하죠).

지금 젊은 저술가와 독자가 형성하고 있는 '비평'은 오로지 상황론적 독해만으로 자신들의 공공성을 구축하기 때문에 취미 차원으로 쓴 상황론적 독해를 거부하는 텍스트를 아우를 수 없습니다. 앞에서도 언급한 것처럼, 이 특징은 그런 '비평' 자체가 이제 주류가 아닌 취미의 하나에 지나지 않는다는 사실을 고려하면 다소 희극적이라고 할까, 자기 모순적이라고 할 수 있습니다.

약간 곁길로 샜습니다. 제 소설과 『존재론적, 우편적』의 관계를 논하는 중이었죠.

조금 전에 말한 것처럼 저는 최근 1년 동안 소설을 쓰면서 이것이야말로 『존재론적, 우편적』의 속편이라고 느꼈습니다.

이는 참으로 기묘한 일이죠. 저는 지금까지 소설을 쓴 적이 없습니다(『캐릭터즈』는 예외적인 시도였죠). 그런데 왜 갑자기 장편소설을, 그것도 10년 전에 이미 끝난, 달리 말해 이미 지나간 '청춘의 추억'으로 정리한 추상적이고 유익성과는 거리가 먼 사상적 모험을 계승하는 형태로 소설을 쓰려고 생각한 걸까요? 저는 연재를 진행하면서 계속 이 의문에 사로잡혔습니다. 명쾌하지 못한 놈이라고 생각하실지 모르겠습니다만, 사람은 어떤 행동을 할 때 늘 그 배후에 자리한 욕망을 분석해낼 수 있는 것이 아닙니다. 나는 무슨 생각을 하는가, 이는 가장 풀기 힘든 수수께끼입니다.

연재를 마친 지금 제가 깨달은 것은 "맞아, 나는 '글을 쓰면서 생각을 풀어가는 것'을 되찾고 싶었던 거야. 그래서 평론이 아니라 소설을 선택한 거였구나"라는 사실입니다.

아즈마 히로키치고는 꽤 순진하고 낭만적인 글을 쓰고 말았습니다. 이러다가 새로운 세대의 독자들에게 무시당할 것 같습니다. 서둘러 설명을 덧붙이겠습니다.

글을 쓰면서 생각을 풀어가는 것. 이는 결코 추상적인 얘기가 아닙니다. 구체적인 얘기입니다.

예를 들어 저는 『존재론적, 우편적』에서 데리다라는 철학자가 '유령'이나 '우편'이라는 은유를 어떻게 사용했는지, 그 흔적을 뒤쫓아 데리다의 사유를 일반적인 이해와는 다른 형태로 체계화했습니다.

'그런 글이 무슨 의미가 있는가? 그게 과연 '학^學'이라고 불릴 가치가 있는가?'라는 00년대식 의문은 일단 잊읍시다. 여기에서 중요한 점은 이런 글이 독특한 방법론을 요구하고, 이는 '읽기'와 '쓰기'의 리듬과 밀접한 관계가 있다는 사실입니다.

저는 『존재론적, 우편적』에서 일반적인 '유령' 개념과 일반적인 '우편' 개념을 고찰한 것이 아닙니다. 저는 어디까지나 데리다의, 그것도 데리다 자신이 자각해서 체계화하지 않은 유령과 우편을 분석했습니다. 따라서 데리다의 텍스트를 읽는 것과 분리할 수 없고, 그 제시 방법도 그의 텍스트에 어느 정도 충실하면서도 결정적으로 다른 인상을 주는 다른 텍스트를 쓰는 행위로만 실천 가능했습니다. 단어 하나하나, 문장의 마지막 표현 하나하나를 선택하기까지 사유의 깊이와 불가분한 관계에 있습니다. 글쓰기를 통해 생각을 풀어낸다는 것은 이런 실천을 의미합니다.

저는 '글을 쓰면서 생각을 풀어가는 것'에 매료되어 저술가가 된 인간입니다. 제가 글을 쓰기 시작한 1990년대 전반에는 아직 비평 분야 독자들이 '글을 쓰면서 생각을 풀어가는 것'을 인정해주었습니다. 아니, 그것이야말로 비평이라는 평가를 받았습니다. 그래서 저도 비평지에 『존재론적, 우편적』이라는 원고를 발표할 수 있었죠.

하지만 비평을 둘러싼 현재 상황은 전혀 다릅니다. 모든 언설이 수다거리로 소비되고 분석되는 공간에서는 단어 하나하나, 문장 마지막 표현 하나하나를 선택하는 것이 사유와 연결되는 긴 호흡의 리듬을 허용하지 않습니다. 00년대의 독자, 적어도 그 대다수는 다른 유형의 문장을 비평에 요구합니다.

오해를 피하기 위해 덧붙이자면, 저는 이 상황을 싸잡아 문제시하는 것은 아닙니다. 생각을 풀어가는 데 반드시 글쓰기가 동반되어야 하는 것도 아닙니다(데리다 등 그렇게 생각하는 사람도 있는 것 같습니다). 말을 하면서 생각을 풀어가는 사람도 있고, 그림을 그리며 생각을 풀어가는 사람도 있으며, 운동을 조직하면서 생각을 풀어가는 사람도 있을 것입니다. 00년대의 비평도 00년대 비평 나름의 사유의 힘을 갖추고 있다면 아무 문제없습니다. 제 생각은 그렇습니다. 저는 딱히 에크리튀르의 절대적 우위성을 주장하는 게 아닙니다.

다만, 제가 이 상황에 다소 부자유스러움을 느끼는 것도 사실입니다.

이 또한 극히 구체적인 얘기입니다. 예를 들어 이 연재에서 다루는 루소, 구글, 공공성을 논하려고 또 다른 책을 구상하고 있습니다.

저는 이 책을 처음에는 '글을 쓰면서 생각을 풀어가는' 방법으로 쓰려고 했습니다. 자세히 설명하자면 『사회 계약론』의 일부를 연애 소설『신 엘로이즈』를 참조하며 다시 읽는다거나, 루소를 읽는 데리다(『그라마톨로지에 대하여』)를 프리즘처럼 사이에 놓고 『언어기원론』을 재독해함으로써 구글적 공공성의 이념적 지평을 여는 식의 작업을 하려 했습니다. 하지만 최근 1년 동안, 즉 「팬텀, 퀸텀」을 연재하면서 이 새로운 책에 대한 구상을 여기저기에 얘기하고 반응을 살핀 결과, 지금 사람들이 저에게 요구하는 것은 그런 작업이 아님을 실감할 수 있었습니다. 지금 독자들이 비평가 아즈마 히로키에게 기대하는 것은 '글을 쓰면서 생각을 풀어가는 것'을 공유하는 독서 체험이 아니라 구글적 공공성 같은 것에 대해 명쾌한 주장과 풍부한 참조문헌, 그리고 적절한 시대 분석을 하면서 알기 쉽게 결론을 내놓는 '도구로 활용할 수 있는' 지식 패키지입니다. 여기에 루소나 데리다 독해 같은 것은 형식 갖추기 그 이상도 그 이하도 아닙니다.

오해를 피하려고 거듭 강조합니다만, 저는 결코 그런 지식의 존재 양태를 비판하는 것이 아닙니다. 그런 유형의 지식 양태도 얼마든지 있을 수 있죠. 새 시대의 일반 의지, 공공성에 대한 책을 쓸 수 있다면 매우 훌륭한 일입니다. 저도 그것을 이루기 위해 모든 힘을 기울여야겠죠.

다만 저는 저술가로서 여기에 만족을 느끼지 못합니다. 자유롭지 못함, 답답함을 느낍니다. 즐겁지가 않습니다.

저는 이 난관을 벗어나려고 몸부림치며 「팬텀, 퀸텀」을 썼습니다.

무언가를 읽어서 자극을 받고, 그것을 에너지 삼아 글을 쓰고, 그 글을 쓰는 행위 자체가 자신의 사유를 아직 가본 적 없는 지점으로 이끌어가는 것 같은 체험. 저는 「팬텀, 퀀텀」을 쓰면서 정말 오랜만에, 『존재론적, 우편적』이래 거의 10년 만에 그런 쾌락에 몸을 맡길 수 있었습니다. 「팬텀, 퀀텀」이 『존재론적, 우편적』의 속편이라는 말은 이런 의미입니다.

글을 쓰는 사람으로서 제가 하고 싶었던 일, 적어도 그 일부를 지금의 비평 분야에서는 할 수가 없습니다. 그러나 소설이라면 아직 가능성이 남아 있을지도 모릅니다.

이 사실을 믿는 한 저는 또 소설을 쓰게 되겠죠.

이번에는 평소와는 상당히 다른 글이 되었습니다. 다음 회부터는 다시 지난 회까지의 연재와 같은 분위기로 돌아가겠습니다.

마지막으로 한마디 (그리고 소소한 선전을) 하겠습니다.

위의 글을 읽고 아즈마 히로키의 소설은 『존재론적, 우편적』의 속편이라고 할 정도니 사상 용어가 가득한 전위 소설이 아닐까 생각하는 분이 계실지도 모르겠습니다. 하지만 그건 완전한 오해입니다. 제 소설은 매우 표준적인 소설에 그치지 않고, 문예지에 게재되는 일반 소설보다 엔터테인먼트에 가까운 문체로 써서 기본적으로 쉽게 읽힙니다. 『존재론적, 우편적』의 속편이라는 말은 결코 그런 뜻이 아닙니다.

비평가 생활을 10년 이상 하다보면 자기가 쓴 글을 누가 읽을지 대충 짐작할 수 있습니다. 하지만 소설은 완전히 신인이라 누가 읽을지 도통 모르겠습니다. 그런 경험을 할 수 있었다는 점에서도 「팬텀, 퀀텀」은 저에게 희망을 제시해주었습니다.

장편소설을 쓰는 현실이 없었다면 『사상지도』도, 〈제로 아카〉도 도중에 멘붕하고 말았을지도 모릅니다.

그럼, 또 다음 달에……

동물화에 대하여 (1)

안녕하세요? 문예평론가 우노 쓰네히로 씨와 함께 동인지 제작으로 동분서주하느라 더위 먹은 아즈마 히로키입니다.

어느새 이 연재도 14회를 맞았습니다. 도대체 누가 읽는지, 여전히 독자층이 파악되지 않지만 연재를 그만두라는 얘기를 듣지 않는 걸 보면 평가가 아주 나쁘지는 않은 것 같습니다.

이 연재는 여기저기 곁길로 새면서도 중심 주제로 공공성과 '동물화'의 관계를 고민해왔습니다.

그런데 애당초 '동물화'란 무엇을 가리키는 것일까요? 이쯤에서 이를 명확히 해두고자 합니다.

동물화란 무엇인가?

일반적으로 설명하자면, 사회가 복잡해져서 사회 전체를 누구도 조망할 수 없게 되고, 결과적으로 많은 사람들이 단기적인 시야와 국지적인 이해관계를 바탕으로 행동하는 사회 변화를 가리키는 말입니다. 따라서 동물화 시대에 공공성을 형성하려면 어떻게 해야 하는가를 물을 필요가 있습니다.

여기까지가 일반적인 설명이지만, 어쩌면 이 설명은 오해를 초래할지도 모르겠습니다. 왜냐하면 어딘지 모르게 유사 사회학적으로 들릴 여지가 있기 때문이죠.

사실 이 문제는 요즘 제가 종종 겪는 심각한 오해의 원천이기도 합니다. 저는 동물화라는 말을 2001년 『동물화하는 포스트모던』에서 처음으로 도입했습니다. 이 책은 아시다시피 현대 일본의 오타쿠 문화 분석이라는 형식을 취했습니다. 이 선택에는 일정 정도 필연성이 있었고, 덕분에 많은 독자를 얻었는데, 그만큼 많은 오해도 생겼습니다. 그중 하나가 동물화란 1990년대 일본의, 그것도 일부 젊은 세대 문화의 '관찰'을 통해 도출된 '사회학적' 개념이라는 이해입니다.

그러나 저는 사회학자가 아닙니다. 통계 지식도 없고 현지 조사 훈련도 받지 않았습니다. 따라서 동물화는 사회학 개념일 수 없으며 그런 주장을 한 적도 없습니다.

동물화는 어디까지나 철학적 개념입니다. 즉, 관찰이 아니라 사상사에서 도출한 개념입니다. 또한 이는 구체적인 사회 상황을 서술하는 말이 아니라 오히려 사회의 막연한 방향성, 시대정신이나 무의식을 형상화하기 위한 이념적 용어입니다.

그러면 동물화는 어떤 이념을 의미할까요?

우선 기초 중에서도 기초를 확인하죠. 동물화의 '동물'은 두 말할 나위 없이 '인간'과 대비되는 말입니다. 그렇다면 인간이란 무엇일까요?

널리 알려진 것처럼 포스트모던 사상에서는 종종 '인간의 종언'이 화두가 되었습니다. 푸코의 『말과 사물』의 마지막 문장 "인간은 해변의 모래 위에 그려진 얼굴이 파도에 씻기듯 이내 지워지게 되리라"는 말은 유명합니다.

지금은 포스트모던 사상이 놀라울 정도로 인기를 잃어서 '인간의 종언'이라는 말도 듣지 않게 되었습니다(여담을 드리자면 『동물화하는 포스트모던』의 영어판 제목은 『오타쿠: 일본의 데이터베이스적 동물들』입니다. 출판사에 따르면 제목을 바꾼 이유는 포스트모던이라는 말이 들어가면 팔리지 않기 때문이라네요. 미네소타대학교 출판부로부터 그런 말을 듣게 될 줄이야!). 하지만 그런 유행과 상관없이 20세기 중반의 사상가들이 왜 그렇게 '인간의 종언'이라는 주제에 매달렸는지 수수께끼는 남습니다.

푸코, 들뢰즈, 리오타르는 결코 생물학적 종, 즉 호모사피엔스로서의 인류가 소멸한다고 주장한 것이 아닙니다(당연하죠. 괴상한 종교 집단이 아닙니다). 그들의 관심은 전혀 다른 곳을 향했습니다.

과연 어떤 문제를 고민했던 걸까요?

결론부터 말하면 그들의 관심 대상은 인간 자체가 아니라 '인간'이라는 개념이었습니다.

근대 유럽은 독특한 인간관, 시민관, 주체관을 만들었고, 이는 근대 국가, 근대 과학의 이념과 떼려야 뗄 수 없는 관계였습니다. 그런데 20세기 중반에 이르자 대부분의 인류가 그런 '근대적 인간'과는 동떨어진 사고방식과 생활방식을 갖고 산다는 것이 분명해졌습니다. 포스트모던 사상가는 이 사실에 충격을 받은 거죠.

이 충격은 주로 세 가지 영역에서 유래했습니다.

첫째, 인문학 내부에서 구조주의가 출현한 것입니다.

구조주의의 원조는 소쉬르, 프로이트, 그리고 마르크스가 거론되지만, 특히 레비스트로스의 『신화학』과 『야생의 사고』가 결정적인 것으로 평가받습니다. 레비스트로스와 사르트르의 논쟁은 너무도 유명하지만, 레비스트로스는 근대 유럽 철학의 '변증법적 이성'과는 전혀 다른 합리적인 사고 형태가 따로 존재한다고 주장한 사상가입니다. 그 충격은 매우 컸죠.

둘째, 20세기 중반에 겪은 자본주의의 질적 전환, 19세기적인 시민 사회의 몰락과 '소비 사회' '대중 사회' '정보 사회'의 대두입니다.

보들레르와 벤야민은 19세기의 파리에서 대중 사회의 맹아를 읽어냈습니다. 그러나 수백만 명, 수천만 명 규모의 '대중'이 TV나 라디오 같은 '대중 매체'를 통해 '동원'되고, 공허한 유행에 열광하며 기꺼이 사재를 털어 구매하는 모습은 제2차 세계대전 이후 비로소 분명해집니다(이는 총력전 체제의 뜻하지 않은 결과물이기도 합니다). 이 상황에서 대두된 것이 마르크스주의적 표현을 쓰자면 마치 노동자가 기꺼이 스스로 소외당하고 착취당하는 것 같은 기이한 현상입니다.

이 혼란스러운 상황을 근대 사회=시민 사회의 이론으로는 설명할 수 없었습니다. 아도르노는 이를 '계몽의 실패'로 파악했고, 롤랑 바르트와 보들리야르는 그 무의식에 다름 아닌 레비스트로스적인 의미에서의 '신화'가 자리한다고 보았습니다. 이 직감은 비록 사상사적 배경은 전혀 다르나 같은 시기의 마셜 맥루한(『구텐베르크 은하계』)과도 상통합니다. 그들은 모두 20세기의 소비 사회, 정보 사회에서 '야생의 사고'의 부활을 읽어냈던 것입니다.

마지막 셋째는 제2차 세계대전의 대량 학살, 독일에 의한 '유대인 문제의 최종 해결'입니다.

아도르노의 "아우슈비츠 이후 서정시를 쓰는 것은 야만이다"라는 말은 너무도 유명하지만, 여기에서 '서정시'를 '철학' 혹은 '인문학 일반'으로 바꾸어도 무방합니다. 토마스 만을 낳고 브레히트를 낳고 바우하우스를 낳은 위대한 바이마르 문화가 결국 아우슈비츠 가스실로 귀결된다면 인간을 논하는 것에 무슨 의미가 있는가? 이 고뇌, 일종의 사상적 마비는 1960년대 프랑스 인문학에 계승됩니다.

소비 사회와 아우슈비츠 문제는 표면적으로 보면 정반대편에 있는 것처럼 보이지만 본질적으로 연결되어 있습니다.

이를 꿰뚫어본 것이 다름 아닌 하이데거였습니다. 그는 만년에 진행한 인터뷰에서 인간을 사물로 취급하는 가스실의 공포는 대량 생산·대량 소비로 진행되는 현대 사회의 문제와 상통한다고 했습니다. 이 발언은 큰 반향을 불렀고, 또 비난도 초래했지만

(하이데거는 나치스와 연관된 철학자였으니까요), 그 정치적·도덕적 섣부름은 비판받아 마땅해도 그 인식 자체는 정곡을 찔렀다고 해야 할 것입니다.

우리는 인간을 사물처럼 취급하는 사회를 살고 있습니다. 이 극단에 아우슈비츠가 존재합니다. 하지만 원리적으로는 소비 사회의 일상에 대해서도 같은 설명이 가능합니다.

그러고 보니 5년 전 얘기이지만, 주민기본대장 네트워크일본에는 한국의 주민등록번호에 해당하는 행정적 주민 관리 번호가 없어서 정부에서 이에 해당하는 새로운 정책을 시행했다. 옮긴이 반대 운동이 활발히 전개되었을 때 "소는 10자리, 사람은 11자리"라는 문구가 유행했습니다. 주민기본대장 네트워크를 도입하면 국민이 가축처럼 관리된다는 위기의식을 갖게 하려는 것인데, 생각해보면 우리는 이미 주민기본대장 네트워크가 없어도 신용카드를 비롯해 온갖 번호로 관리받고 있습니다. 현대 사회는 인간을 가축처럼 취급하지 않고서는 작동하지 않습니다.

어느새 학부생을 대상으로 강의하는 어조가 되고 말았습니다. 어쨌든 포스트모던의 '인간의 종언론'의 배경에는 위와 같은 세 가지 문맥이 있습니다.

자, 논의를 정리하겠습니다. 첫째, 인간은 애당초 '근대적 인간'의 사고와는 다른 사고를 할 수 있는 가능성을 갖고 있다. 둘째, 20세기의 인간은 '근대적 인간'과는 다른 라이프 스타일로 생활하고 있다. 셋째, '근대적 인간'은 아우슈비츠를 낳았으니 다른 가능성을 찾는 것이 현명하다.

포스트모던 사상은 세 가지 이유를 근거로 '인간의 종언'을 주장했습니다. 아니, 주장하지 않을 수 없는 상황에 내몰렸습니다. 동물화 개념은 이런 역사를 거쳐 나온 말입니다.

저는 조금 전에 『말과 사물』을 논했습니다.

근대적 인간이란 무엇인가? 푸코는 이 책에서 근대적 '주체', 즉 인간 개념은 '경험론적=초월적 이중성'으로 특징 지워진다고 했습니다. 지금-여기에 세속적으로 존재하면서도 그런 자신을 내려다보는 초월적이고 전체적인 시선을 항상 추구하는 존재, 이 것이 근대적 인간의 특징이라는 거죠.

하지만 20세기 중반의 사상가들은 한편으로 인간은 그런 이중성을 필요로 하지 않는 사고 및 질서를 형성하는 길이 있다고, 다른 한편으로 인간은 이미 그런 길을 걷고 있는 것처럼 보인다는 것을 동시에 발견했습니다. 제가 '동물'이라고 부르는 것은 여기에서 발견한 '비근대적 인간', 초월성이나 세계 전체를 조망하는 시선을 필요로 하지 않는 (불가능한) 인간의 존재 양태를 말합니다.

따라서 동물화의 '동물'은 우선 사상적으로는 '근대적 인간'과 대립되는 또는 이를 대체하는 개념입니다.

'동물화'란 근대적 인간이 현실과 이념 양쪽에서 위기에 처해, 그 대신 비근대적인 인간이 대두한다는, 거시적인 인간상의 교체를 의미합니다.

이 교체가 실재하는지 여부는 이것이 원래 이념적 문제이므로 논쟁해보아도 별 의미가 없습니다. 그런 교체 따위는 일어나지 않는다고 주장하는 것도 가능하겠죠. 그러나 저는 이 교체가 진행 중이라고 보는 쪽이 현대 사회를 훨씬 깊게 이해할 수 있다고 생각합니다. 그래서 동물화라는 개념 또는 사유 도구를 계속 사용하는 거죠. 방금 논한 '사회학적' 설명은 그런 선택을 하고 난 후 절반 정도는 자동적으로 도출된 것입니다.

우리는 근대적 인간에 머물러서는 안 되고(아우슈비츠를 가져왔으니까), 이미 근대적 인간이 아니며(소비 사회와 정보 사회를 맞이하고 있으니까), 더구나 근대적 인간과는 다른 사고 양식(야생의 사고)도 갖추고 있습니다. 그렇다면 우리는 앞으로 근대와는 다른 원리, 다른 시스템으로 사회를 구축하고 실존을 유지해야 하지 않을까요?

동물화의 '가정'을 받아들이면 20세기 사상사는 이처럼 매우 명료하게 요약할 수 있고, 현대 사회의 과제도 뚜렷이 파악할 수 있습니다.

제가 동물화와 관련된 논의를 통해 제안하는 것은 이런 사고 양식의 모드를 변화시키는 겁니다.

여기에서 제가 굳이 '동물'이라는 말을 고른 이유를 말씀드리겠습니다.

형식적인 이유는 『동물화하는 포스트모던』에서 다룬 것처럼 코제브라는 사상가가 이를 동물이라고 지칭했기 때문입니다. 코제브는 역사가 끝난 이후의 인간, 제2차 세계대전 이후 미국의 소비자를 동물이라고 불렀습니다.

다만, '코제브가 동물이라고 불러서 동물이라고 부릅니다'라는 설명으로 마무리해서는 안 되겠죠. 20세기 사회가 직면한 '비근대적 인간'의 모습을 어떤 개념으로 지칭할 것인가는 상당히 어렵습니다. 자칫 정치적이라는 판단을 동반할 수도 있습니다.

가령, 니체를 참조해 '초인'으로 또는 레비스트로스를 참조해 '야생인'으로 혹은 들뢰즈나 가타리처럼 '노마드'로 지칭하면 비근대적 인간상에 근대적 억압으로부터 해방된 능동적이고 강인한 존재라는 인상을 덧붙이게 됩니다. 여기에서 한 발 나아가면 아사다 아키라의 '스키조'[i]나 네그리의 '다중'에 이릅니다. 한편 이를 코제브처럼 '동물'이라고 지칭하면 오히려 수동성과 허약함을 강조하겠죠. 전자를 고르면 포스트모던적 시민에 새로운 정치와 운동의 가능성을 읽어내는 것이고, 후자를 고르면 포스트모던적 대중은 오히려 새로운 관리 사회에 순종적인 희생자, 우둔한 대중으로 보입니다.

말할 것도 없이 저는 이 차이를 충분히 이해한 상태에서 '동물'이라는 말을 골랐습니다.

따라서 겉으로는 다소 반동적이고 보수적인 정치적 선택을 한 것으로 보이겠죠. 실제로 제가 최근 10년 동안 같은 포스트모

던 사상을 배경으로 삼으면서도 『현대 사상』일본의 좌파적 사상 잡지. 옮긴이

계열이라고 할까요, 모리 요시타카[ii] 씨가 새 책을 통해 '거리의

사상'이라고 정리한 좌익계열 사람들에게 미움 받는 이유는 (그렇

게 느끼고 있답니다) 아마도 이 때문일 것입니다.

자, 여기에서부터 좀 복잡해지는데 (그리고 이 연재의 핵심과도

관련 있는데) 저는 '동물'이라는 개념을 선택한 것으로 포스트모던

적 시민의 정치적 가능성을 부정할 의도는 없습니다.

오히려 반대로 저는 포스트모던적 시민을 '노마드'나 '스키

조'라고 지칭하여 그 가능성을 과도하게 치켜세우는 편이 평론가

의 낭만주의적이고 비정치적인 환상에 불과하다는 생각이 드는

겁니다. 그래서 저는 의도적으로 '동물'이라는 부정적인 뉘앙스가

담긴 말을 골랐습니다.

이런 말을 하고 있는 저를 포함해 대부분의 현대인은 절망적

일 정도로 시장에 순종하고, 미디어에 쉽게 속고, 협소한 시야로

세상을 살아갑니다. 이 복잡한 세계에서는 이 길 외에 다른 삶의

가능성이 없는 것입니다.

그래서 앞서 말한 모리 씨의 '거리의 사상가'들도 (모리 씨 본

인도 알고 계실 텐데요) 현실에 대한 명확한 상황 인식이나 정치적

인 행동 원칙이 있는 것이 아니라, 작은 공동체 안에서 약간의 즐

거움이나 승인인정을 위해 '운동'에 참여하는 것에 지나지 않습니

다. 어쩌면 그들은 내일 운동을 그만둘지도 모르고, 사소한 계기

로 정반대의 입장에 설지도 모릅니다. 저는 그런 '운동'에서 희망

을 찾지 못했습니다(감정적인 반발을 피하려고 덧붙이는데 이는 자성의 의미도 담아서 얘기하는 겁니다. 제가 하는 일도 사람들이 보기에 똑같이 보일 테니까요).

그렇기 때문에 우선 포스트모던적 대중을 분명하게 '동물'이라고 지칭하는 게 좋지 않을까요? 그다음에 이 동물들이 한 사람 한 사람은 순종적이고 무력한 주체 이전의 존재라 하더라도, 집단으로서는 결과적으로 어떤 의사 결정에 참가하는 새 '정치'를 구상하는 편이 현실적이고 야심적이지 않을까요? 여기까지 와서 드디어 지지난번 논의와 연결되었습니다. 이 주제는 다음 회에도 이어집니다.

그럼, 또 다음 달에……

---

i) 아사다 아키라浅田 彰. 1957년 출생. 1979년 교토대학교 경제학부를 졸업하고, 1989년부터 교토대학교 경제연구소 조교수로 근무했고, 현재 교토조형예술대학교 대학원장으로 재직하고 있다. 1983년 『구조와 힘』을 발표하고, 다음 해 27세의 젊은 나이에 『도주론』을 저술하며 '뉴아카데미즘'의 기점이 되었다. 아키라는 『도주론』에서 정주하는 문명에서 탈주하는 문명, '스키조/파라노'라는 새로운 패러다임을 제시하며, 욕망을 억제당하고 자아를 잃은 현대인에게 가족 이데올로기, 전통적 성 역할, 자본주의로부터 '지적 도주'할 것을 주문했다.

ii) 모리 요시타카毛利嘉孝. 1963년 출생. 교토대학교 경제학부를 졸업하고, 런던대학교 골드스미스 칼리지에서 박사학위(사회학)를 취득하고, 규슈대학교 조교수를 거쳐 도쿄예술대학교 음악환경창조과 교수로 있다. 1990년대 일본에서는 홈리스나 외국인 노동자를 지원하는 새로운 운동이 시작되었는데, 이는 2000년대 이라크 전쟁 반대,

프리터의 투쟁으로 이어졌다. 요시타카는 『스트리트의 사상』(국내에서는 2013년 번역 출간되었다)에서 음악, 댄스를 아우르는 서브컬처나 문화 연구, 네그리·하트의 '제국'론, 들뢰즈·가타리의 자본주의 사회 분석 같은 해외 사상과 현장이 결합하여 만들어낸 새로운 정치 운동을 탐사했다.

글쓰기에 대하여 (2)

안녕하세요? 더위를 먹어 정신이 없는 아즈마 히로키입니다.

그런데 이 원고를 쓰려고 지난번 연재를 다시 읽어보니 지난 회에 이미 더위를 먹었더군요. 그러니까 저는 1개월 이상 더위 먹었다는 말을 계속하고 있는 거네요. 그렇다면 이건 어쩌면 더위 먹은 것이 아닐지도 모릅니다. 우울증이나 슬럼프인지도 모르겠 습니다. 어쨌든 이번 여름만큼 컨디션이 좋지 않고 머리가 돌아 가지 않는 경우는 드뭅니다.

해서 이번에는 지난번 연재를 계속 이어가지 않고 저의 근 황을 보고하겠습니다. 제목에 (2)가 붙어 있는 이유는 이번 내용 이 지지난번 내용과 밀접한 관계가 있기 때문입니다.

저는 그동안 『사상지도』 다음 호를 위해 편집 회의를 거듭하 고 인터뷰 수록 등을 하면서 정신없이 지냈습니다.

전에 소개한 것 같은데 『사상지도』는 사회학자 기타다 아키 히로[i]) 씨와 제가 책임 편집을 맡아 간행하는 사상 잡지(정확히는 논문집)입니다. 그런데 다음 호는 기타다 씨가 편집에 관여하지 않고, 대신 문예평론가 우노 쓰네히로 씨에게 도움을 받기로 했습니다. 이미 저와 우노 씨가 중심이 되어 세 개의 좌담회와 한 개의 인터뷰를 수록했습니다.

한편, 우노 씨와는 8월 중순에 열리는 〈코믹 마켓〉을 위해 평론 동인지도 만들었습니다. 그쪽은 그쪽대로 여배우가 표지 모델이고, 1500부나 찍는 제법 본격적인 기획이었습니다. 이런 이유로 한동안 우노 씨와 거의 매일 만나 미팅을 진행했고, 더군다나 8월 초에는 구마노 대학이니 〈제로 아카〉 최종 결과 발표니 해서 행사가 계속되었습니다. 이렇게 쓰니 여기저기 얼굴만 내민 것처럼 보이겠지만, 실제로는 『사상지도』 집필자, 동인지 집필자, 〈제로 아카〉와 구마노대학교 관계자 모두 부분적으로 겹쳐 있어서 (예를 들면 마에다 루이 씨는 다음 호 『사상지도』와 동인지에 모두 참여하고, 구마노대학교 코디네이터기도 하며, 게다가 — 이건 정말 우연의 일치였는데 — 〈제로 아카〉 우승자의 학생 시절 선생님이기도 했습니다), 저로서는 올 여름을 통틀어 하나의 거대한 '편집 회의'에 계속 참가한 것 같은 묘한 감각에 사로잡혔습니다.

그곳에서는 어떤 얘기가 오갔을까요?

뭐, 이런 '회의'에서는 상당 시간을 '누구누구가 싸웠다더라' '어제 마작은 누가 졌다' 〈가면 라이더〉일본의 어린이 TV 프로그램. 옮긴이 다음 회는 어떻게 될까' 하는 식의 쓸데없는 잡담과 술이 차지하는 법입니다. 저는 그런 현실을 호도할 생각은 없습니다.

다만, 그 밖의 시간에 저와 우노 씨, 그리고 '회의'에 교대로 참가한 편집자와 젊은 저술가들이 이구동성으로 계속 얘기를 나눈 것이 있습니다. 아즈마 히로키의 『동물화하는 포스트모던』 부터 스즈키 겐스케[ii]의 『카니발화하는 사회』, 우노 쓰네히로의 『제로년대의 상상력』, 하마노 사토시의 『아키텍처의 생태계』를 거쳐 현재 『SYNODOS』온라인으로 출간되는 일본의 사회 평론지. 옮긴이, 문학 프리마켓, 블로그 논단 등에서 젊은 비평가 예비군이 형성하고 있는 특정 유형의 담론 흐름, 문단에서는 최근까지 무시당하고 논단에서는 서브컬처라고 경시되고, 좌익으로부터는 비정치적이고 현실 긍정주의자라고 비난받아 오던, 그러나 이제 인문 서적으로서는 무시할 수 없는 규모의 독자를 갖게 된 이 '새로운 비평'을 다가오는 2010년대에 어느 방향으로 이끌어갈지 매우 진지하게 논의했던 것입니다.

'어느 방향으로 이끌어갈 것인가'란 결국 앞으로 우리는 누구를 향해 글을 쓰고, 어느 매체에 쓰며, 어떤 기획을 추진할 것인가라는 구체적인 문제에 답하는 것을 뜻합니다.

00년대에 대두한 새로운 비평 흐름은 지금까지 오타쿠적이고 자족적인 게임이라는 평가를 받았고, 실제로 그런 비난을 받을 만한 성격이 있었습니다(다만, 저는 장르 탄생기에 이런 한계는 불가피하다고 생각합니다). 그러나 이제는 더 이상 그렇지 않으며, 그 자리에 머물려고 해도 이제는 머물 수 없는 '힘'을 갖추었습니다. 여기에는 당연히 '책임'도 동반됩니다. 과연 내년부터 시작되는 2010년대에 새로운 세대의 비평가는 누구에게 어떤 책임을 져야하는가? 비평가가 자본주의나 신자유주의를 비판하고, 그것만으로 정의의 편에 섰음을 자부하는 시대는 이제 지났다는 것이 우리의 기본적인 인식입니다. 그렇기에 이 질문은 더욱 무겁습니다. 위의 질문을 이렇게 바꿔 말할 수도 있겠죠.

물론 이 질문에 대한 답이 쉽게 나올 리 없습니다. 거듭 강조하건대 우리가 나눈 대부분의 대화는 쓸데없는 잡담입니다. 어떤 당파적 합의를 이루었다는 식의 성과도 없었습니다.

하지만 위와 같은 진지한 화두로 며칠, 몇 주 동안 멤버를 바꾸어가며 계속 논의하는 경험은 좀처럼 할 수 없습니다. 비평가의 대화는 대체로 스노비즘속물근성과 르상티망ressentiment, 원한이나 복수감으로 점철되어 있는 법으로 전혀 생산적이지 않습니다. 그런 의미에서 올 여름은 기적적으로 다양한 타이밍이 맞은 특별한 계절이었습니다.

솔직히 저는 이 열기에 휘말렸습니다. 젊은이들 속에서 무리하고 있지만 저도 이미 서른여덟 살로 여러 의미에서 한계를 느낄 때가 많습니다. 한 달 이상 더위를 먹었다고 얘기한 것도 무리했기 때문이기도 합니다.

이런 뜨거운 '편집 회의'의 성과 중 일부는 『사상지도』 다음 호를 비롯해 올해 말부터 내년에 걸쳐 조금씩 성과물로 세상에 나올 예정입니다. 기대해주세요.

이것이 비평가 아즈마 히로키의 올 여름 '공식 견해'입니다만 여기에 쓰려는 얘기는 조금 다릅니다.

솔직히 고백하면 제가 지금 피곤한 것은 이러한 활동 때문이 아닙니다. 여섯 시간 열차를 타고 기이반도紀伊半島 깊은 곳까지 다녀오고, 〈코믹 마켓〉을 위해 오전 다섯 시에 일어나서는 뒤풀이로 밤까지 새우다 보면 중년의 몸에 부담이 됩니다.

그러나 그런 피로는 하루 이틀 쉬면 회복됩니다. 무엇보다 축제로 쌓인 피로는 축제의 열기로 어떻게든 됩니다. 그래서 저는 위에서 말한 행사 때문에 정신적으로 힘든 일은 거의 없습니다.

그럼에도 불구하고 제가 몇 주일 동안이나 힘이 들었던 까닭은 이런 활동과 함께 소설 원고를 고치는 작업을 하고 있기 때문입니다.

'2010년대 비평은 어떤 모습이어야 하는가? 미래의 평론은 어떻게 바뀌어야 하는가?'에 대해 밤새 술집에서 격론을 펼치고, 집에 돌아와 조용히 모니터를 바라보며 아무도 읽지 않을지도 모르는 소설을 오로지 개인적인 미학에 입각해 고쳐갑니다. 올여름에 이런 두뇌 전환을 몇 번이고 계속하다보니 피로가 누적된 것이죠.

좀 더 자세히 설명하겠습니다.

지지난번에 쓴 것처럼 저는 작년 봄부터 올 여름에 걸쳐 『신초』에 최초의 장편소설을 연재했습니다. 「팬텀, 퀀텀」이라고 이름 붙인 소설은 「퀀텀 패밀리즈」로 제목을 바꿔서, 이르면 올해 안에 단행본으로 나올 예정입니다. 혼란을 피하기 위해 앞으로는 새 이름으로 부르겠습니다.

평론의 경우, 저는 연재 원고를 단행본으로 엮을 때 전면적으로 고칩니다. 『존재론적, 우편적』 『동물화하는 포스트모던』 『게임적 리얼리즘의 탄생』 등의 연재를 읽은 사람은 연재물과 단행본이 매우 다르다는 사실을 아실 겁니다. 이 버릇은 『퀀텀 패밀리즈』에서도 바뀌지 않아서 너무 많은 부분을 고쳐서 좀처럼 진도가 나가지 않습니다.

그렇다고 이것 때문에 피로가 쌓이는 것도 아닙니다. 축제의 피로를 축제의 즐거움으로 푸는 것처럼 집필의 피로도 집필의 즐거움으로 풉니다. 그런 거죠.

오히려 문제는 축제와 집필 '사이'에 있습니다. 비평가로서 위와 같이 시끌벅적한 상황에 있을 때와 소설가로서 집에서 조용히 모니터를 바라보고 있을 때, 저는 전혀 다른 가치관, 전혀 다른 원리에 입각해 이런저런 판단을 하고 있다는 생각이 듭니다. 이 낙차가 심리적으로도 큰 부담으로 다가옵니다.

아니지, 이러면 또 불필요한 오해를 살지도 모르겠습니다.

비평 활동과 창작 활동은 당연히 질적으로 다릅니다. 텍스트에 대해 전혀 다른 태도를 요구합니다. 그런데 여기에서 문제되는 것은 비평과 소설의 차이도 아닙니다. 더 원리적이고 단순한, 그렇기에 쉽게 조절할 수 없는 차이입니다.

저는 지금 비평가로서 글의 힘을 믿지 못합니다. 그런데 소설가로서는 글의 힘을 믿을 수밖에 없습니다. 저는 더 이상 이

간극을 메울 수 없는 것입니다.

이 연재는 원래 최근 들어 비평을 쓰고 싶지 않다는 불평이
랄까요, 아니면 고백이랄까요. 그런 소극적인 태도를 표명하는 것
으로 시작했습니다.

여기에서 출발해 이런저런 논의를 전개했습니다만 연재를
시작한 지 1년 반이 됩니다. 제자리를 맴돈 것 같지만 명확해진
화두도 여럿 있습니다. 지금은 제가 왜 비평을 쓰고 싶지 않게 되
었는지, 그 이유를 명확히 언어화할 수 있습니다. 이는 단순히 현
대라는 시대가 좋은 글을 쓰는 것을 좋은 비평가의 필수 조건으
로 여기지 않는 시대라고 생각하기 때문입니다.

여기는 문예지니까 이런 주장이 큰 반발을 부를 것임을 잘
알고 있습니다. 고바야시 히데오[iii]부터 하스미 시게히코[iv]와 가
라타니 고진까지, 위대한 비평가는 모두 위대한 문장가였다고 문
예지 독자는 주장하시겠죠. 전적으로 맞는 말입니다. 저는 이 역
사를 부정할 생각은 전혀 없습니다(반대로 문예지를 잘 모르는 독자
를 위해 덧붙이자면 여기에서 '좋은 글'이란 특정 스타일이나 표현을 가리
키는 것이 아니라 글을 쓰면서 사유해가는 '에크리튀르' 전통 전체를 뜻합
니다).

그러나 동시에 최근 10년 동안 그런 '좋은 글'의 전통을 이어
온 '비평가'들이 사회적 영향력을 급속히 잃은 것도 사실입니다.
대신 사회학자, 심리학자, 서브컬처 평론가의 영향력이 강해졌습

니다.

그런 사람들을 신경 쓸 필요는 없다, 뛰어난 비평은 '사회적 영향력' 같은 건 필요로 하지 않는다고 주장하는 독자도 있을지도 모릅니다. 그런 입장도 있을 수 있겠죠. 어쩌면 문예지에서는 그런 입장이 주류일지도 모르겠습니다. 그러나 그런 대답은 비평의 일반적인 정의를 바꾸어야 함을 전제합니다.

국어사전을 펼쳐보겠습니다. 비평은 "사물의 선악·시시비비·미추 등을 평가하여 논하는 것. 장점·단점을 지적하여 가치를 결정하는 것"이라고 쓰여 있습니다(쇼가쿠칸, 『일본국어대사전』, 제2판). 사회적 영향력 없이 가치를 결정할 수는 없습니다. 비평은 그 본질에 있어 사회적 영향력을 필요로 하는 것입니다. 적어도 상식적인 비평의 정의는 그렇습니다.

그런 관점에서 보았을 때 00년대는 문예지의 전통을 잇는 '비평가'들이 예외 없이 사회적 기능을 포기하고, 그 대신 비평 자체는 그런 '비평가'들과는 전혀 다른 분야에서 다른 이름으로 이루어지게 되었습니다. 누가 보기에도 이런 추세가 분명한 10년이었습니다. 저는 그런 상황을 인식하면서 새로운 비평의 시장을 형성하려고 합니다.

이는 매우 세속적이고 전략적인 판단을 요구하는 목표입니다. 가령 안타깝지만 『사상지도』는 출판사의 무한한 선의에 힘입어 간행되는 잡지가 아닙니다. 일정 부수를 유지하지 못하면 바로 폐간되고 말겠죠. 저에게는 출판사와 독자 모두에 대해 그런 일이 생기지 않도록 힘쓸 의무가 있습니다.

따라서 비평가로서 저는 더 이상 '좋은 글'을 배려할 여유가 없습니다. 구체적으로는 『사상지도』든 〈제로 아카〉든, 제가 젊은 비평가 지망생을 '선별'하는 기준은 단순히 '좋은 문장을 쓰는가'로 환원할 수 없습니다. 문장의 매력은 물론 경력, 지식의 양, 대담에서의 표현력 등 모든 것을 고려해 종합적으로 판단합니다. '이 새 저술가가 앞으로 비평의 새 독자를 얼마나 사로잡을 수 있을까?' 이것이야말로 제가 가장 중요시하는 기준으로, 자기가 좋아하는 작품을 심도 있게 독해하고 싶다는 '소박'한 꿈을 가진 비평가 후보에게는 기회를 제공할 수 없게 되었습니다.

이는 철학의 빈곤이고 한탄스러운 일입니다. 하지만 이 빈곤함을 받아들이지 않으면 일본의 오랜 문예 비평의 전통은 소멸되고 맙니다. 그런 위기감 속에서 저는 비평이 계속 살아남을 수 있다면 '좋은 문장'을 고집할 처지가 아니라고 굳이 주장합니다.

아니, '굳이'라는 표현으로 변명하는 것은 이제 책임 회피일 뿐입니다. 저는 용기를 내어 단언해야 합니다.

비평에 좋은 문장은 필요 없다.

안타깝게도 이는 현재 일본에서 부정하기 힘든 진실인 것 같습니다. 블로그나 신서_{新書. 전문 지식을 대중이 알기 쉽게 풀어쓴 일본의 서적 장르. 옮긴이}에 '좋은 문장'을 요구하는 독자는 거의 없습니다. 그러나 블로그와 신서가 비평의 기능을 어느 정도 대체한 것은 엄연한 현실입니다. 우리는 그런 시대를 살고 있습니다(거듭 말하건대 여기에서 '좋은 문장'은 쉽게 읽히는 문장을 가리키는 것이 아닙니다).

비평가로서 저는 더 이상 글의 힘을 믿을 수 없게 되었습니다. 지지난번에 쓴 것처럼 제 자신은 '좋은 문장'의 전통에 큰 애정을 느낍니다. 그러나 그런 사적인 감정과 상관없이 객관적으로는 더 이상 문장의 힘을 믿을 수 없습니다. 새로운 비평을 근거지우려면 더 복잡하고 다면적인 전략을 필요로 하는 지경에 내몰린 상태입니다. 앞에서 말한 열띤 '편집 회의' 동안에도 저는 젊은 저술가들에게 이러한 상황을 인식할 것을 집요하리만큼 계속 강조했습니다.

그런데 저는 왜 그런 '회의'를 마치고 집에 가서 고독하게 '좋은 글'을 써내려가는 걸까요?

이 모순이 올 여름, 저를 우울하게 합니다.

앞머리에서 말한 것처럼 이번 글은 지지난번과 깊은 관련이 있습니다.

그러나 이번에는 그 속편이라기보다는 오히려 수정판으로 읽어주시는 게 나을 듯합니다. 왜냐하면 지지난번에 저는 비평에서는 쓸 수 없는 '좋은 문장'을 소설에서는 쓸 수 있어서 희망이 있다고 말했기 때문입니다. 지금 다시 읽어보면 너무도 순진한 인식이었던 것 같습니다.

독자들 중에는 이미 눈치챈 분도 계시겠지만, 저는 이번 회에 이 연재를 통해 꾸준히 다룬 포스트모던 사회의 이중성, 즉

'공적인 것'과 '사적인 것'의 괴리와 공존을 형태를 바꾸어 논했습니다.

다시 말하지만 문제는 비평과 소설의 차이가 아닙니다. 저는 공적으로는 문장의 힘을 믿어서는 안 된다고 판단을 내렸습니다. 그러나 사적으로는 문장의 힘을 믿고 싶습니다. 2009년을 살아가는 저는 공적인 신념과 사적인 미학의 괴리를 메울 수 없습니다. 이것이 문제의 본질입니다.

포스트모던적 아이러니컬 리버럴리스트(리처드 로티)는 공적 신념과 사적 미학의 괴리를 견디는 것이야말로 새로운 시대의 윤리라고 했습니다. 저 역시 이 사상을 지지하는데, 이 태도를 견지하기란 보통 힘든 일이 아니군요.

저는 여러 문제를 재고할 필요가 있는 건지도 모르겠습니다.

그럼, 또 다음 달에⋯⋯.

---

i) 기타다 아키히로北田暁大는 도쿄대학교 사회정보학과 교수다.

ii) 일본의 사회학자 스즈키 겐스케鈴木謙介는 『카니발화하는 사회』와 『웹 사회의 사상』에서 인터넷에서 형성되는 사용자들의 감각이 지니는 재귀적 순환 구조를 주목하고, 이것이 하나의 '숙명'처럼 작동한다는 우울한 진단을 내놓았다. 인터넷은 다양한 알고리듬을 통해서 사용자의 선호와 취향을 판단하여 다양한 정보를 노출시키고, 사용자는 이 정보를 통해 자신의 생각에 대한 확증을 가지게 되며, 그 결과 자신의 생각만이 매스미디어의 왜곡된 정보에 맞서는 '팩트'라고 여긴다는 것이다.

iii) 고바야시 히데오 小林英夫. 도쿄도립대학교 법경학부를 졸업하고 동 대학원에서
사회과학 연구학과 박사 과정을 수료했다. 고마자와대학교 경제학부 교수를 지내고,
와세다대학교 교수로 있다.

iv) 하스미 시게히코 蓮實重彦. 1936년 출생. 불문학자, 영화평론가. 1960년 도쿄대학교
불문학과를 졸업하고 파리대학교 대학원에서 귀스타브 플로베르 연구로 박사학위를
받았다. 도쿄대학교 교수, 제26대 도쿄대학교 총장을 역임했다. 장편소설
『백작부인』(2016)으로 제29회 미시마 유키오 상을 수상했다. 『감독 오즈 야스지로』
『영화의 맨살』『나쓰메 소세키론』 등이 번역 출간되어 있다.

재정비

이번 회는 한 가지 '선언'을 하고 시작하겠습니다. 자세히 쓰지는 않겠지만 저의 행동을 반성하려고 합니다.

아시다시피 1998년 『존재론적, 우편적』부터 2001년 『동물화하는 포스트모던』에 이르는 동안 저는 크게 방향을 전환했습니다. 한마디로 80년대식 포스트모더니즘에서 00년대식 서브컬처/인터넷 비평으로 선회한 것이죠. 기회가 있을 때마다 얘기했듯이 저는 이 전환이 옳았다고 확신합니다.

이유는 이렇습니다. 이 전환은 "비평이 팔리지 않으니까 젊은 독자에게 영합"하는 단순한 전환이 아닙니다.

물론 비평은 잘 팔려야 한다는 저의 생각은 확고합니다. 때로는 판매 부수 목표까지 설정합니다. 그러나 이는 돈을 벌기 위해서가 아닙니다. 비평이 살아남는 것이 목적입니다.

우리가 살고 있는 시대는 첫째로 냉전이 붕괴해 이데올로기가 무너져내렸고(좌파의 권위와 위엄이 사라졌고), 둘째로 글로벌리즘이 진행되어 해외 사상의 '수입'이 무의미해졌으며(외래어의 권위와 위엄이 사라졌으며), 셋째로 엔터테인먼트 구조가 바뀌어 문학이 쇠락한(문예 비평의 권위와 위엄이 사라진) 시대입니다. 이 환경에서 사상이나 비평 시장을 다시 일으켜 세우려면 서브컬처와 인터넷에 의지하는 방법밖에 없습니다. 일본에서 다른 선택지는 없습니다. 이는 원리적인 문제로, 신자유주의니 정신 연령이 낮아졌다는 식의 비판으로 피해 갈 수 있는 문제가 아닙니다. 지금의 상황은 제 결의와는 무관하게 존재합니다. 『동물화하는 포스트모던』을 쓴 저는 그저 이 흐름에 일찍 적응한 것에 지나지 않습니다.

그리고 그 인식이 옳았다는 것은 최근 몇 년 동안 비평계의 세대교체가 본격화된 것으로 증명되었습니다.

물론 최근에는 이런 움직임을 '쁘띠 사상 붐'이라며 야유하는 분위기도 있습니다(아사히신문). 하지만 야유하고 싶은 사람은 야유하라고 하죠. 야유한다고 상황은 바뀌지 않습니다. 어쨌든 일본에서 사상의 미래는 '경박'하고 '유치'하고 '게임화'한 00년대 '쁘띠 사상'의 연장선상에만 존재합니다. 프랑스인이나 이탈리아인의 새 책을 치켜세우며 번역하고, 전문 용어를 나열해 사상적 특권을 확보하는 스타일은 애당초 전후 일본의 특수한 조건에서나 성립했던 것입니다. 그러한 조건이 사라진 지금, 그 스타일이 부활하는 일은 결코 없습니다. 이는 움직일 수 없는 사실입니다.

그래서 저는 제 선회가 옳았다고 믿습니다.

제가 우연히 상황의 변화를 대표하고 아랫세대의 관심을 이끌어가는 위치에 있게 되었지만 몇 가지 측면에서 00년대에 영향을 미친 것도 사실입니다.

그중 하나는 교양의 부정, 억압의 해제입니다.

쉽게 말해 저는 최근 몇 년 동안 단지 『동물화하는 포스트 모던』의 저자에 그치지 않고, 젊은 독자들을 '호의적으로' 대해 왔습니다. 사상을 새로 짊어질 저술가와 새 독자를 발굴하려고 기존의 상식으로는 사상이나 비평으로 여겨지지 않는 것도 사상이나 비평이라고 불렀습니다. 젊은 세대의 발상에 대해서도 그 가능성을 최대한 끌어올렸습니다. 그 정점이 얼마 전에 끝난 〈아즈마 히로키의 제로 아카 도장〉입니다. 새로운 비평가와 독자들을 발굴하는 시도를 극한까지 끌어올렸던 이 활동은 어떤 면에서 매우 자극적이고 비평적인 시도였다고 생각합니다. 어쨌든 도장 참가자에게 과도하게 '호의'적으로 대한 것만은 분명합니다.

그러나 그 결과, 젊은 독자 가운데 일부는 '여러 블로그를 읽고, 니코니코 동영상을 보고, 화제를 모은 애니메이션을 보고 이를 논하면 바로 비평가로 데뷔할 수 있지 않을까' 하는 식의 큰 오해를 하고 말았습니다. 반대로 (이 상황을 질투해서?) 00년대 사상적 유행에 의존하면서 저와 『사상지도』의 성공을 비판하기만 하면 정의의 편에 서는 것이라고 여기는 답답한 '양식파'도 인터넷을 중심으로 등장했습니다. 이는 새로운 사상적 상황을 열어가는 데 장애가 되고 있습니다. 자세히 쓸 수 없어 안타깝습니다만 (그렇다고 여기에 쓸 정도로 의미 있는 사건은 아닙니다만) 최근에 이런 생각을 하게 만든 몇 번의 경험이 있습니다.

그래서 저는 이 점을 겸허히 반성하기로 했습니다.

저는 지금까지 젊은 세대에 너무 호의적이었습니다. 아니, 바보들에게 너무 호의적이었습니다.

제가 호의적이었던 것은 어느 시점까지는 이를 사상적 상황의 급격한 전환을 이루기 위한 필요악으로 여겼기 때문입니다. 그러나 이 전환이 궤도에 오른 지금은 상황 전체에 걸림돌이 되기 시작했습니다. 그러니 마음을 다잡고 방향을 전환해야 합니다. 바보를 상대하는 것은 시간 낭비니까요.

사상을 수입하는 것에서 서브컬처 비평으로의 전환, 『존재론적, 우편적』에서 『동물화하는 포스트모던』으로의 전환은 데리다는 읽을 필요가 없고, 게임이나 인터넷을 하면 충분하다는 것을 의미하는 게 아닙니다. 제가 주장하려는 것은 오히려 '게임이나 인터넷에 관한 지식과 경험이 있다면 이를 적절히 조율하기만 하면 데리다도 (만약 데리다가 어렵다면 지젝, 볼츠, 키틀러 정도는) 어렵지 않게 읽을 수 있다. 따라서 굳이 외국에서 수입한 전문 용어를 쓸 필요가 없고, 좌파에 구애받을 필요도 없다'는 교양의 새로운 조직화 가능성이었습니다. 지금 젊은 세대가 이 전제를 이해하고 있지 않다면 매우 우려스러운 상황입니다. 저는 이를 명확하게 알려야 할 것입니다.

이는 정치적으로도 학문적으로도, 지금은 약간 무시당하고 있는 00년대 '쁘띠 사상'의 전선을 대담하게 확대해야 한다는 것을 의미합니다.

실제로 이런 얘기를 지난번에도 소개한 술자리 겸 '편집 회의'에서 했더니 (여름이 끝나도 이 축제는 끝날 기미를 보이지 않고 계속되고 있습니다) 같은 자리에 있던 후지무라 류지[i] 씨와 하마노 사토시 씨로부터, 올해부터 내년에 걸쳐 '메타볼리즘[ii] 2.0'을 주요 콘셉트로 하는 전시와 심포지엄을 기획하고 있다는 흥미진진한 정보를 얻었습니다. 저도 내년 봄에 미야다이 신지 씨와 도쿄공업대학교에서 국제 심포지엄을 개최할 예정입니다. 다음 호『사상지도』에는 나카자와 신이치[iii] 씨와 현대 미술가 무라카미 다카시村上隆 씨의 롱 인터뷰도 게재될 예정입니다. 아마도 앞으로 반년 후 혹은 1년 후에는 '쁘띠 사상 붐'의 인상이 크게 바뀔 것입니다.

한편, 저는 다음 달부터 고단샤의 홍보지『책本』에 연재를 시작합니다. 제목은 '일반 의지 2.0'(우연히 후지무라·하마노의 기획과 이름이 비슷하지만, 어떤 의미에서는 필연인지도 모르겠습니다). 오랜만에 사상에 대해 쓰려 합니다. 데이터베이스, 오타쿠, 구글 등 제가 근래 논한 것들이『존재론적, 우편적』에 담긴 문제의식의 연장선상에 있다는 것, 동시에 급진적인 사회사상과도 관련 있음을 명확히 할 예정입니다. 프리드먼, 사이먼, 네그리 등 제가 지금까지 거론한 적 없는 사상가의 이름도 적극적으로 다루려 합니다. 저는 수년 동안 사상가의 이름을 거론하는 식의 위압적인 문체를 스스로 금했지만 (지금은 고유명사의 나열이 지식인의 증명이 아니라 블로그 외에는 발표 매체가 없는 자칭 논객이나 연구자 특유의 이류 문체가 되고 말았기 때문입니다. 구글의 시대에 고유명사를 나열하는 것은 지성과 교양을 증명하지 않습니다), 이 금지도 해제하려 합니다. 외국 사상가의 이름을 거론하지 않는 것으로 독자로부터 오해를 받는다면 설령 제 미학에 반하더라도 거론해야겠죠.

어쨌든 저는 앞으로 모든 힘을 기울이겠습니다.

음, 이 기회에 솔직히 말하기로 하죠. 『존재론적, 우편적』이후 오랫동안 저는 비뚤어져 게으름을 피웠습니다. 인정합니다. 죄송합니다.

내년은 2010년. 재정비하기에 좋은 해입니다.

해서 이 연재도 다시 정비하겠습니다.

독자 여러분은 이 연재가 매회 다른 주제를 다룬 것처럼 느끼셨을 겁니다. 그러나 저에겐 일관된 노림수가 있었습니다.

연재를 제안받았을 때 편집부의 희망은 '시평적인 글'이었습니다. 하지만 저는 그것만으로는 의미 없다고 생각했습니다. 시평은 어느 매체에서도 할 수 있지만, 이 매체는 문예지입니다.

문예지는 소설 잡지와는 다른 매체입니다. 적어도 그렇게 인식되고 있습니다(적어도 옛날에는 그랬습니다). 그 차이는 문학에 대한 자각 여부에 있(었)습니다. 그래서 저는 이 연재를 시작하면서 지금 비평가가 시평을 쓰는 것에 어떤 의미가 있는지를 의식적으로 검토하는 작업부터 했습니다.

이 검토는 자기 위안적인 자기 언급에 그치지 않습니다. 현재 비평이 기능하지 않는 상황 혹은 비평 스타일에 큰 변화가 요구되는 상황 자체가 현대 사회의 본질을 반영하기 때문입니다.

따라서 저는 이 연재에서 '비평이 성립하지 않는 시대가 된 것'의 의미를 주체와 문체, 분석과 실존, 혹은 사실 확인과 행위 수행이라는 두 가지 차원에서 동시에 추구하는 기이한 글을 써야겠다고 생각했습니다. 저의 의도가 성공했는지는 모르겠습니다만, 이것이 지금까지 이 연재의 목적이었습니다.

그렇지만 위에 언급한 경험을 통해 저는 깨달았습니다. 그런 고상하고 우회적인 노력은 지금 상황에서는 헛돌 뿐이라는 사실을, 아니, 이 자체가 '비평이 성립하지 않는' 것임을 말이죠.

그렇다면 이제 번거로운 노력은 그만두는 게 좋겠죠.

아무리 노력해도 에크리튀르로서의 비평이 불가능하다면 그 꿈을 접도록 하죠. 하고 싶은 말만 간단히 내뱉고 앞으로 나가죠. 비평이 할 수 있는 것은 이것뿐입니다.

안타깝게도.

이런저런 일로 저의 마음은 명확히 정리됐습니다.

이를 전제로 저의 주요 관심을 다시 요약하죠. 한마디로 '작가성(저자성)'과 '언번들unbundle화'의 충돌, 혹은 '혼자 정하기'와 '모두가 정하기'의 충돌입니다. 저는 이 문제를 둘러싸고 오쓰카 에이지 씨에게 위화감을 표명하고, 소설 집필을 논하는 등 이런저런 시도를 했던 것입니다.

좀 더 설명하겠습니다.

용어의 정의를 분명히 하죠. 여기에서 작가성이란 어떤 행위나 작품을 환경에서 분리해떼어내 하나로 종합하는 힘을 뜻합니다.

작가성을 문맥에서 '분리하는 힘'으로 파악하는 시점은 데리다의 『유한책임회사』에서 빌려왔습니다. 물론 데리다는 이 시점에서 엄밀한 의미의 작가성은 성립하지 않는다고 주장했습니다. 그러나 저는 반대로 '그럼에도 불구하고 사람들은 여전히 작가성을 믿는다. 그것은 사람들이 분리의 허구를 필요로 하기 때문이다'는 상황 인식을 위해 데리다를 가져왔습니다.

한편, 언번들화는 이와는 반대로 어떤 행위나 작품을 최대한 조각으로 분해해 환경의 집단적 창조력으로 환원하는 움직임입니다.

문예지 독자분들은 '언번들화'라는 말이 생소할지도 모르겠습니다. 이 말은 원래 사업이나 서비스를 성격이 다른 요소로 분해하는 것을 의미하는 정보 기술적, 경영학적 용어입니다. 그런데 인터넷에서는 이런 분해 현상이 여기저기에서 목격되어서 널리 쓰입니다.

이를테면 신문이 종이로 인쇄된 상품이었을 때는 1면부터 마지막 면 TV 프로그램까지를 하나의 통합 상품으로 판매했습니다. 그러나 인터넷에서 신문 콘텐츠는 기사 단위로 유통되고, 광고 수입도 기사 단위로 집계됩니다. 즉, 신문은 인터넷이라는 새 플랫폼에서는 '언번들화'하고 있습니다. 이는 '아사히신문'이라는 고유명사(작가성)의 권위 상실과 표리일체 관계에 있습니다. 왜냐하면 그 최종 형태에서 (예를 들어 RSS[iv]) 리더로 기사를 읽는다면) 더는 아사히신문의 기사와 무명 블로거의 기사를 쉽게 구분할 수 없기 때문입니다.

인터넷은 언번들화를 강력히 추진하고 있습니다. 이는 콘텐츠를 분해하는 데 머무르지 않고 콘텐츠 제작 과정 자체를 분해합니다. 10년 전에는 웹사이트를 만들어 동영상을 공개하려면 서버를 빌려 특별한 소프트웨어를 깔아야 하는 등 상당한 규모의 초기 투자와 전문 지식이 필요했습니다. 하지만 지금은 적합한 무료 블로그 서비스를 이용해 유튜브 태그를 넣기만 하면 되니 시간과 비용이 제로에 가깝습니다. 즉, 예전에는 정보 발신자가 부담했던 많은 작업을 인터넷에서는 누군가가 무료로 대신 해준다는 것을 의미합니다. 인터넷에서 크리에이터는 콘텐츠 조각만 만들면 됩니다.

아시다시피 많은 사람들이 이런 추세를 비판합니다. '인터넷에서는 단편적인 조각만 유통된다. 집단적 창조성의 대표인 위키피디아나 유튜브도 그 실태는 단편적 조각들의 집적에 지나지 않다. 이런 미디어가 문화의 중심이 되면 과연 장래에 위대한 소설이나 영화가 태어날까?' 많은 사람들이 이러한 비판을 들어본 적이 있을 겁니다. 최근에는 니콜라스 카[v]의 『빅 스위치』에 그런 우려가 잘 정리되어 있습니다(이 책은 꽤 좋은 책입니다. 추천합니다).

즉, 현대 사회에서는 작가성과 언번들화, 혼자 콘텐츠를 만드는 것과 모두가 콘텐츠를 만드는 것이 충돌하는 추세로 흐르고 있습니다.

그러나 여기에 역설이 있습니다.

역사적으로 살피면 사회의 언번들화, 콘텐츠의 언번들화는 근대적 개인을 형성하고 작가성을 만들어냈습니다. 사적 소유권은 토지 소유의 언번들화이고, 민주주의는 합의 형성의 언번들화입니다. 아담 스미스를 인용할 필요도 없이 자본주의의 번영은 분업에 크게 의존하고 있습니다. 언번들화는 '분업'입니다. 그런 의미에서 오늘날 정보 기술이 이끄는 변화는 어디까지나 근대의 연장선상에 있습니다. 아니, 오히려 그 이상의 실현일지도 모릅니다. 예를 들어 위키피디아는 '백과사전은 수백 명이 만든 것이니 이를 수십만 명, 수백만 명이 만들어보자'는 생각을 바탕으로 한 것입니다.

그렇다면 우리는 왜 작가성과 언번들화가 충돌한다고 느끼는 걸까요?

현대의 언번들화 기술이 한 사람 한 사람의 인격보다 더 작은 단위로 작동하기 때문이라는 게 저의 대답입니다.

최근까지만 해도 세계는 '혼자 정하는 것'과 '모두가 정하는 것'의 충돌을 각각의 인간이 자율적인 주체로서 무언가를 선택하고(자기 결정), 그 후 각자의 선택을 집약해 전체 흐름이 정해진다(시장주의 또는 민주주의)는 단계론으로 처리했습니다. 이러한 상황에서는 작가성과 언번들화가 충돌을 일으키지 않죠. 그러나 이제 인터넷의 언번들화 기술 — 즉 검색, 집단 지성, 행동 경제학

(자유주의적 개입주의, Libertarian Paternalism), 데이터 마이닝 기술은 한 사람 한 사람이 선택을 의식하기 이전의 단계에서 삶의 단편을 그대로 추출해 집약한 세계를 만들고 있습니다.

이 문제는 연재에서 여러 번 언급한 '전체성' '동물' '글쓰기'라는 주제와 밀접한 관련이 있습니다. 다음 회에는 구글 애드센스를 통해 이 관련성을 검토하겠습니다.

또 다음 달에.

---

i) 후지무라 류지藤村龍至. 1976년 출생. 도쿄공업대학교 대학원 박사 과정을 그만두고, 2005년부터 후지무라 류지 건축설계 사무소를 운영하고 있다. 도쿄예술대학교 준교수. 2017년부터 도시디자인센터 오오미야UDCO 부디렉터로 주택, 집합 주택, 공공 시설 설계를 담당하고 있다. 주민 참여형 도시, 뉴타운, 시가지 재개발 등 공동 프로젝트에도 참여하고 있다.

ii) 메타볼리즘Metabolism. 1960년대 일본에서 발표된 건축 이론. 메타볼리즘이란 생물학 용어로 '신진 대사'를 의미한다. 생물이 대사를 반복하면서 성장해가는 것처럼 건축이나 도시도 유기적으로 변화할 수 있도록 디자인되어야 한다는 선언이다.

iii) 나카자와 신이치中沢新一. 1950년 출생. 도쿄대학교 문학부 종교학과를 졸업하고, 동 대학원 인문과학연구과 종교학 전공 석사 과정을 수료했다. 2011년부터 메이지대학교 야생의 과학연구소 소장으로 재직 중이다. 1980년대 아사다 아키라와 함께 일본의 뉴아카데미즘을 상징하는 젊은 철학자로 꼽혔다. 『마음은 어디에서 와서 어디로 가는가』 『나카자와 신이치의 예술인류학』 『불교가 좋다』 등이 번역 출간되었다.

iv) Really Simple Syndication. '정말 간단한 신디케이션'이라는 뜻으로, 인터넷에서 뉴스를 배포하는 하나의 표준 시스템이다.

v) 니콜라스 카Nicholas G. Carr. 경영 컨설턴트이자 IT 미래학자. 정보 기술이 사회와 경제에 어떤 영향을 미치는지를 연구하고 있다. 『생각하지 않는 사람들』이라는 책을

통해 인류가 정보를 다루는 도구의 변화에 따라 어떤 영향을 받았는지, 인터넷과
스마트폰으로 압축되는 기술 변화가 우리에게 어떤 영향을 미칠 것인지를 분석했다.

'아침까지 생방송'에 대하여

아침까지 생방송이 뭘까요. 물론 〈아침까지 생방송 TV!〉라는 심야 토론 프로그램입니다.

지난 10월 24일 새벽, 저는 이 프로그램에 패널로 출연했습니다. 이번 글은 그 경험을 출발점 삼아 이야기를 풀어가려고 합니다.

독자 중에는 '뭐라고?' 하는 반응을 보이는 분도 계실 것 같습니다. 지난번에 10년 동안의 활동을 반성하면서 '재정비'를 선언해 앞으로 독자 서비스 따위는 무시하고 딱딱한 글을 쓰겠다고 선언했으니까요. 구체적으로는 정보 환경의 변화가 가져온 '작가주의'와 '언변들화'의 충돌을 다루겠다고 했으니까요.

그런데 갑자기 TV 출연 경험담을 풀겠다니 곤혹스러울지도 모르겠습니다.

하지만 그런 이야기를 하려는 것은 아닙니다. 이번에 쓰려는 것은 프로그램에 출연한 경험이 아니라 이를 계기로 알게 된 평론의 가능성입니다.

좀 더 설명해보겠습니다.

제가 출연한 방송의 주제는 '격론! 젊은이에게 미래는 있는가?'였습니다.

이노세 나오키[i], 오자와 요코[ii], 호리 고이치[iii], 모리나가 다쿠로[iv]의 베테랑 네 명과 이들과 대립하는 구도로 뽑힌 20-30대 젊은 논객 여덟 명이 패널로 참여했습니다. 후자는 로스제네파인 아카기 도모히로[v]와 아마미야 가린 두 명, 경영 컨설턴트, 기업 최고경영자, 시의회 의원 등이 있었고, 그 마지막에 제가 있었습니다. 즉, 처음부터 고령자 대 젊은이 구도로 설정되어 있었습니다.

이러한 세대 간의 대립은 최근 몇 년 동안 여러 장면에서 반복된 구도입니다. 생산성 없는 구도죠. 젊은이가 고령자에게 '당신들은 젊은 사람들 얘기를 듣지 않는다'고 호소하고, 고령자는 '우리를 설득하는 게 너희들 일이야'라고 설교하고, 마지막에는 반드시 연금을 얘기합니다. 젊은이는 고령자에게 '너무 연금을 많이 받는다'고 비판하고(맞는 말이지만), 그런 비판을 받았다고 해서 고령자가 연금을 되돌려줄 리 없으니 논쟁은 늘 거기에서 끝납니다. 전혀 의미 없죠.

그래서 저는 프로그램을 시작하며 다음과 같이 말했습니다.

첫째, 저출산 고령화는 앞으로 더욱 심화될 것이다. 그러니 젊은이가 점점 살기 힘든 사회가 되는 건 피할 수 없는 현실이다. 둘째, 고령자 숫자가 더 많다면 당연히 고령자의 의견을 중시하는 정책을 펴게 될 것이다. 그것이 민주주의 원리다. 셋째, 우리가 그런 시대에 태어난 것은 불행한 일이지만 전쟁에 동원된 세대는 더 불행했고, 따라서 그런 피할 수 없는 조건을 비판해봤자 소용없다. 결론적으로 지금 이 자리에서는 젊은이가 울분을 토하거나 고령자가 설교하는 식의 의미 없는 구도로 논하지 말고, 고령화로 생산 인구가 점점 줄어드는 조건 속에서 미래의 일본 사회를 원활하게 돌아가게 하는 방법을 두고 생산적인 아이디어를 내놓자.

사실 이는 오래전부터 생각해온 내용이지만(저는 최근 몇 년 동안 로스제네가 고생한 이야기와 경기 대책 이야기만 나오면 '정치적'이라고 평가하는 같은 세대 논객들의 단순함에 상당히 짜증났습니다) 프로그램은 뜻밖의 방향으로 전개되었습니다.

저의 문제 제기가 꽤 효과를 발휘했는지 패널리스트들에게 신선한 인상을 주었나 봅니다. 저로서는 〈아침까지 생방송 TV!〉에 출연한 목적을 이미 달성했으니 그 뒤로는 별 상관이 없다고 해야 할까, 제가 생각하는 추상적인 내용, 예를 들면 '동물화'나 '포스트모던'을 논하는 것이 TV에서 허용되지 않을 듯하기에 그저 논쟁을 듣는 역할에 주력할 작정이었습니다.

그런데 실제로는 그렇지 않았습니다. 사회자 다하라 소이치로 씨가 평소와 마찬가지로 "그럼, 어떻게 해야 하는데?"라고 물어 대답해야 할 상황에 놓인 저는 분위기가 나빠질 것을 각오하고 루소의 이름을 입 밖으로 냈습니다. 장 자크 루소 말입니다. 저는 루소에서 시작해 새로운 정보 기술을 활용해 민주주의 제도를 근본적으로 개혁하는 논의를 풀어갔습니다. 트위터, 집단 지성이라는 단어도 나왔죠. 〈아침까지 생방송 TV!〉의 본래 주제와는 아무 상관없는 이야기가 되고 말았습니다. 하지만 저는 늘 '정치'를 진정으로 고민한다는 것은 우체국 민영화나 특정 정당에 대한 평가가 아닌 국가, 공공성, 민주주의 원리를 새로운 정보 환경을 전제로 근본부터 재구축하는 것이라고 생각해왔습니다. 평소 지니고 있었던 신념이었기에 TV에서 통하지 않을 줄 알고, 그냥 거칠게 이야기를 내뱉은 것이죠.

그런데 이 과격하고 추상적인 문제 제기를 패널리스트와 (나중에 확인한 바에 따르면) 시청자가 어느 정도 받아들인 것입니다. 그 후의 상황은 제가 일방적으로 보고할 내용은 아니니 그날의 감상을 담은 저의 블로그를 참조하길 바랍니다.

아무튼 저는 그 자리에서 새로운 소통 기술을 바탕으로 한 직접 민주제('직접 민주제'가 딱 들어맞는 용어는 아니지만 간단히 설명하기 위해 이렇게 부르겠습니다)의 가능성을 주장하고, 여기에 뒤따르는 복지 정책 원리로 기본 소득basic income 도입을 제안했습니다. 같은 자리에 있던 대부분의 젊은 세대 논객들도 제 의견에 지지를 표명했습니다. 한쪽은 로스제네파, 다른 한쪽은 시장 원리주의적인 컨설턴트, 가령 고용 문제라면 '한쪽은 기간제 금지, 다른 한쪽은 규제 완화' 식으로 정반대 이데올로기 입장에 서 있는 사람들이 직접 민주제 채용과 기본 소득 도입이라는 새로운 의견에 거의 일치된 의견을 내놓은 것입니다.

매우 놀라운 경험이 아닐 수 없습니다. 물론 저로서는 '내 주장이 통했어!' 하는 기쁜 마음이 앞섰습니다만, 결코 그것뿐만은 아닙니다.

민주주의 2.0(그날 프로그램에서 이 용어가 나오지는 않았지만 여기에서는 이렇게 부르겠습니다)이나 기본 소득은 일부 연구자와 인터넷 사용자 사이에서만 회자되었을 뿐, 일본의 언론은 거의 무시해 온 화두입니다. 두 개념 모두 추상적인 사고와 장기적 관점을 요구하는 비전으로, 다음 달 고용 개선, 내년도 경기 회복만 이야기하는 (그게 나쁘다고 생각하지는 않지만) 매스커뮤니케이션에서 다룰 법한 이야기가 아닙니다. 그런데도 이 문제 제기가 일종의 방송 사고처럼 (저는 이 사고의 매개자에 지나지 않습니다) 〈아침까지 생방송 TV!〉라는 '언론 쇼'의 공간을 차지해서 전파를 타고 몇십 만 명의 시청자에게 전해졌습니다. 당연히 임팩트는 상당할 겁니다.

여기에 자세히 소개하지는 않겠지만, 금요일 심야에 방영된 〈아침까지 생방송 TV!〉는 다음 주 중반까지 인터넷에서 커다란 반향을 불러일으켰습니다. 이런저런 웹사이트와 블로그에서도 전례 없는 규모로 직접 민주제에 관한 논의가 펼쳐졌습니다. 좀 부풀려 표현한 게 아니냐고 의심하는 분도 계실 텐데, 해당 금요일 심야부터 토요일 새벽에 걸쳐 구글 트렌드 '급상승 검색어'에서 제 이름이 1위였다고 합니다(큰 의미는 아니지만 하나의 지표는 되겠죠). 방송이 나가고, 저를 포함해 인터넷에서 전개된 논의는 다음의 웹사이트 '2009. 10. 23 아침까지 생방송 후의 트위터 상에서의 논의 정리'(http://togetter.com/li/399)에 잘 정리되어 있습니다.

물론 TV는 변덕스럽고, 인터넷에서의 유행도 한순간입니다.

방영 후 "아즈마 씨도 이제 TV 지식인이네요"라고 놀리는 사람도 있었지만 저는 그렇게 생각하지 않습니다. 아무리 생각해도 저의 생각이나 활동은 TV와 맞지 않습니다. 방금 쓴 것처럼 이번 일은 일종의 방송 사고라고 보아야 합니다.

다만 이번 일로 제가 놀란 것은 일본 매스커뮤니케이션에서도 이런 '사고'가 일어날 수 있구나, 그렇다면 TV와 신문도 아직 유효하지 않을까, 라는 발견을 했다는 점입니다. 사고가 없으면 시대는 바뀌지 않습니다. 그리고 사고는 뜻밖의 장소에서 일어납니다.

이번 경험을 통해 비평가로서 큰 희망을 느꼈습니다. 출연 기회를 준 프로그램 관계자에게 감사 인사를 드립니다.

자, 여기까지 프로그램 출연에 대한 감상을 나누고, 이제부터는 제가 그 자리에서 제시한 '미래 사회'의 비전을 논하려 합니다. 이는 지금까지 이 연재에서 논한 공공성과 동물화와도 직접적인 관계가 있습니다.

우선 제가 이상으로 여기는 사회를 명확히 설명하겠습니다.

좀 거칠게 표현하자면 '일할 의욕이 없는 놈은 일하지 않아도 어떻게 겨우 살아갈 수 있고, 사교성도 딱히 요구되지 않으며, 히키코모리 오타쿠가 게으름 피우며 자기가 좋아하는 분야에 대해서만 인터넷에 글을 올리며 어찌어찌 살면 그것이 어느새 집약

되어 더 나은 통치에 활용되는 사회'입니다. 여기에서 이미 여러 비판을 받을 것 같은데 (일부러 도발적으로 쓴 것이라) 일단 비판을 무시하고 앞으로 나가죠.

다만, 저의 이상은 노동 의욕이나 사교성을 배제하지 않고, 그 가치를 폄훼하는 것이 아님을 분명히 해두겠습니다. 미래 사회에서도 일할 의욕이 넘치는 사람은 적극적으로 일하면 되고 사교적인 사람은 적극적으로 사교 활동을 하면 됩니다. 그저 저는 노동 의욕과 사교성을 성인으로 인정받는 필수 조건에서 '옵션'으로 바꾸자고 제안하는 것뿐입니다.

그렇다면 이런 이상을 실현하려면 어떻게 해야 할까요?

이를 위해 필요한 것이 바로 루소의 유명한 개념 '일반 의지'를 본격적으로 구현하기 위한 새로운 시스템이라고 확신합니다. 『사회 계약론』이 간행되고 2세기 반이 지났지만 이 책의 가능성은 아직 제대로 실현되지 않았다. 루소는 이 책에서 대의제 민주주의보다 훨씬 급진적인 정치 체제를 제안했고, 이는 너무도 급진적이어서 지금까지 전체주의와 혼동해 사람들이 언급을 피해왔지만 지금이야말로 그 제안을 새로운 조건 속에서 진지하게 검토해야 한다'는 것이 저의 생각입니다. 저는 이 새로운 시스템을 '일반 의지 2.0'이라고 부르겠습니다.

그렇다면 '일반 의지 2.0'은 어떤 것이어야 할까요?

짧게 요약하자면, 첫째로 이는 인격과 인격 사이를 조정하는 제도가 아니라 데이터와 데이터 사이를 조정하는 제도여야 합니다. 구체적으로는 시민과 시민이 '토론'을 거쳐 의식적으로 '합의'를 이루어 일반 의지를 만들어내는 것이 아니라, 시민 한 사람 한 사람의 생활과 행동에서 단편적인 의지를 추출하거나 단편적인 의지를 제시하도록 만들어 이를 각각의 과제별로 처리함으로써 일반 의지를 수학적으로 생성시키는 시스템이어야 합니다.

이렇게 얘기하면 이미지를 떠올리기 쉬울지도 모르겠습니다. 위키피디아를 떠올려보죠. 사람들이 모여서 만드는 백과사전이 수월하게 운영되는 이유는 도태되는 것이 텍스트(집필 항목)이기 때문입니다. 다시 말해 사람(집필자)이 아니기 때문입니다. 마찬가지로 일반 의지 2.0은 사람(정치인)이 도태되는 것이 아니라 텍스트(정책)가 도태되는 시스템이어야 합니다. 무슨 말을 하는지 도통 모르겠다는 분도 계시겠지만 자세한 내용은 다음에 설명하기로 하고 일단 계속 앞으로 나가겠습니다.

둘째, 오픈 소스적인 '투명성'을 대대적으로 도입해야 합니다. 『사회 계약론』은 정치사상사적으로 인민 주권을 논한 기본 문헌입니다. 하지만 인민 주권 개념에는 순환 논리가 각인되어 있습니다. 인민이 주권자를 지배하고, 주권자가 인민을 지배하기 때문입니다. 이 순환 논리를 어떻게 구현할 것인지가 일반 의지 2.0을 실현하는 데 핵심입니다(그렇지 않으면 '아키텍처의 권력이라고 하는데, 그 아키텍처는 누군가가 설계한 것이잖아요'라는 식의 전형적인 비판이 계속될 테니까요). 이는 오픈 소스의 역사를 학습하면 해결할 수 있다고 생각합니다.

셋째, 일반 의지 2.0은 하나의 제도가 아니라 여러 제도를 포갠 것layering으로 구상해야 합니다. 『사회 계약론』은 국민 국가론의 기원이기도 합니다(루소는 실로 다양한 사조의 기원에 자리합니다). 그는 일반 의지를 하나의 인민 의지, 즉 특정한 경계로 구분한 한 인간 집단의 의지로 파악했습니다. 그래서 『사회 계약론』에는 악명 높은 '부분적 사회의 금지'라는 항목이 있습니다.

그러나 저는 이를 현대 상황에 맞게 재해석할 여지가 있다고 봅니다. 현대인은 하나의 공동체에만 속해 있지 않습니다. 가족, 지역, 회사, 그리고 네트워크상의 커뮤니티 등 여러 공동체에 동시에 속해 있습니다. 그렇다면 한 사람의 의지가 국면에 따라 규모와 성질이 전혀 다른 공동체의 '일반 의지' 생성 재료로 동시에 처리될 수 있을 겁니다. 그리 되어야 합니다. 결국 일반 의지 2.0은 국민 국가가 갖는 경계의 절대성을 자동으로 융해시킬 것입니다(이렇게 말하면 또 비판이 따를 것 같아 첨언하면, 이 주장은 결코 국민 국가의 소멸을 뜻하지 않습니다. 국가는 앞으로도 남을 것입니다. 그러나 국가는 미래의 시민에게 여러 귀속처 가운데 유력한 하나에 지나지 않을 것입니다. EU 등을 보면 그런 움직임이 실제로 감지됩니다).

굉장히 거칠지만 이것이 저의 구상입니다.

〈아침까지 생방송 TV!〉에서 제가 정말로 제안하고 싶었던 것은 이 급진적인 일반 의지 2.0의 가능성입니다. 허황된 꿈처럼 들릴지도 모르지만 적어도 학제적 연구 프로젝트를 만들 가치가 있는 아이디어라고 생각한다. 따라서 관심 있는 지방자치단체에서 실험해도 좋겠다…… 이런 얘기를 하고 싶었습니다.

하지만 프로그램을 시청한 분은 아시겠지만, 그 자리에서 저는 함께한 패널리스트의 이해를 고려해 '믹시나 트위터 같은 새로운 기술이 새로운 직접 민주제의 가능성을 시사하고 있다'고만 말했습니다. 그러다 보니 지금 인터넷에서는 저의 취지가 이래저래 오해받고 있지만(저의 자업자득입니다만), 사실은 앞에서 말한 제안을 하고 싶었고 '블로거나 2채널 사용자가 토론해 결정하자'는 식상한 제안이 아니었습니다. 여기에 써봤자 인터넷 공간에는 알려지지 않겠지만 보충 설명은 될 듯해서 적어보았습니다.

이번 회는 여기에서 마치겠습니다.

이번 연재는 매우 가혹한, 비평가 인생에서 가장 정신없이 바쁜 상황에서 쓰고 있어서 (『사상지도』 교정 마감, 『퀀텀 패밀리즈』 원고 입고, 〈아침까지 생방송 TV!〉 소동, 이 연재 마감, 그리고 새 연재 마감이 모두 같은 주에 몰리고 말았습니다) 잘 정리된 문장인지 좀 걱정스럽습니다. 알기 쉽지 않은 부분도 있겠지만 이해해주시기 바랍니다. 다음 회는 더 차분한 환경에서 쓰면 좋겠습니다.

그럼, 또 다음 달에.

i) 이노세 나오키猪瀬直樹. 1946년 출생. 작가이자 정치인으로 전직 도쿄 도지사다. 이시하라 신타로의 사퇴로 실시된 도쿄 도지사 보궐 선거에서 2위 후보를 300만여 표 차이로 꺾고 당선되었으나 2013년 12월에 비리 의혹으로 자진 사퇴했다.

ii) 오자와 요코小沢遼子. 일본의 시사평론가.

iii) 호리 코이치堀 紘一. 1945년 출생. 도쿄대학교 법학부를 졸업하고, 요미우리 신문사 경제부를 거쳐 미쓰비시상사에서 근무했다. 하버드대학교 비즈니스 스쿨에서 MBA를 취득하고 보스턴컨설팅그룹BCG에서 경영 전략 업무를 담당했다. BCG 대표이사를 거쳐 드림 인큐베이터DI를 창업했다.

iv) 모리나가 다쿠로森永卓郎. 경제학자, 독쿄獨協대학교 경제학부 교수다.

v) 아카기 도모히로赤木智弘. 2008년, 일본 사회가 '축복받은 늙은이 대 수탈당하는 젊은이' 구도로 양분되어 있다고 지적한 평론가. 젊은 세대가 안정된 직장에서 일할 기회를 얻지 못해서 빈곤으로 고통받는다고 항변했다.

트위터에 대하여

지난달에는 연재를 쉬어 죄송했습니다. 두 달 만에 뵙는 아즈마 히로키입니다.

저는 올 연말을 예년보다 정신없이 보냈습니다. 올해는 여름이 오기 전부터 『사상지도』와 관련된 인간관계가 예상 외로 끈끈해져서 그렇지 않아도 피로가 누적되었습니다. 가을에는 『사상지도』4호를 펴내고, 동시에 장편소설 『퀀텀 패밀리즈』 탈고 및 출판이 겹쳤습니다. 게다가 〈아침까지 생방송 TV!〉에 출연하고, 방송을 계기로 새 취재와 원고 의뢰까지 받으며 지금에 이르렀습니다. 최악의 시기는 지났지만, 지금도 매일 쌓인 일을 처리하느라 멍한 상태입니다.

그렇다고 불쾌한 경험만은 아닙니다. 이 정신 없는 상황은 단순히 양적으로 압도되어서가 아니라 질적인 혼란에 기인한 것이기 때문입니다. 이 혼란이야말로 00년대 말에 어울린다고 할까, 앞으로 도래할 10년대 비평의 가능성을 시사하는 게 아닐까 하는 직감이 있습니다.

무슨 말이냐고요?

조금 다른 각도에서 접근해보죠.

아는 분도 계시겠지만, 저는 최근에 트위터Twitter를 시작했습니다. 트위터란 2006년에 미국에서 서비스가 시작되었고, 일본에서도 올 여름부터 주목받기 시작한 새로운 인터넷 서비스입니다.

그럼 어떤 서비스일까요? 자세히 설명하자면 지면을 다 할애해야 하니까 여기에서는 개요만 소개하겠습니다.

트위터는 등록한 사용자가 모두들 혼잣말(트윗)을 계속하고, 한편으로는 자기가 읽고 싶은 혼잣말을 모아 독자적인 웹사이트(홈)를 만들어 다른 사람들의 혼잣말이 웹브라우저에 실시간으로 흘러가는 모습(타임라인)을 바라보는 기묘한 의사소통 서비스입니다. 이용하는 데 따로 소프트웨어가 필요하지 않고, 누구든지 무료로 등록할 수 있으니 흥미를 느낀 독자들은 인터넷에서 검색해 직접 접해보길 바랍니다. 저의 혼잣말도 'hazuma'라는 계정을 찾으면 읽을 수 있습니다.

이미 여기저기에서 말했지만, 트위터는 인간의 의사소통의 본질을 날카롭게 부각시키는 매체입니다. 기존의 매체에서는 감춰져 있던 특정한 본질을 적나라하게 들춰낸다는 점이 매력의 원천입니다.

트위터 사용자는 정보 발신자로서는 혼잣말을 하는 것밖에 할 일이 없습니다. 게다가 트위터는 블로그와는 달리 한 번 글을 올릴 때 140자 이내로 써야 하는 한계가 있습니다. 정돈된 글을 쓰기 힘들죠.

그런데 정보의 수신자 입장에서 트위터 사용자는 다른 사용자를 자유롭게 '팔로우'해서(원칙적으로 상대방의 승인이 필요하지 않습니다), 각각의 혼잣말을 모아서 자기가 원하는 타임라인을 만들 수 있습니다. 블로그 댓글이나 SNS 커뮤니티와 달리 트위터는 모든 사용자가 각각 다른 타임라인을 보고 있는 것이죠. 어딘가에서 '논쟁'이 벌어지더라도 어떤 사용자는 논쟁 전체를 보고 있지만, 다른 사용자는 논쟁의 일부만 볼 수도 있습니다. 극단적인 경우, 참가자 중 한 명이 갑자기 허공을 향해 외치는 것처럼 보이는 오해도 종종 일어나는 곳입니다. 트위터의 헤비 유저라면 이런 오해가 매일 생긴다는 것을 체험으로 아실 겁니다.

트위터는 어떤 집단의 모든 구성원이 공통으로 바라보는 타임라인이 존재하지 않습니다. 트위터에서 논쟁 참가자는 저마다 다른 타임라인 속에서, 저마다 다른 청중 앞에서 말하고 있는 것입니다(자세히 논하자면 이런저런 예외도 있지만, 여기에서는 시스템의 기본 방향성을 얘기하는 것으로 이해해주십시오). 더 복잡한 것은 트위터에서 팔로우는 일방적이기 때문에 누구를 향해 발언했다고 해서 상대방이 꼭 그 얘기를 듣는 것은 아니라는 점입니다. 어떤 사람의 어떤 발언에 날카롭게 응답했다고 생각했는데 당사자는 전혀 눈치채지 못하고, 다른 사람에게 전혀 다른 문맥으로 인용되는 '오배'도 종종 일어납니다. 이처럼 트위터의 의사소통은 매우 아슬아슬한 환경에서 성립됩니다. 표면적으로 '논쟁'이 성립되었다고 하더라도 모두가 공통적으로 여기는 전제가 없는 상태, 그것이 트위터의 본질입니다. 각자가 멋대로 발언한 혼잣말의 집적에 지나지 않는 것이죠. 다시 말해 트위터에서는 원리적으로 대화가 성립하지 않습니다. 집적되는 혼잣말을 보는 사람으로 하여금 대화처럼 보이게 하는 장치(타임라인)가 있을 뿐입니다.

저는 이 기묘한 성격이 트위터만의 특징도, 또 인터넷 특유의 새로운 현상도 아니라고 생각합니다. 오히려 이는 인간의 의사소통의 성격을 알기 쉽고 단순하게 '가시화'해서 보여주는 것이 아닐까요?

현대 사상을 조금이라도 접한 사람이라면 20세기 후반의 인문 과학과 사회 과학에 이런 '트위터적 상황'을 다양한 방식으로 고민해온 역사가 있다는 것을 알고 있을 겁니다. 데리다도 그렇고, 루만[i]도 그렇고, 크립키[ii]도 그렇죠. 그들은 '언어가 의미를 전달하여 이해를 촉진한다는 믿음은 허구fiction다. 소통은 성립하고 있으니까 성립된다고밖에 설명할 수 없는 아슬아슬한 기호의 연쇄다. 여기에는 어떤 공통된 전제는 없고, 그 근거도 전혀 없다'고 주장했습니다. 소통이 성립할 리 없는데 성립하는 이 역설에 대해 그들은 지극히 난해한 방법으로 설명했지만, 트위터를 하다 보면 '오, 데리다, 루만, 크립키가 얘기한 것이 이것이구나'라고 소박하게 실감할 수 있습니다.

오해를 피하려고 덧붙이자면, 이는 트위터가 '비평적'이고 '첨단' 서비스임을 의미하는 것이 아닙니다. 오히려 그 반대입니다.

데리다 등 그들은 우리의 소통은 전부 일상적으로 근거가 없다고 말하는 것입니다. 그런데 이 의사소통을 생각하기 시작하면 어느새 그 아슬아슬한 성격을 잊고 맙니다. 대화라느니 변증법이라느니, 이런 말을 하게 되죠. 유럽의 철학자들은 이 망각을 회피하려고 복잡한 수사를 구사했지만, 트위터는 이 위험성을 시스템으로 분명히 제시해줍니다. 트위터의 본질은 여기에 있습니다.

즉, 트위터는 의사소통의 '자연'스러운 형태에 맞춰 만든 서비스입니다. 그래서 일반 사용자들의 열렬한 지지를 받음은 물론 지금까지의 의사소통적 관점에서 맨 앞에 있다는 평가를 받고 있는 것입니다.

일본의 사용자들은 이 이중적 성격을 '느슨한'이라는 절묘한 말로 표현합니다. 트위터에서의 소통은 '느슨합니다.' 왜냐하면 트위터에서는 늘 오해와 오배에 노출된 소통이 이루어지고, 사람들은 '제대로 된' 이해를 전제로 소통해야 한다는 스트레스를 받지 않아도 되기 때문입니다. 철학적으로 말하면 이 양가성은 아마도 데리다가 '에크리튀르'라는 말로 가리켰던 것과 한없이 가까워 보입니다.

얘기가 곁길로 샜습니다. 처음으로 돌아가죠. 저는 요즘 단지 양적으로 바쁜 것이 아니라 질적으로 다르게 느껴진다고 표현했습니다.

제가 말하고자 하는 바는 이렇습니다.

최근 10년 동안, 저의 독자층은 주로 세 집단으로 나뉘었습니다. 둘이 아니라 '셋'입니다. 사상 분야, 오타쿠 분야, 그리고 인 터넷 분야의 세 집단이죠. 조금 자세히 말하자면 1998년에 출간 된『존재론적, 우편적』의 독자, 2001년에 출간된『동물화하는 포 스트모던』의 독자, 그리고 2003-2006년에 걸쳐 고쿠사이대학교 글로벌 커뮤니케이션 센터에 소속하며 단선적으로 발표한 정보 사회론 분야의 글을 지지한 독자입니다.

아마 문예지에서도 제 독자는 사상 분야와 그 밖의 분야로 나뉘었다고 알려져 있을 겁니다. 그러나 '그 밖의 분야'가 두 집단 으로 나뉘어 있다는 사실을 모르는 분도 있겠죠(제 독자층이 어쨌 든 상관할 게 아님을 저도 잘 알지만 일단 그 의문은 잠시 접어주시기 바랍 니다).

오타쿠 분야 독자와 인터넷 분야 독자, 예를 들면 애니메이 션, 게임에 관심 있는 독자와 구글, 니코니코 동영상에 관심을 보 이는 독자는 문예지의 관점에서 보면 비슷하게 보일지도 모릅니 다. 그러나 00년대 비평 상황을 이해하려면 이 둘의 구분은 매우 중요합니다. 이 둘의 차이는 현대의 사회 현상과 문화 현상을 분 석할 때 작품의 내용(콘텐츠)에 초점을 맞추는가, 아니면 이런 작 품을 낳은 환경(아키텍처)에 관심을 갖는가라는 비평적 태도의 큰 대립과 맞물리기 때문입니다.『사상지도』(라기보다 그 주변의 트위터) 독자라면 지금 우노 쓰네히로 씨가 전자를 대표하고, 하마노 사 토시 씨가 후자를 대표하고 있다는 것을 아시겠죠.

여기에서 자세히 다루지는 않겠지만 두 집단은 직종과 지향

점에서도 큰 차이가 있습니다. 『동물화하는 포스트모던』은 서브컬처 분야 저술가들에게 많이 읽힌 책이고, 정보 사회론 글은 IT 창업가와 연구자에게 읽힙니다. 직감적으로 표현하자면(정말 직감에 지나지 않으니 진지하게 받아들이지 않길 바랍니다)『동물화하는 포스트모던』은 와세다대학교 문학부와세다대학교 문학부는 문학을 지향하는 학생이 많은 곳으로, 이곳을 나온 대표적인 소설가가 무라카미 하루키이다. 옮긴이에서 읽히고, 정보 사회론은 게이오대학교 SFC게이오대학교는 경영·경제 분야가 유명한 곳인데, SFC(쇼난 후지사와 캠퍼스)는 비교적 최근에 생긴 캠퍼스로 학제적인 접근과 실용성을 중시한다. 옮긴이에서 읽힙니다. 그리고 둘 모두 도쿄대학교 고마바도쿄대학교는 크게 교양 학부인 고마바 캠퍼스와 전공 학부인 혼고 캠퍼스로 나뉘는데, 아즈마 히로키는 고마바 출신이다. 과거의 도쿄대학교는 1, 2학년 때는 고마바 캠퍼스에서 교양 과정을 공부하고, 3학년부터 혼고 캠퍼스에서 각 전공을 공부하는 방식을 취했는데, 일본을 대표하는 비평가 하스미 시게히코가 1990년대에 도쿄대학교 총장을 맡으며 개혁을 실행해 학제적 연구를 할 수 있는 3, 4학년 과정 및 대학원 과정을 고마바 캠퍼스에 만들었다. 아즈마 히로키는 이 고마바 개혁으로 생긴 학부 전공 및 대학원에서 공부했다. 일본에서 최고로 손꼽히는 영화비평가인 하스미 시게히코는 고마바 캠퍼스 교수 가운데 처음으로 도쿄대학교 총장을 맡은 인물이다. 옮긴이와는 동떨어져 있다 — 이것이 제가 최근 10년 동안 젊은 독자에 대해 갖게 된 '지정학적' 이해였습니다. 저는 오랫동안 이 세 집단에 각기 다른 모습을 보이며 일해왔습니다. 일종의 3중 인격을 연출해온 것이죠.

그런데 올 여름부터 이 연출이 제대로 기능하지 않게 되었습니다. 거꾸로 말해 지금까지는 명확히 구분되었던 사상 분야, 오타쿠 분야, 인터넷 분야의 세 집단이 섞이게 된 것이죠. 셋은 급속도로 경계를 뛰어넘어 융합해 하나의 거대 집단이 되고 있는 것이 아닐까, 저는 요즘 그런 느낌이 듭니다. 실제로 『사상지도』 최신호에서는 이 직감을 바탕으로 '하이브리드'를 테마로 나카자와 신이치, 무라카미 다카시, 미야다이 신지, 야마모토 유타카山本寬, 일본의 애니메이션 연출가. 옮긴이 등 다채로운 참가자를 불러들여 대담한 학제적 제목을 꾸렸고, 그 결과 예상을 뛰어넘는 성공을 거두었습니다. 00년대는 모두가 작은 취미의 세계에 갇혀 '섬-우주'가 난립하는 시대라는 이해가 정설이었는데, 이 섬-우주의 경계는 적어도 제 주변에서는, 즉 20대에서 30대에 걸친 새로운 세대비평의 독자 사이에서는 급속도로 무너지고 있는 것 같습니다.

자, 원래 주제로 돌아가죠. 사실 제가 최근 들어 바빠진 것은 업무량이 늘어서라기보다는 이 독자층의 융합이 주요 원인입니다. 섬-우주가 무너지면서 제 주변에서는 지금까지 접촉이 없었던 사람들이 급속히 연결되고 있습니다. 지금까지 보이지 않았던 유형의 행사와 협업도 여럿 생기고 있습니다.

예를 들어 『아키텍처의 생태계』의 저자는 최근 프랑스 대사관에서 미술가나 들뢰즈 연구자와 함께 니코니코 동영상을 논하고 있습니다. 『휴대폰 소설적』의 지은이는 건축가, 디자이너와 함께 쇼핑몰을 돌아다니고, 『트위터 사회론』의 저자는 정치학자, 엔지니어와 함께 미래의 민주주의를 논합니다. 그뿐만 아니라 연말에는 아키하바라[iii]에서 〈민주주의 2.0〉 심포지엄도 개최할 예정입니다. 혼란스러운 상황이 아닐 수 없습니다. 이런 행사들이 모두 『사상지도』와 연계되어서 저 또한 책임 편집자로서 이 흐름에 따라가기 위해 쉼 없이 일정을 소화해야 합니다. 저는 이런 혼란스러운 상황에 놓여 있습니다.

저에게 이런 상황은 방금 전 분석한 것처럼 매우 '트위터적'으로 보입니다.

실제로 방금 소개한 영역 횡단적인 행사의 상당수는 트위터를 통해 공지되고 언급됩니다. 그뿐만이 아닙니다. 트위터는 원리적으로 오해와 오배로 가득한 소통 공간입니다. 따라서 누구도 완전한 상호 이해를 기대하지 않습니다. '느슨'합니다. 이런 트위터의 특징이 지금 일본에서 00년대적인 독자의 '섬-우주'를 무너뜨리는 원동력으로 작용하고 있는 게 아닐까요? 그리고 이는 결코 제 주변에서만 보이는 현상은 아니지 않을까요?

트위터에서는 특정한 논의를 하려고 '공통된 공간'(공통된 타임라인)을 설정하는 것이 기본적으로 불가능합니다. 가령 사상 분야 독자가 현대 사상이나 문예 비평에 관련된 정보를 얻으려는 목적으로 저의 트위터 계정을 팔로우해도 아무 상관없는 오타쿠 분야나 인터넷 분야 정보를 보게 됩니다. 이는 모든 사용자들에게 마찬가지일 것입니다. 트위터에서는 SF 소설 정보를 얻으려고 SF 작가를 팔로우했는데 실제로는 낚시 이야기만 접하거나, 시사 문제 해설을 기대하고 사회학자를 팔로우했는데 요리 일기를 읽는 식의 오배가 종종 일어납니다. 트위터는 철저히 속인^{屬人}적인,

즉 '개인'을 단위로 한 서비스로 한 계정의 트윗을 여러 공동체에 내용별로 제공하는 사양을 갖추고 있지 않습니다.

따라서 트위터 사용자는 (인터넷에서 이루어지는 소통의 특징으로 종종 언급되는 것과는 정반대로) 자기가 모은 트윗에 귀를 기울이는 것만으로도 어느새 원래 소속되어 있던 공동체 '밖'으로 나가게 될 가능성에 늘 노출됩니다. 원래 모든 사람은 다양한 측면을 가지고 있습니다. 대부분의 사람은 자신의 여러 측면을 각 상황에 맞게 조심스레 조절하면서 사회생활을 하는데, 트위터의 '느슨함'은 이런 조심스러움을 유지하기 힘들게 하는 면이 있습니다. 그 결과, 트위터를 접하면서 SF 팬이 어느새 낚시에 관심을 갖게 되거나, 사회학과 학생이 어느새 요리를 시작하는 '사고'가 자주 일어납니다.

물론 저는 여기에서 트위터라는 인터넷 서비스가 일본 독서계의 전체 분위기를 바꾼다는 주장을 할 생각은 없습니다. 그러나 00년대의 10년 동안, 순문학이든 오락 문학이든 일본 독자가 너무 세분화된 장르에 갇혀 있었던 것은 사실이고(앞서 언급한 『사상지도』에서는 이를 '미니멀리즘'이라는 표현으로 지칭합니다), 모두 이 폐쇄적 상황에 질리기 시작했다는 이해는 가능하지 않을까요. 어쩌면 올 여름에 갑자기 트위터의 '느슨한' 소통이 주목받기 시작한 배경에는 이런 시대적 분위기가 있었던 것 같기도 합니다. 그렇다면 트위터가 원인이든 결과든, 그 본질은 크게 다르지 않습니다.

00년대는 우노 씨의 말을 빌리자면 모두가 주변의 눈치를 보고, 루저가 되지 않고 위너가 되려고 경쟁하는 신경증적인 '배틀 로열大混戰'의 시대였습니다. 그러나 10년대는 이런 신경증적인 싸움을 '가볍게' 흔들어 무너뜨리는, 트위터적인 '느슨함'의 시대가 될지도 모릅니다. 저는 그런 시대가 되기를 바랍니다.

이번에는 일반 의지를 논하지도, 미래 사회를 논하지도 않았습니다. 저는 최근에 어디를 가도 루소나 공공성에 대해 얘기해달라는 말을 듣고 있어서 다소 짜증이 납니다. 그런 점에서 이번 회는 다른 주제를 논했습니다. 독자들의 양해를 구합니다.

그럼, 또 다음 달에.

---

i) 니클라스 루만Niklas Luhmann, 1927년 출생. 독일의 사회학자. 프라이부르크대학교에서 법률과 사회학을 공부했다. 슈파이어 행정대학, 도르트문트대학교 사회학연구소 부소장을 거쳐, 뮌스터대학교에서 박사학위 논문과 교수자격청구논문을 통과했다. 1968년 빌레펠트대학교 교수로 부임했고, 1993년 정년퇴임할 때까지 사회학 이론의 연구와 강의에 열중했다. 『사회적 체계들』『체계이론 입문』『사회의 사회』등이 번역 출간되었다.

ii) 솔 크립키Saul Aaron Kripke, 1940년 출생. 미국의 철학자. 수학적 재능을 살려 분석 철학에서 빼어난 공적을 남겼다. '가능 세계 의미론'을 고안하여 참인 진술의 가능성과 필연성을 수학적으로 증명해냈다. 또한 분석 철학 안에서의 형이상학적 탐구에서도 업적을 남겼다. 『이름과 필연』등의 저서가 있다.

iii) 도쿄 중심부 근처의 지명으로, 오타쿠의 성지로 불린다.

두 번째 작품에 대하여

새해 복 많이 받으세요. 아즈마 히로키입니다.

이미 아는 분도 많으시겠지만 이 칼럼에서 여러 번 알렸듯이 지난 12월에 첫 번째 장편소설 『퀀텀 패밀리즈』(신초샤)를 펴냈습니다. 다행히 평도 좋고(트위터에서 다카하시 겐이치로[i] 씨, 아베 가즈시게 씨, 나카마타 아키오[ii] 씨로부터 높은 평가를 받았습니다) 중쇄도 결정되어 안도하고 있습니다.

비평가, 그것도 저와 같은 경력의 비평가가 소설을 쓰면 아무래도 이래저래 복잡한 반응이 나오기 마련입니다. 비평가라는 이미지에서 벗어나지 못해 당혹해 하는 독자도 많고, 비평가가 쓰는 소설은 결코 읽지 않겠다며 처음부터 거부하는 사람도 있습니다. 어쩔 수 없는 일이겠죠. 원래 『퀀텀 패밀리즈』는 소설이니 호불호로 평가되어도 아무 상관없습니다.

다만 이번에 가장 두려웠던 것은 소설의 내용 이전에 "뭐야, 아즈마가 소설을 썼다더니 엉망이잖아 ㅋㅋ. 이런 사람이 쓰는 비평 따위 안 읽어도 되겠어 ㅋㅋ"라는 평가가 나오는 것이었습니다. 이것은 소설이라, 달리 말해 '상품'이라 언뜻 보기에 그렇게 느껴진다면 반론의 여지가 없습니다. 소설가로서 끝인 거죠. 저의 경우는 소설가로 끝인 것에 그치지 않고 비평가로서도 끝이 날 겁니다. 일단 그런 반응이 없었다는 것만으로도 저는 안도하고 있습니다. 어쨌든 '상품'을 큰 문제없이 만들었다는 이번 실적으로 저는 저술가로서 자신감을 얻었습니다. 세상 사람들에게 비평가는 대단하고 자신만만한 직업처럼 보일지 모르지만, 내심 창작자에 대한 열등감과 죄책감으로 가득합니다. 적어도 저는 그렇습니다.

그래서 창작이라는 선택 사항이 새로 생긴 것은 솔직히 제 인생에 큰 힘이 되었습니다. 지난 몇 년 동안 계속 느껴왔던 (이 연재에서도 토로해왔던) 답답함이 풀린 느낌입니다.

정말입니다.

원래는 이번에 『퀀텀 패밀리즈』의 내용을 논할 생각이었습니다. 처음 쓴 장편소설이고, 비평가가 소설을 쓰는 일도 드문 만큼 어떤 의도로 썼는지, 소설을 쓰겠다고 마음먹은 이유는 무엇인지를 소설 내용과 연결해 이야기하려고 했습니다.

그런데 생각이 바뀌었습니다. 왜냐하면 최근 한 달 동안 트위터에서 소설을 많이 논했고, 취재도 많이 받았으며, 오모리 노조미 씨, 사사키 아쓰시[iii] 씨, 안도 레이지[iv] 씨 등과 소설 내용에 대해 심도 있는 토크쇼를 하면서 소설에 대해 이미 '너무 많이' 얘기했기 때문입니다. 물론 이런 발언들을 문예지 독자들은 모를 테니 여기에서 다시 '왜 무라카미 하루키를 참조하였는지'

'왜 애리조나와 쇼핑몰이 무대인지' '35세 문제가 무엇인지' 등을 논하는 것도 의미 있겠죠. 하지만 마음이 그곳으로 향하지 않습니다.

그래서 『퀀텀 패밀리즈』에 대해서는 독자 여러분께서 각자 읽어보시길 바라고 여기에서는 다른 얘기를 하겠습니다.

다른 얘기란 바로 새 소설에 대한 것입니다.

네, 그렇습니다. 저는 앞으로도 소설을 계속 쓸 생각인 거죠.

이미 오모리 노조미 씨가 책임 편집을 맡고 있는 SF 소설 선집 『NOVA 2』(가와데분코 출판사)로부터 두 번째 소설을 싣지 않겠느냐는 의뢰를 받았습니다. 원고도 쓰기 시작했습니다.

아직까지는 '원고를 쓰기 시작했다'고 할 정도의 분량을 쓴 것은 아니지만, 그래도 바탕화면에 파일이 있고 글자를 수천 개 입력하긴 했습니다. 지금 예정으로는 이 단편을 쓰고 나서도 당분간 같은 세계관, 같은 등장인물로 연작 단편에 도전하려고 합니다.

이번에 쓰는 소설은 첫 번째 작품과는 상당히 다른 소설이 될 겁니다.

『퀀텀 패밀리즈』는 사소설적_{사소설私小說은 소설가 본인을 모델로 쓴 소설} 을 가리킨다. 일본어에서 한자 '사私'는 '나'라는 뜻도 있다. 옮긴이 요소가 많이 담겨 있습니다. 그렇다고 꼭 주인공이 작가의 분신이라는 뜻은 아닙니다 (그렇게 읽히게 썼지만 이 자체가 상품으로서의 전략입니다). 『퀀텀 패밀리즈』라는 소설은 SF 소설의 모습을 유지한 채로, 아즈마 히로키라는 글쓴이가 '나는 왜 소설을 쓰는가'라는 질문을 그대로 던지면서 이야기를 만들어가는 다층적 구조를 가지고 있다는 점에서 '사소설적'이라는 겁니다. 즉, 내용이 아니라 동기 면에서 '사소설적'인 거죠.

덧붙이자면 이것은 제가 20대 중반에 『존재론적, 우편적』을 현대 사상 연구라는 모습을 유지한 채로 '나는 왜 철학을 하는가'라는 질문을 버팀목 삼아 써내려갔던 것과 비슷합니다. 저는 종종 『퀀텀 패밀리즈』를 가리켜 『존재론적, 우편적』의 '속편'이라고 말합니다. 전자는 소설이고 후자는 사상서이니 상식적으로 두 책은 연결될 것 같지 않지만, 그럼에도 『퀀텀 패밀리즈』를 '속편'이라고 계속해서 말하는 이유는 이러한 질문 방식의 연속성 때문입니다.

『퀀텀 패밀리즈』는 다소 복잡한 사소설적 텍스트로, '나는 왜 소설을 쓰는가'라는 질문은 한 번 던지면 충분합니다. 『존재론적, 우편적』을 쓰고 나서 사상을 논하기 위해 데리다를 의거할 필요가 없어진 것처럼, 저는 앞으로 소설을 쓰기 위해 『퀀텀 패밀리즈』와 같은 다층적 설정을 도입할 필요가 없습니다.

그래서 두 번째 작품에는 사소설적 요소가 없는 거죠.

무대는 화성火星이고, 미래의 이야기입니다. SF 소설이죠. 작가의 분신이 등장하는 평행 세계가 아니고, 일반 소설처럼 미래의 우주에서 소년과 소녀가 만나는 이야기입니다.

그럼, 어떤 이야기일까요?

물론, 여기에서 줄거리를 말할 수는 없습니다. 그래도 여러 독자들이 궁금해할 의문에는 답해야 할 것 같습니다.

왜 화성인가?

아무 꾸밈없이 말하자면 단순히 제가 화성을 좋아하기 때문입니다.

왜 화성을 좋아하는가?

화성의 이미지는 사막입니다. 화성에는 대기가 있지만 바다는 없고 사막만 있습니다. 옛날에는 바다가 있었다, 생명이 있었다는 가설도 있지만, 지금은 모래 폭풍이 휘날리는 극한의 행성입니다.

저는 사막을 문학적으로 좋아합니다.

'문학적으로 좋아한다'는 표현이 좀 이상하게 느껴지겠지만, 저는 예전부터 문학적 상상력의 기점으로 사막에 끌렸습니다. 고등학생 시절에는 앙드레 지드, 알베르 카뮈, 생텍쥐페리를 애독했습니다. 지드 하면 『반도덕주의자』죠. 생텍쥐페리 하면 『인간의 대지』입니다. 카뮈는 딱히 사막을 무대로 하지 않았지만, 알제리의 '이글거리는 태양'은 강하게 인상에 남아 있습니다(고등학생이었던 저는 알제리와 사막을 구분하지 못했던 겁니다). 나중에 저는 데리다를 연구 대상으로 골랐는데, 그 역시 알제리 출신이었습니다. 어쩌면 이 선택에도 '알제리적인 것'에 대한 막연한 동경이 영향을 미쳤는지도 모르겠습니다.

제가 사막에 끌렸던 것은 — 평범한 표현이지만 — 문화와 역사를 매개하지 않고 인간과 자연이 직접 대치하기 때문입니다.

다소 00년대풍으로 표현하자면 사막에는 전혀 소통이 없습니다. 메타화, 수다거리화, 자의식과 같은 걸리적거리는 잡음이 없습니다. 인간은 맨몸의 존재로 '사물의 질서'와 만나게 됩니다. 저는 (아마도 제가 늘 소통에 괴로워하기 때문이라고 생각하는데) 그런 환경에 굉장히 매료됩니다. 『퀀텀 패밀리즈』의 출발점에도 10년 전 처음으로 방문했던 애리조나 사막의 강렬한 인상이 남아 있습니다. 그때 저는 장인어른의 취재에 동행하여 '서바이벌리스트 survivalist, 생존주의자'라 불리는 사람들을 만났습니다. 그들은 문명사회와 스스로 거리를 두고, 국도 인근 황무지에 철조망을 둘러치고, 총과 개로 무장한 상태로 발전기와 저수탱크가 완비된 트레일러하우스에서 자급자족 생활을 하고 있었습니다. 밤이 되면 주변에는 완벽한 암흑이 내리고, 하늘 가득 별빛이 빛나며 코요테의 울음소리가 들려옵니다. 그 광경 앞에서 저는 이것이야말로 진정한 '세카이계'ᵛ⁾가 아닐까(당시에는 아직 이 개념이 없었을지도 모르지만), 여기에서는 애초부터 사회가 기능하지 않는 건 아닐까, 미국이라는 프런티어ᵛⁱ⁾는 사회가 결여된 공간이 아닐까, 그런 생각을 했습니다.

그래서 다음 작품도 사막을 무대로 삼아야겠다고 생각한 겁니다.

역사와 문화를 상실한, 아니 애초부터 존재하지 않는 세계를 무대로 삼고 싶었습니다.

가능하면 지구가 아닌 편이 좋겠죠. 더 이상 사소설적 전략은 필요 없습니다. 그렇다면 현실로부터 완전히 동떨어진 무대가 낫습니다.

이것이 화성을 무대로 선택한 이유입니다.

이렇게 직감적으로 다음 작품의 무대를 정했지만, 한편으로 저는 비평가로서 소설 집필에 전념할 수 있는 처지가 아닙니다.

특히 이 연재에서도 몇 번 언급했듯이 루소의 『사회 계약론』의 현대적 재해석을 중심에 두고 일하고 있습니다. 지난해 말부터 고단샤의 『책』이라는 홍보지에 「일반 의지 2.0」이라는 제목으로 연재도 시작했습니다.

따라서 저는 지금 화성 소설의 준비 단계를 위해 레이 브래드버리[vii]의 『화성 연대기』, 그레그 베어[viii]의 『화성 전이』, 킴 스탠리 로빈슨[ix]의 『붉은 화성』을 읽어가면서(뿐만 아니라 우주 엘리베이터, 테라포밍[x]에 대한 자료를 모으면서), 다른 한편으로 사회사상 책도 읽어야 하는 처지에 놓였습니다. 이런 상황은 꽤 스트레스가 쌓입니다. 마음 같아서는 다 그만두고 화성에 관한 이야기만 집중해서 쓰고 싶습니다.

그런데 이런 상황이 가져다주는 인식도 있습니다.

그중 하나는 저 자신도 모르고 있었던 것으로, 제가 여기에서 화성을 무대로 고른 것은 루소를 재해석하는 일, 즉 「일반 의지 2.0」과 밀접한 관련이 있다는 사실을 발견한 것입니다.

무슨 말이냐고요?

이 관련성은 '미국'이라는 문제와 관계됩니다.

화성은 SF 장르의 상상력 속에서 식민지 시대 미국의 닮은 꼴로 거듭 표상되어온 행성입니다.

예를 들어 『화성 연대기』에서는 지구인의 식민화와 화성인의 멸종이 병행해서 묘사됩니다. 이는 북미 대륙에서 백인에 의한 식민화와 원주민(인디언)의 관계를 은유적으로 표현한 것이 분명합니다. 『화성 전이』도 『붉은 화성』도 화성이 지구(구세계)와 독립 전쟁을 벌이는 이야기입니다. 더 이상 자세히 말하지는 않겠지만, 화성 SF 장르의 역사를 훑어보면 유사한 사례를 얼마든지 열거할 수 있습니다.

미국의 문제, 더 정확하게 '신대륙'의 문제는 사회 계약론의 역사와도 깊은 관련이 있습니다. 이 연재에서 여러 번 언급했듯이 루소는 '야생인'의 자유를 찬양하고, 소통(사교) 없는 새 정치를 꿈꾸었습니다. 루소는 왜 그런 꿈을 꿀 수 있었을까요?

한마디로 미국이라는 '무구'한 신대륙, 자연 상태와 사회 계약에 관한 사유를 가능하게 해주는 사회사상의 거대한 실험장이 우연히 15세기 말에 '발견'되어 유럽인이 건너갈 수 있었기 때문입니다. 구대륙은 온통 역사의 축적으로 가득 찼고, 모든 토지는 누군가의 소유물인 상태였습니다. 그러나 신대륙에는 아무것도 없고, 아무도 없었습니다(유럽인은 그리 생각했던 거죠). 그곳에서라면 광활한 자연 속에서 완전한 원초 상태에서부터 이성에 의거해 새로운 사회를 만들 수 있다고 상상할 수 있었습니다. 사회계약론은 이런 세계관을 배경으로 등장했고, 만약 세상에 미 대륙이 없었다면 이 사상은 전혀 다른 양상을 보였을 것입니다.

실제로 미국이라는 땅은 19세기 이후 자유와 민주주의의 실험장으로서 큰 발전을 이루게 됩니다. 1830년대 토크빌[xi]이 당시 미국을 시찰하고 쓴 『미국의 민주주의』는 너무도 유명한 서적입니다.

미국이라는 '신대륙'이 존재했다는 우연, 이 행운이 만들어낸 자유와 민주주의 이념, 그리고 그 이념이 실제로 '미국'에 의해 실현되고, 거꾸로 구세계로 역수출되는 역사……

저는 이런 순환을 생각하는 과정에서 어느 순간, 지금 화성을 묘사하는 것은 사회 계약론의 기점인 미국, 즉 자유와 민주주의의 기원을 사유하는 것과 같다는 사실을 깨달았습니다. 앞에서 말한 '서바이벌리스트'의 트레일러하우스가 루소를 재해석하고, 나사NASA의 탐사선이 촬영한 화성의 사막 영상이 겹쳐지며, 그곳에서 새로운 사회, 새로운 인간의 윤곽이 보이기 시작한 것입니다.

물론, 소설은 사상서와 다릅니다. 저는 소설을 특정 사상의 선전이나 해설을 위해 쓸 생각이 추호도 없습니다. 소설은 우선

상품이어야 합니다. 그것도 오락 상품이어야 합니다. 따라서 방금 논한 전후 문맥이나 연상은 실제 작품에서는 완전히 배경으로 밀려나 설정상 조각으로 겨우 남을 뿐이겠죠.

그래도 이 인식은 새 작품의 세계관을 형성하는 데 큰 도움이 되었습니다.

다음 작품의 무대는 지구화가 어느 정도 진행된 26세기나 27세기의 화성이 될 겁니다. 대기가 얇게 있긴 하지만, 사람들은 바깥에 나갈 때 여전히 마스크를 씁니다. 호수는 있지만 바다는 없습니다. 수풀은 있지만 숲은 없습니다. 공동체는 있지만 통일 정부는 없습니다. 그런 시대의 식민지 행성.

이곳에서 어떤 기술적 대약진이 이루어져서 화성이 신대륙이고 프런티어이며 민주주의의 실험장이었던 평화로운 시대가 갑자기 끝이 납니다. 그리고 화성인은 지구식 주권 국가와 대립하고 혼란의 시대가 시작되는······.

요즘 저는 이런 애니메이션 기획서 같은 스토리를 생각하면서 토크빌을 읽고, 구글의 중국 철수에 대해 생각하면서 살고 있습니다.

그럼, 또 다음 달에.

i) 다카하시 겐이치로高橋源一郎. 1951년 출생. 1969년 요코하마국립대학교에 입학하고 학생 운동에 참여했다가 구치소에 구금당했다. 이로 인해 극심한 실어증을 앓았다. 10년 정도의 공백기 끝에 발표한 소설『사요나라, 갱들이여』가 1981년 군조 신인 장편소설상(우수상)을 수상했다. 1988년에는『우아하고 감상적인 일본 야구』로 제1회 미시마 유키오 상을 수상하며 포스트모더니즘 문학의 기수로 자리매김했다. 2002년 이토 세이상, 2012년 다니자키 준이치로 상을 수상했다.

ii) 나카마타 아키오仲俣暁生. 1964년 출생. 일본의 편집자, 저술가. 무사시노미술대학교 강사, 요코하마국립대학교 강사를 지냈다.

iii) 사사키 아쓰시佐々木敦. 1964년 출생. 평론가. 잡지『엑스·포 エクスポ』 『히아혼 ヒアホン』의 편집인이다.『현대 일본 사상』이 번역 출간되었다.

iv) 안도 레이지安藤礼二. 1967년 출생. 문학평론가이자 다마미술대학교 예술학과 준교수다.

v) セカイ世界系. 세카이란 일본어로 '세계'를 뜻한다. 만화, 애니메이션, 소설 등 일본 서브컬처의 각 분야를 아우르는 스토리 유형의 하나다. '나와 너의 관계'라는 인간관계에서 가장 작은 연결이 구체적 설정이나 과정 없이 '세계의 운명' '세상의 종말' 같은 추상적이면서도 거대한 문제와 직결되는 작품 유형을 가리킨다. 1990년대 후반, 애니메이션 〈신세기 에반게리온〉이 초래한 오타쿠 문화의 거대한 변화로부터 탄생한 것, 동시에 '그 변화란 무엇이었는가?'에 대해 오타쿠들 스스로 답을 찾아다녔던 궤적을 '세카이계'로 부르기도 한다. 이처럼 세카이계라는 단어는 명확히 정의되지 않은 채 주로 인터넷을 통해 널리 퍼져 사용되는 단어로 여러 가지 방식으로 정의되고 있다.

vi) frontier. 미국에서 개척지와 미개척지와의 경계선을 이르던 말.

vii) 레이 브래드버리Ray Bradbury. 1920-2012. 서정적인 문체, 시적 감수성, 자유로운 상상력으로 20세기 SF 문학의 거장으로 불린다. 그의 작품에서 '그린타운'으로 등장하는 일리노이 주 워키건에서 태어났다. 고등학교 졸업 후 도서관에서 독학을 하며 방대한 지식을 쌓았다. 스무 살에 발표한 첫 단편「홀러보첸의 딜레마」를 시작으로 70여 년 동안 소설, 시, 희곡, 에세이, 동화 등 다양한 작품을 발표했다. 300여 편의 단편소설을 남겨 '단편의 제왕'으로도 불린다. 문명 비판서의 고전으로 불리는『화씨 451』과『화성 연대기』를 통해 디스토피아적인 미래를 그리며 정신문화의 회복과 인간에 대한 깊은 성찰을 담아냈다. 1954년 휴고상을 수상했다.

viii) 그레그 베어Greg Bear. 1951년 출생. 샌디에이고주립대학교를 졸업했다. 30여 편의 과학 소설과 판타지 소설을 발표하여 두 번의 휴고상과 다섯 번의 네뷸러상을 수상했다.

ix) 킴 스탠리 로빈슨Kim Stanley Robinson. 1952년 출생. 캘리포니아대학교를 졸업하고 보스턴대학교에서 영문학 석사, 캘리포니아대학교에서 영문학 박사학위를 받았다. 1984년 첫 장편이자 '캘리포니아 3부작'의 첫 작품인 〈와일드 쇼어The Wild Shore〉를 시작으로 작품 활동을 시작했다. '화성 3부작'(『붉은 화성』『녹색 화성』『푸른 화성』)으로 각종 SF 문학상을 석권했다.

x) terraforming. 지구화 또는 행성 개조. 지구가 아닌 다른 행성 및 위성, 기타 천체의 환경을 지구의 대기 및 온도, 생태계와 비슷하게 바꾸어 인간이 살 수 있도록 만드는 작업을 뜻한다.

xi) 알렉시 드 토크빌Alexis de Tocqueville. 1805-1859. '혁명 시대 민주주의의 예언자'로 불리는 토크빌은 프랑스 혁명 이후 격동의 세월 속에서 정치 현실과 사회 갈등을 두루 경험하고 많은 저술을 남겼다. 1831년, 당시 미지의 세계였던 아메리카를 탐방하고 『아메리카의 민주주의』(1835, 1840)를 써서 명성을 떨쳤다. 이후 하원 의원으로 선출된 후 의정 활동을 하며 노예제 폐지와 자유 무역을 위한 법안을 발의했고, 계층 갈등, 공교육과 종교 문화의 충돌, 알제리 식민 문제와 인종 갈등 등 정치사회적 문제를 해결하려고 노력했다. 1848년 2월 혁명 후 성립한 제2공화국에서 제헌의원, 국민의회 의원, 외무장관을 역임했지만, 1851년 루이 나폴레옹의 쿠데타로 공화국이 몰락하자 정계를 은퇴했다. 이후 프랑스 혁명을 연구하며 『앙시앵 레짐과 프랑스혁명』(1856)을 내놓았다.

·

고유명에 대하여

안녕하세요? 새해가 되면 다소 시간이 생길까 기대했지만 여전히 바쁘기 그지없는 아즈마 히로키입니다.

솔직히 저는 당분간 현실에 대해 생각하고 싶지 않습니다. 비평이나 사상도 어떻게 되든 알 바 아닙니다. 지금은 오로지 심기일전하여 신인 SF 작가로서 소설에 몰두하고 싶은데 『사상지도』 제2기 준비, '니코니코 동영상'[i]에서 시작한 토론 프로그램 기획 등이 연이어 몰려서 전혀 그럴 수 없습니다. 최근 2주 동안 컴퓨터 앞에 앉을 시간조차 없었습니다. 게다가 컴퓨터 앞에 앉으면 트위터만 하는 바람에 일의 진도가 나가지 않습니다. 전적으로 자업자득입니다만······.

참, 제가 새롭게 기획한 니코니코 동영상의 토론 프로그램을 시청한 분이 계실까요? 니코니코 동영상은 동영상 공유 서비스가 핵심이지만, 서비스 운영 회사가 스폰서가 되어 TV 프로그램과 비슷한 생방송 프로그램도 제작하고 있습니다('니코니코 생방송'이라는 이름인데, 줄여서 '니코생'이라고 부릅니다). TV와 비교하면 시청자는 적지만, 대신 니코니코 동영상의 시스템을 활용하여 시청자와 실시간으로 의견을 교환할 수 있습니다. 그래서 '니코생' 서비스의 일부를 빌려 제가 사회자 역할을 하는 〈아침까지 생방송 TV!〉와 비슷한 토론 프로그램을 만들었습니다. 프로그램 제목은 '아침까지 니코니코 생 격론.' 줄여서 '아침 니코.' 물론 〈아침까지 생방송 TV!〉의 짝퉁…… 아니지, 오마주입니다.

프로그램 내용을 조금 설명해보겠습니다. '아침 니코'는 기본적으로 정치 토론 프로그램으로 '정치와 검은 돈' 같은 문제가 아니라 보다 원리적이고 장기적인 시야에 입각한 문제 — 이게 너무 멋을 부린 거라면 '공상적인' 문제를 다루고 싶어서 시작했습니다.

예를 들어 이번 토론 주제는 기본 소득. 기본 소득은 'basic income'을 번역한 용어로 최근에 화두로 떠오르는 이념입니다. 한마디로 사회 보장과 연금을 일원화하여 모든 국민에게 정기적으로 무조건 현금을 지급하는 제도로, 복지 행정을 효율화하고 빈곤도 해결하자는 취지를 갖고 있습니다. 특히 젊은 세대가 안심하고 도전할 수 있는 사회를 만들자는 사상이죠. 기본 소득, 언뜻 들으면 '그런 건 재원이 없어서 불가능한 것 아냐?'라고 생각할 수 있지만, 실제로는 그렇지 않다는 시험적인 계산을 여러 연구자들이 내놓고 있습니다. 쉽게 말해 일본 정부는 이미 그만큼 고비용 체질인 거죠.

방송 시간은 2월 20일 심야 12시 30분(21일 0시 30분)부터 약세 시간. '약'이라고 붙은 이유는 인터넷 방송이라 한정된 전파를 점유하지 않아서 시간 관리에 여유가 있고 연장도 할 수 있기 때문입니다(실제로 30분 정도 연장했습니다). 토론에는 전 라이브도어 사장 호리에 다카후미[ii], 작가·시민운동가 아마미야 가린, 블로거 코가이 단[iii], 컨설턴트 조 시게유키[iv] 등 30대를 중심으로 한 여덟 명이 참여했습니다. 결코 TV에 뒤지지 않는(네 명은 이미 〈아침까지 생방송 TV!〉에 출연한 적이 있습니다) 출연자와 함께 네 시간 가까이 기본 소득의 실현 가능성을 활발히 논의했습니다.

도대체 '바쁘다, 바쁘다'를 입버릇처럼 내뱉으면서 그런 프로그램을 왜 시작한 것인지……. 정말 그렇지만 저에게 이 기획은 『사상지도』만큼 중요한 '다음 한 수'입니다. 저는 이 연재에서 00년대에 비평의 언어가 빈곤해지는 가운데 추상적인 논의의 장을 잃게 되었다는 문제의식을 여러 차례 말했습니다. 지금 이 나라에 필요한 것은 사회 개혁을 위한 구체적인 숫자나 처방전이 아니라 그 이전 단계의 준비 체조라고 할까요. 경직된 언론을 유연하게 만들고 딱딱해진 머리를 풀어주는 것이라고 저는 생각합니다. 내년 경기가 어떻다거나, 이번 선거에서 어디가 이긴다거나 같은 이야기를 계속해봤자 하나도 재미가 없습니다.

이런 생각을 공유하는 사람이 많았는지 시청자의 반응도 괜찮았습니다. 시청자 수는 합계 5만 명. '니코생'은 동시 시청 가능 인원이 1만 명이라 들락거린 숫자를 합친 결과이지만, 사전에 광고다운 광고를 거의 하지 않고, 트위터와 블로그의 입소문으로 퍼진 심야 방송, 그것도 첫 회라는 점을 고려하면 괜찮은 숫자입니다. 앞으로 10만 명, 20만 명 늘어나면 언론에서도 무시하지 못하겠죠.

그건 그렇고 이 기획을 통해 저는 인터넷 업계의 순발력을 실감했습니다. 원래 이 기획은 지난해 말 제가 〈아침까지 생방송 TV!〉에 출연했지만 이와 연관된 활동이 이루어지지 않는 것에 대한 불만을 트위터에 썼더니, 니코니코 동영상을 운영하는 디완고 주식회사Dwango, 株式会社ドワンゴ의 높은 분이 읽고 '그럼, 우리 회사에서 그런 활동을 해보자'며 갑자기 결정된 일입니다. 제가 트윗을 하고 기획이 이루어지기까지 걸린 시간은 두 달 남짓. 이것도 신중하게 시간을 들인 것으로, 디완고는 더 빨리 실현하려고 했지만 그나마 제가 준비 시간을 더 달라고 한 것입니다. 확실히 그들의 순발력은 출판사나 TV 방송국과는 달랐습니다.

물론 이렇게 순식간에 만든 프로그램이다보니 이 분야의 프로가 보면 어설픈 부분이 눈에 띄겠죠(예를 들면 음악이 없다든지, 스튜디오가 조악하다든지). 그러나 시청자들은 그런 어설픔을 그다지 신경 쓰지 않습니다. 시청자는 영상의 완성도가 아니라 토론의 현장감을 느끼고 싶어 하고, 카메라워크 등에 주의를 기울이는 것은 제작자뿐일지도 모릅니다(책, 잡지에 대해서도 비슷한 이야기를 할 수 있습니다). 이번 기획은 니코니코 동영상의 '코멘트'나 트위터의 '해시태그#'를 적극적으로 활용한 덕분에 (여기에서 설명하려면 번잡해지니 자세한 설명은 생략하겠지만, 사용자가 자신의 컴퓨터를 이용한 중계방송으로 스튜디오에 개입할 수 있는 별도의 시스템을 마련했습니다) 쌍방향 토론 프로그램으로서의 존재감은 충분히 보여주었다고 생각합니다.

이와 같이 지금 시점의 기술을 잘 활용하고, 명확한 목적과 슬림slim한 조직만 있다면 적은 비용으로도 손쉽게 수십만 명이 시청하는 토론 프로그램을 만들 수 있습니다. 거꾸로 말해 그런 프로그램을 만들지 못하는 것은 기술이 아니라 인간에 문제가 있는 것입니다. 즉, 목적이 명확하지 않고 조직이 비대하기 때문입니다. 비록 규모는 다르지만 토론 주제였던 기본 소득도 같은 관점으로 바라볼 수 있을 것입니다.

현대 사회에서는 기술과 경제(아키텍처)로 실현 가능한 것과 우리의 인간관계(소통)로 실현 가능한 것 사이에 너무도 큰 괴리가 생겼습니다.

우리는 원래 여러 일들을 해낼 수 있습니다. 그러나 이 가능성을 실현에 옮기려 하면 곧바로 인간관계의 벽에 부딪칩니다. 아니, 오히려 이 나라에서는 인간관계의 문제를 처리하는 것을 '현실적'인 '어른'의 일로 여깁니다. 이게 옳은 걸까요? 저는 예전부터 그런 생각을 해왔습니다.

어쨌든 프로그램은 일단 성공했습니다. 생방송이라 지금은 볼 수 없지만, 머지않아 인터넷 아카이브로 공개할 예정이니 관심 있는 분은 꼭 시청해주시길 바랍니다.

'아침 니코' 이야기가 길어졌네요. 하지만 이번 회에 주로 다루고자 하는 대상은 그 다다음 날에 있었던 다른 행사입니다.

'아침 니코'가 끝나고 하루 더하기 한나절 후, 22일 저녁에 저는 도쿄대학교 고마바 캠퍼스에서 강연을 했습니다. 1978년생 지바 마사야[v] 씨, 1974년생 고쿠분 고이치로[vi] 씨가 중심이 되어 『존재론적, 우편적』과 『퀀텀 패밀리즈』의 관계를 주제로 철학 분야 심포지엄이 열렸습니다.

심포지엄은 UTCP의 프로그램으로 개최되었습니다. UTCP 는 'University of Tokyo Center for Philosophy'의 약칭으로 '공생共生을 위한 국제철학교육연구센터'로 불립니다. 일종의 연구소라고 할 텐데, 최근의 대학 제도는 정말 복잡하니 섣부른 설명은 하지 않겠습니다. 어쨌든 지바 씨와 고쿠분 씨는 UTCP의 연구원으로 프랑스 철학이 전문 분야입니다. 그리고 저보다 젊은 두 사람은 11년 전에 『존재론적, 우편적』으로부터 큰 영향을 받았다고 하네요. 그래서 이번에 그 '속편'이 소설 형식으로 출간된 것을 계기로(『퀀텀 패밀리즈』가 어떤 의미에서 『존재론적, 우편적』의 속편이라고 할 수 있는지, 그 이유에 관해서는 이전 연재를 읽어주십시오) 이 책의 의의를 다시 생각할 자리를 마련해준 것입니다.

1998년에 출간된 『존재론적, 우편적』은 저의 출세작으로 알려졌지만 실제로는 그다지 읽히지 않았습니다. 내용이 어렵다는 이유도 있지만, 현대 사상과 표상 문화론 전문가에게도 (지명도에 비해) 놀랄 만큼 언급되지 않는 책입니다. 그 이유를 말하자면 이래저래 골치 아픈 업계의 권력 관계를 이야기해야 하므로 여기에서는 말하지 않겠습니다. 하지만 이런 상황에 오랫동안 절망을 느껴온 저로서는 이 책의 내용을 순수하게 지적知的으로 받아들여 논의하는 자리가 10년 만에 마련되었다는 사실에 개인적인 기쁨을 넘어 큰 감동을 받았습니다.

청중은 200명이 넘었습니다. 외부에서 참가한 사람들도 많아서 행사장은 열기로 후끈 달아올랐습니다. 결코 전문가들만의 폐쇄적인 자리가 아닌 열린 공간의 관객 앞에서 초월론성은 단수인지 아니면 복수인지, 동물에게 평행 세계란 무엇인지, 『존재론적, 우편적』의 고유명이 크립키적이라면 『퀀텀 패밀리즈』의 가능 세계는 오히려 루이스적인 것이 아닌지, 이런 '추상적인 주제'를 열정적으로 논하는 자리를 경험할 줄은 솔직히 상상도 못했습니다. 과도한 낭만주의가 저의 식견을 흐리게 만드는 것이 아니라면(물론 그럴 가능성도 높겠지만……) 그 자리에는 과거의 『비평 공간』이나 『인터커뮤니케이션』의 배후에 있었던 긴장과 열기가 되살아난 것 같았습니다.

정말로 최근 10년 동안의 비평은 빈곤했습니다. 문명론도 없고 철학도 없었죠. 그 시간 동안 다룬 주제라곤 경제와 인정에 관한 이야기뿐이었습니다. 게다가 집필자와 독자가 젊으면 젊을수록 그런 경향은 강해졌습니다.

하지만 드디어 이 흐름도 변화를 맞이하고 있는 것 같습니다. 상황이 바뀌고 있습니다. '아침 니코'와 도쿄대학교 고마바 강연, 이 둘은 내용 면에서 아무 관계없지만 연이어 출연하면서 문득 그런 느낌을 받았습니다.

이런 강연 기회를 마련해준 지바 씨와 고쿠분 씨에게 이 자리를 빌려 감사의 말을 전하고 싶습니다.

앞에서 잠깐 언급한 것처럼 저는 이 강연회에서 주로 '고유명'의 문제를 다루었습니다.

고유명은 참 기이합니다. 고유명은 언어 내부에 있으면서 언어 외부와 연결되어 있습니다. 삼각형의 정의나 빨강색의 정의는 부족함 없이 열거할 수 있지만 '나쓰메 소세키夏目漱石'라는 고유명을 "○○라는 성질을 충족하는 인간을 소세키라고 부른다"는 형태로 정의할 수는 없죠. 이는 소박하게 직감적으로도 그렇지만 논리실증주의나 분석 철학의 성과를 돌이켜보면 고유명이 결코 정의(전문 용어로 '확정 기술'이라고 합니다)의 묶음으로 환원할 수 없는, 즉 언어 내에서는 결코 그 의미를 충분히 정의할 수 없는 기이한 성질을 가지고 있음을 논리적으로 확인할 수 있습니다. 여기에서 이를 논하면 길어지니 흥미를 느낀 분은 솔 크립키의 『이름과 필연』이나 가라타니 고진의 『탐구 II』를 읽어보시기 바랍니다.

저는 예전부터 이 고유명의 수수께끼에 깊은 관심을 가지고 있습니다. 고유명이 결코 확정 기술의 묶음으로 환원되지 않는다면 이 '환원 불가능함'은 어디에서 유래하는 것일까? 이것이 이해되지 않았던 거죠. 우리는 언어 속에서 살아갑니다. 소세키라는 이름도 어디까지나 언어 속에서 알게 되죠. 그런데 어느새 어찌된 일인지 '나쓰메 소세키'에 '환원 불가능함'이 깃듭니다. 이는

'나'가 생성되는 수수께끼이기도 합니다.

그리고 『존재론적, 우편적』과 『퀀텀 패밀리즈』는 이 관점에서 보면 형제와 같은 저작이라고 할 수 있습니다. 전자에서 저는 (논증은 생략합니다만) 고유명에 깃든 '환원 불가능함'은 결코 신비적(부정 신학적)으로 해석해서는 안 되고, 소통 네트워크(우편)가 만들어내는 특수한 효과에 불과하다고 주장했습니다. '부정 신학에서 우편으로'라는 『존재론적, 우편적』의 핵심 주제는 데리다 독해뿐이 아니라 이를 통해서도 도출된 것입니다.

다른 한편, 『퀀텀 패밀리즈』는 (양자 뇌 계산기 과학이라는 가공의 SF 설정을 통해) 컴퓨터 네트워크를 도입해 확정 기술의 묶음이 해체되고 가능 세계가 드러난 세계에서 가족 네 명이 각자 '나는 누구인가'를 탐구하는 이야기입니다. 여기에서 주인공들은 모두 동시에 복수의 인생을 살아갑니다. 따라서 인생의 기억은 자신의 근거가 될 수 없습니다. 그렇다고 기억 이외의 근거가 있는 것도 아닙니다. 따라서 여기에서 전개되는 것은 부정 신학적인 '나', 모든 확정 기술의 건너편에 있는 절대적인 무언가를 믿지 못하는 주인공들이 우편적인 다른 '나'를 찾아 헤매는 얘기입니다. 『존재론적, 우편적』의 고유명 이론에서 『퀀텀 패밀리즈』의 가능 세계 설정까지는 이 관점에서 보았을 때 직선으로 연결됩니다. 그래서 위에서 말한 심포지엄도 열린 것이고, 그 자리에서 고유명의 수수께끼가 화두에 오른 것은 당연하겠죠.

그러나 저는 행사장에서 이렇게 말했습니다. 아니, 사실은 이처럼 명확하게 정리하지는 못했을지도 모르지만 이렇게 말하고 싶었습니다.

『존재론적, 우편적』에서 어떤 철학적 '이론'이 제시되고, 『퀀텀 패밀리즈』에서 이 이론이 '이야기'로서 표현되는 구도는 핵심적인 부분에서 빗나가버린다는 것입니다.

네, 사실은 (지금 돌이켜보면) 『존재론적, 우편적』의 이론은 이를 이론적으로 전개하려고 하면 이론적인 스타일 자체를 무효화하고 마는, 그리하여 이야기나 픽션을 쓸 것을 요구하는 그런 '이론'이었다고 생각해야 합니다. 저는 그 상태에서 고유명 이론을 심화시킬 수 없었습니다. 소설을 쓰는 길밖에 없었던 거죠. 거기에서 고유명 이론은 다시 핵심 역할을 합니다. 한마디로 저는 『존재론적, 우편적』을 계속 사유하려면 고유명을 다른 형태로 사용하는 텍스트를 쓸 수밖에 없었고, 그래서 '등장인물'이 존재하는 소설이라는 스타일을 선택할 수밖에 없었던 것입니다.

지금 저는 소설가 아즈마 히로키의 동기를 비평가 입장에서 재해석해 이론화하는 묘한 작업(말하자면 본인이 본인을 캐릭터화하는 작업이죠. 현실의 저는 그런 난해한 동기 때문에 소설을 쓴 것이 아님을 잘 알고 있으니까요!)을 하고 있어서 다소 쉽게 읽히지 않는 문장일지도 모르겠습니다. 왜 이런 복잡한 작업을 해야 하느냐면 이것이 비평가가 소설을 쓰는 것의 업보이기 때문이겠죠. 넓은 아량을 부탁드립니다.

이 이야기는 다음 회에도 이어집니다.

그럼, 또 다음 달에.

....

i) 이동통신 부가 서비스(통화 연결음 서비스 제공)를 제공하던 '도완고'의 자회사
'니완고=ワンゴ'가 2006년 12월 시험 서비스, 2007년 1월 베타 서비스를 개시한
동영상 사이트. 줄여서 '니코동'으로 부른다. 도완고가 '카도카와KADOKAWA'와
합병된 후에는 주식회사 카도가와에서 운영하고 있다. 유저들이 동영상을 감상하면서
'코멘트'를 남기면 동영상 위에 그 코멘트가 실시간으로 뜨는 시스템이다. 니코니코
대백과, 니코니코 생방송 등의 서비스를 추가하면서 동영상 사이트에서 포털 사이트로
진화했다.

ii) 호리에 다카후미堀江貴文. 1972년 출생. IT 기업 CEO, 애플리케이션 프로듀서, 온라인
커뮤니티 운영자, 베스트셀러 작가. 도쿄대학교를 중퇴하고 IT 기업 '온 더 에지'를
설립했다. 이후 포털사이트 '라이브도어'를 창업하고 인수와 합병을 거듭하면서
2000년대 일본 벤처 신화의 주인공으로 떠올랐다. 프로야구 구단 버펄로즈와 후지
TV 인수 시도 등 자유분방하고 거침없는 말과 행동으로 파격의 대명사로 통한다.
'호리에몽'이라는 닉네임은 타임머신을 타고 미래에서 날아온 로봇 캐릭터 '도라에몽'에
빗댄 것이다. 『진심으로 산다』 『다동력』 등이 번역 출간되었다.

iii) 코가이 단小飼弾. 블로거. 『최신 웹 개발 공략서』가 번역 출간되었다.

iv) 조 시게유키城繁幸. 1973년 출생. 도쿄대학교 법학부를 졸업했다. 후지츠 인사부에서
근무했다. 2006년 『젊은이들은 왜 3년 안에 그만둘까』로 베스트셀러 작가가 되었다.
일과 고용 문제에 대한 새로운 시각의 글을 발표하고 있다. 인사 컨설팅 'Joe's Labo'의
대표다.

v) 지바 마사야千葉雅也. 1978년 출생. 현재 일본에서 가장 주목받는 젊은 철학자다.
도쿄대학교 교양학부를 졸업하고, 파리 제10대학과 고등사범학교를 거쳐,
도쿄대학교 대학원 종합문화연구전공에서 표상문화론 연구로 박사학위를 받았다.
리쓰메이칸대학교 대학원 첨단종합학술연구과 준교수로 철학과 표상 문화론을
가르치고 있다. 『너무 움직이지 마라』 『공부의 철학』 등이 번역 출간되었다.

vi) 고쿠분 고이치로國分功一郎. 1974년 출생. 와세다대학교 정치경제학부를 졸업하고,
파리 제10대학 및 파리 사회과학고등연구원에서 D.E.A(석사학위 취득 후 이수하는

1년제 교육 과정), 도쿄대학교 총합문화연구과에서 박사학위를 취득했다. 다카사키 경제대학교 경제학부 준교수로 철학과 현대 사상을 가르치고 있다. 『고쿠분 고이치로의 들뢰즈 제대로 읽기』『인간은 언제부터 지루해했을까?』『중동태의 세계』 등이 번역 출간되었다.

○ 연재「무심코 생각하기」는 이 회를 마지막으로 중단되었습니다.

iii.

2010-2018

현실은 왜 하나일까

제23회 미시마 유키오 상을 수상했다.[i]

상을 받게 된 것은 뜻밖이었다. 내 글이 순문학의
세계에서 재미있게 읽힐 것이라고는 전혀 생각하지 않았기
때문이다. 수상 발표가 나고, 정말 많은 사람들이 수상을
기뻐해주어 더욱 놀랐다.

기자 회견장에는 알고 지내는 편집자가 여럿 있었고,
호텔 라운지에는 꽃다발을 든 독자가 있었다. 아침까지
이어진 축하연에는 평일 늦은 밤이었는데도 많은 친구들이
와주었다. 집에 돌아와 보니 수많은 메일, 트윗, 꽃다발이
나를 기다리고 있었다. 답신을 보내자마자 다시 집에
친구들이 모여들어 아침까지 축하연을 벌였다. 만나는
사람마다 '축하한다'는 말을 건네주었다.

문학상을 수상하면 원래 그런 것인지도 모른다. 미시마
유키오 상은 그나마 조용한 편이고, 아쿠타가와상이나
나오키상을 수상하면 출신지 시장이 축전을 보내준다는
얘기도 들은 적이 있다.

하지만 나는 이와 비슷한 경험을 한 번도 한 적이 없었다.

11년 전에 이번 수상작과 깊은 관련이 있는 평론『존재론적, 우편적』으로 산토리 학예상을 수상했을 때는 외국에 있다가 소식을 접해서 누구도 찾아와줄 상황이 아니었다. 시상식에서도 많은 이들이 참석을 거절했다. 쓸쓸하기 그지없었지만 '원래 내 인생이 그런 거지' 하고 포기에 가까운 감정을 느꼈던 기억이 있다.

내가 하는 일은 세상이 축복해주지 않는다. 사람들은 유치한 감정이라고 말할 것이다. 하지만 비록 유치할지라도 이 감정을 느끼는 현실은 사라지지 않는다. 이런 우울함은 00년대에 평론가들이 주로 활동하는 무대를 떠나 비주류 문화 방면에서 조용히 젊은 독자를 끌어 모으는 동안 의식하지 않을 정도로 당연해졌다. 여기에 일일이 열거하지는 않겠지만, 내가 해온 일들은 오랫동안 실패랄까, 헛발질의 연속이었다. 2004년에 내가 주관했던 메일 매거진 '파상언론波狀言論'이 그랬고, 2004년 정보 사회에 관한 연구를 진행했던 'ised'가 그랬으며, 2006년 라이트 노벨 작가 사쿠라자카 히로시와 GLOCOM 연구원 스즈키 켄과 함께한 '기트 스테이트'[ii]도 마찬가지였다.

그래서 이번에 첫 번째 단독 소설로 수상 발표가 나고 많은 사람들이 축복해준 것은 나로서는 기적같이 느껴진다. 그리고 이 느낌은『퀀텀 패밀리즈』라는 소설로 촉발된 사태에 대해 그 작가가 갖는 느낌으로 매우 적절하다.

2005년, 내 딸이 태어났다. 이름은 '시오네'다. 『퀀텀 패밀리즈』의 등장인물이기도 한 시오코의 이름은 여기에서 따왔다.

내 입으로 말하기에는 껄끄럽지만 『퀀텀 패밀리즈』는 꽤 복잡한 소설이다. 이 소설을 '사소설'로 읽는 것은 여러 독해 방식 중 하나에 지나지 않고, 이 독해는 (뒤에 말하는 것처럼) 소설 전체의 메시지와 상반되도록 장치를 마련해두었다.

그럼에도 불구하고 굳이 분류하자면 이 소설은 일종의 현대적이고 인터넷적인 세계관(게임적 세계관)과 상상력(멀티 엔딩과 데이터베이스의 상상력)을 전제로 하면서도 문학의 전통과도 접맥되도록 소설적 장치를 구사해 만든 독특한 '사소설'임에 틀림없다. 그런 관점에서 보면 『퀀텀 패밀리즈』의 뿌리는 나에게 딸이 생겼다는 단순한 사실이다.

물론 나는 이 소설에 딸이 태어난 기쁨이나 놀라움을 쓰지는 않았다. 아직 그런 소설은 쓰지 못한다. 나는 그보다 훨씬 이전 단계인 현실의 삶에서 딸이 생기고 딸을 사랑하며 평온한 가정을 (현재로서는) 꾸리게 된 것, 이 현실 자체가 너무도 비현실적이고 믿기지 않아서 현실 전체를 허구화하려고 딸이 없었을지도 모르는, 아내가 없었을지도 모르는 또 하나의 내가 사는 30대의 인생을 가상 체험하기 위해 소설을 썼다. 이는 사소설이면서 전혀 사소설이 아니고, 오히려 '나'를 여러 평행 세계를 횡단하는 캐릭터의 조각으로 분해해버리는 소설이다. 『퀀텀 패밀리즈』는 그런 소설이다.

그래서 나는 지금도 미시마 유키오 상을 받지 않은, 지금 나를 축복해주는 말들을 접하지 않은 또 하나의 '나'를 떠올린다.

또 하나의 내가 겪을 피로와 체념과 실망을, 그리고 그 속에서 세월을 보내 40대가 될 또 하나의 내 40대 인생을 생각한다.

오히려 나는 또 하나의 내가 사는 인생이야말로 진짜 인생이었을 것이라고 믿는다. 적어도 그런 인생은 충분히 있을 수 있었다고 본다. 우연히 내가 지금 좋은 결말을 향해가는 것처럼 보이는 이유는 이처럼 나쁜 결말로 향했던 인생이 몇 번 있었기 때문이라고, 내가 결코 접촉할 일이 없는 다른 인생에서의 희생이 있었기 때문이라고 생각한다. 이번 수상으로 가장 놀랐고, 또한 끝 모를 공포를 느낀 것은 많은 사람들이 내 수상을 기뻐해주는 이 행복한 광경이, 겨우 문학상에서 떨어진 것으로 실재하지 않았을지도 모른다는 현실의 냉혹함이었다.

현실은 왜 하나일까.

사람들은 그냥 상에 불과하다고 말한다.

'다른 사람에게 평가를 받든 말든 상관할 필요 없다. 상 같은 것 받든 안 받든 마찬가지 아니냐. 작품의 가치가 바뀌는 건 아니니까'라고 말한다.

사실이다. 동시에 별생각 없이 이런 말을 하는 사람은 인생이 한 번뿐이라는 것, 정말 많은 일이 우연히 정해진다는 것을 잊고 있다.

물론 미시마 유키오 상을 수상하든 말든 『퀀텀 패밀리즈』의 가치는 바뀌지 않는다. 그러나 내 인생은 바뀐다. 수상함으로써 비로소 알게 되는 것이 있고, 수상함으로써 알 수 없게 되는 것도 있다.

어느 쪽이 나은지는 모른다. 만약 11년 전에 『존재론적, 우편적』이 미시마 유키오 상을 수상했다면 그 후의 내 활동은 전혀 달랐을 것이고, 아마도 '00년대 비평'을 대표하는 아즈마 히로키는 존재하지 않았을 것이다. 마찬가지로 『퀀텀 패밀리즈』가 미시마 유키오 상을 수상함으로써 분명히 나에겐 하나의 가능성, 하나의 미래는 소멸했다. 이는 이미 확정된 사실이다. 결코 돌이킬 수 없다.

따라서 내가 할 수 있는 건 '또 하나의 나'를 계속 생각하는 일뿐이다.

앞으로도 또 하나의 내가 납득할 수 있는 소설을 쓰는 것밖에 없다. 『퀀텀 패밀리즈』의 이야기는 주인공이 가능 세계의 딸에게 편지를 받으면서 시작한다. 마찬가지로 나는 앞으로도 가능 세계를 향해 보내는 편지로 여기고 소설을 쓰려고 한다.

감사합니다.

i) 아즈마 히로키가 "무심코 생각한 것을 쓰려면 픽션을 사용할 수밖에 없었다"며
내놓은 첫 장편소설 『퀀텀 패밀리즈』는 2010년 23회 미시마 유키오 상을 수상했다.
해당 작품은 본질적인 고독으로부터 벗어나고자 하는 욕망, 가족이라는 관계 안에서
진정한 행복을 찾고자 하는 욕망을 정보화 시대에 살고 있는 네 명의 가족, 평행
세계라는 물리적 이론, 시간 여행이라는 SF적인 요소를 통해 풀어냈다는 평가를
받았다.

ii) GLOCOM에서 진행하던 ised 후속 프로젝트. 아즈마 히로키가 GLOCOM을
사임함으로써 개인 차원의 공동 프로젝트로 성격이 바뀌었다. 환경 관리형 권력이
전면화된 사회의 미래 예측(2045년 일본 사회를 무대로 설정)과 엔터테인먼트를
양립시키려는 의도가 배어 있었다.

오시마 유미코와의 세 만남

　오시마 유미코[i]의 이름을 처음 접한 것은 만화책이
아니라 1984년 극장에서 개봉한 애니메이션 영화 〈와타노
구니호시〉[ii]였다. 그것도 극장에서 본 것이 아니라 친구가
빌려준 비디오테이프가 계기였다. 중학교 1학년 때 같은
반 친구에게 여러 애니메이션이 담긴 VHS가정용 비디오테이프
레코더 방식 3배 모드 비디오테이프를 갑자기 받았다. 대학생
형에게 빌렸다는 테이프에는 〈와타노 구니호시〉 외에
다케미야 게이코[iii] 원작 〈지구를 향해〉와 오시이 마모루
감독의 〈시끌별 녀석들 2: 뷰티풀 드리머〉가 들어 있는,
지금 생각해보면 심사숙고 끝에 만들어진 에디션이었다.
지금은 불법 복사물이겠지만 당시의 세상은 이런 복사물에
관용적이었다.

　어쨌든 나는 도미나가 미나가 연기한 스와노 치비네코를
보고 너무 사랑스러워 단번에 마음을 빼앗겼다. 오시마의
이름이 뇌리에 각인되었고, 곧바로 원작도 입수해 읽었다.
그의 작품은 이미 컬트적인 인기를 구가하고 있었고, 관련
작가와 작품도 많았다. 하지만 이들 작품은 열세 살 남자
중학생에게는 너무도 섬세해서, 솔직히 고백하자면 관심은

오래가지 못했다. 오시마의 매력을 이해하기에는 아직 어렸던 것이다.

오시마와의 두 번째 만남이 언제였는지는 정확히 기억나지 않는다. 대학생 때인가, 아니면 대학원생 때인가. 아무튼 20대 초반에 나는 다시 오시마의 작품을 읽고 또 충격을 받았다. 이번에는 애니메이션이 아니라 원작을 읽었고, 충격을 받은 대상도 캐릭터가 아니라 현실과 망상, 객관과 주관이 교차하는 수준 높은 표현이었다.

오시마의 작품은 모두 매력적이지만 그중에서 하나를 골라야 한다면 1987년에 나온 단편 「아키히코는 이렇게 말했다」를 꼽겠다. 교통사고가 난 고등학교 2학년생 주인공 아키히코秋日子에게 같은 사고로 죽은 54살 주부 다쓰코竜子의 혼령이 빙의하는 50쪽 정도 되는 만화인데, 두 종류의 이야기가 병행해서 진행하고 끝까지 다 읽어도 빙의가 실제로 일어난 일인지 아니면 아키히코의 연기였는지 분명하지 않다. 그리고 현실이든 망상이든 일련의 사건이 끝나고 빙의에서 풀렸을 때 관계자가 각각 현실(아키히코의 성장, 다쓰코의 죽음, 그리고 내레이터가 아키히코에게 느끼고 있었던 콤플렉스)을 받아들이는 결말도 대단하다. 『와타노 구니호시』 『바나나 브레드의 푸딩』 등 명작으로 꼽히는 장편의 본질이 이 작품에 뚜렷하게 압축되어 있다.

오시마 작품의 매력은 한마디로 현실과 망상의

교차를 '한 차원 위의 피할 수 없는 현실'로 파악하는 메타적 위상의 리얼리즘 감각에 있다. 우리는 원래 수많은 망상과 함께 살아간다. 이를 모두 잊고 오로지 하나의 현실을 받아들임으로써 어른이 된다. 이를 성숙이라고 한다. 소설이든, 만화든, 애니메이션이든 어린이의 망상을 그대로 그리는 작품, 반대로 어른의 현실을 그리는 작품은 넘쳐난다. 그런데 오시마는 만화 특유의 복잡한 내레이션을 구사해 본래 망상과 현실을 구별하지 못하던 우리가 그 구별을 쓸쓸해하며 받아들이는 변화를 현실로 묘사하는 데 성공했다.

그런 변화는 대체로 사춘기 때 일어난다. 오시마는 많은 경우 소녀를 주인공으로 묘사한다. 세상 사람들도 그를 소녀의 감성을 그린 작가로 여긴다. 그러나 현실과 망상의 교차야말로 진정한 현실(메타 현실)이라는 인식은 원래 일반적인 의미를 갖는다. 우리는 어른이 되어도 항상 조금씩 망상을 안고 살아간다. 인간의 현실은 원래 그런 구조로 만들어져 있다. 이런 점에서 나는 오시마의 작품은 매우 보편적이고 소녀 특유의 문제에 국한되지 않는 문제를 다루고 있으며, 그래서 많은 독자에게 감동을 준다고 본다. 나는 오시마의 작품이 '소녀 만화'라고 느낀 적이 별로 없다.

마지막으로 오시마와의 만남을 언급할 때 꼭 덧붙여야 할 추억이 있다. 독자에게는 잘 알려진 사실인데, 오시마는

오랫동안 도쿄 기치조지[iv]에 작업실이 있었다. 그 아파트
모양은 작품, 에세이에서 종종 묘사되었기 때문에 쉽게
찾아낼 수 있다. 그래서 두 번째 만남으로부터 몇 년 후,
근처 구에 살던 나는 망상 같은 세 번째 만남을 실현하고자
그 주위를 돌아다닌 적이 있다. 지금 말로 표현하면 '성지
순례', 아니 오히려 스토커에 가까운데 당시에는 스토커에도
관용적이었다고 생각하고 싶다.

물론 작가를 만나지는 못했다. 오시마는 얼굴을 공개한
적이 없으니 만나도 알아볼 수가 없다.

그렇지만 나는 아파트 앞 공원에서 만화를 한 손에 들고
풍경과 비교한 결과, 어디가 작업실인지 대충 짐작할 수
있었다.

아파트 건물은 누구나 들어갈 수 있어서 목적지에 가보니
정말 '오시마'라고 적힌 소박한 팻말이 있었다.

15년이 지난 지금도 그 순간의 감동이 잊히지 않는다.

팻말은 유성펜으로 쓴 손글씨였고, 여성적이었으며,
그러면서도 어딘지 모르게 현실을 반쯤 포기한 것 같은 거친
느낌이 났다. 나는 이것이 작가의 글씨임을 확신했다.

문을 열면 그곳에는 작가와 고양이 '사바'가 있을 터였다.
나는 그 순간 분명히 치비 고양이, 아키히코와 같은 동네에서
살고 같은 공기를 마시고 있었다.

물론 현실에서 오시마라는 성은 결코 드문 것이

아니니 어쩌면 다른 오시마 씨의 집이었을지도 모른다. 정말 작가의 작업실이었다 해도 보조 작가의 손글씨였을지도 모른다. 애초에 아파트의 작업실이 그곳이라는 것 자체가 오시마 씨가 만들어낸 '설정'으로, 현실에서 그녀는 다른 장소에 살았을지도 모른다. 그러나 나는 지금도 그곳이 정말 오시마 유미코의 작업실이었고, 정말 작가의 손글씨였다고 믿는다. 그것이 나의 현실이고, 오시마 작품에는 그런 현실을 만들어내는 힘이 있었다.

우리는 모두 어른이 되어도 항상 조금씩 망상을 안고 살아간다.

---

i) 오시마 유미코大島弓子. 1947년 출생. 전문대 재학 중 투고한 작품 「폴라의 눈물」이 『주간 마가렛 봄방학 증간』에 수록되어 데뷔했다. 그 후, 순정만화 잡지, 여성지에서 활동했다. 고양이 '구구'와 작가와의 생활을 그린 대표작 『구구는 고양이다』는 2008년 영화화, 2014년과 2016년 드라마화되었다. 2018년, 만화가 데뷔 50주년을 맞았다.

ii) 오시마 유미코의 원작을 바탕으로 한 애니메이션 〈와타노 구니호시綿の国星〉는 어느 날 버려진 아기고양이 '꼬마 냥이'가 재수생 토키오에게 구해지는 것으로 시작한다. '꼬마 냥이'는 자신이 크면 인간이 되어 토키오와 결혼할 것이라는 꿈을 꾸면서 자란다. 모든 고양이가 의인화되어 있고, 그 고양이들 모두 '고양이 귀'를 달고 나와 '모에'의 기본으로 여겨지기도 한다.

iii) 다케미야 게이코竹宮惠子. 1950년 출생. 만화가. 일본 소녀 만화(한국의 순정 만화)의 개척자. '소년'의 동성애를 그린 『바람과 나무의 시』, SF 판타지 『지구를 향해』로 제25회 소학관 만화상을 수상하였다.

iv) 기치조지吉祥寺는 시인 백석이 일본 유학 시절 살았던 곳으로, 도쿄도 무사시노시에 속한다. 기치조지라는 지명은 기치조지라는 절에서 유래한다. 원래 에도(도쿄의 옛

이름)의 혼고에 있었던 이 절은 1657년 대화재 때 소실되었다가 인근의 고마고메를 거쳐 지금의 무사시노의 무레노 지역으로 다시 지어졌다. 이주 주민들이 자신들이 살던 지명을 그대로 사용해 기치조지라고 부르게 된 것이다. 카페 거리, 이노카시라 井の頭 공원, 기노쿠니야 서점, 일본 애니메이션 거장 미야자키 하야오 宮崎駿의 지브리 미술관 등이 유명하다.

__『오시마 유미코 fan book: 핍·팝·기라고 주문을 외우면』,
세이게쓰샤靑月社, 2015년 1월

소수파로 산다는 것

이 에세이를 쓰기 위해 20년 만에 나쓰메 소세키의
『마음』을 다시 읽었다. 동성애적 표현이 풍부하다는 점이 새삼
강하게 인상에 남았다. '선생님과 나' 편이 특히 그렇다.

예를 들어 앞머리에서 '나'와 '선생님'은 가마쿠라[i]에서
만난다. 해수욕장이라는 설정부터가 이미 유혹적인데,
묘사는 더욱 구체적으로 관능을 환기하는 표현으로
가득하다. '내' 눈이 처음 본 선생님의 모습은 '마침 옷을
벗은' 반라 모습이었다. 이때 선생님 옆에는 '팬티 하나
말고는 아무것도 안 입은' 서양인이 있고, '나'는 그쪽에도
관심을 갖는다(질투일까). 대화도 눈길도 주고받지 않았음에도
불구하고 '나'는 그 순간부터 둘로부터 눈을 뗄 수 없게
되었고, 그들이 떠난 후에도 혼자 '멍하니 선생님을
생각'한다(그런데 대화도 나누지 않았는데 무슨 생각을 한다는
것일까. 알몸?). 그리고 다음 날도, 다다음 날도 해변으로 나가
선생님을 찾지만 말을 걸 용기가 없었고, 그다음 날(4일째)이
되어서야 "넓고 푸른 바다 표면에 떠 있는 것은 우리 둘
말고는 없는" 상황에서 선생님이 말을 걸어온다. '나'는 그
순간 "자유와 환희가 충만한 근육을 움직여 바다 속에서

춤췄다." 나는 이 묘사가 인생의 스승을 만난 학생이라기보다 소녀와 사랑에 빠진 소년으로밖에 느껴지지 않는다. 다이쇼 시대1912-1926년 독자는 이 문장을 어떻게 해석했을까?

어쨌든 선생님을 향한 '나'의 사랑은 정상이 아니다. 소설 속에 '나'의 성적 지향이 명확히 기술되어 있지 않으므로 그가 동성애자였을 가능성, 그것도 자각적인 동성애자였을 가능성은 충분히 있다. 그렇지 않다면 왜 그가 혼자 매일처럼 해수욕장을 찾아갔고, 반라의 중년 남성을 쫓아다니는지 동기를 이해하기 힘들다. 즉, '나'는 선생님을 사랑했을 가능성이 높고, 선생님도 눈치챘을 가능성이 높다. 이렇게 생각했을 때 필자는 선생님이 자살한 이유가 어느 때보다 납득이 되었던 것이다.

연구자들도 가끔씩 『마음』에 동성애라는 숨겨진 주제가 있다고 주장해왔다. 이 작품은 일반적으로 선생님과 'K', 그리고 '아가씨'의 삼각관계를 그린 연애 소설로 알려져 있다. 하지만 이야기의 원동력은 선생님과 아가씨가 아니라 선생님과 K의 관계다. 선생님은 K의 장래를 걱정해 주저하는 K를 반강제로 자기 거처에서 살게 한다. 아가씨의 가족이 자기 마음을 열게 한 것처럼, 자기도 K의 마음을 열 수 있지 않을까 생각한다. 결국 선생님은 K의 자살을 뒤따르기라도 하듯 자살한다. 따라서 선생님은 아가씨보다 K를 사랑했고, 그 사랑을 이루지 못해 죽었다는 독해도 불가능하지는 않다.

그러나 실제로는 선생님을 향한 '나'의 사랑의 적나라한
육체적 감성에 비해 선생님의 K를 향한 사랑은 훨씬 정신적인
차원에 머물러 있다. '나'가 선생님을 가마쿠라 해수욕장에서
처음 보았을 때와 대비되는 장면에서 선생님은 K와 함께
보소 지방 해수욕장으로 향한다.

그러나 이 장면에서 선생님은 "자기 옆에 쭉 앉아 있는
사람이 K가 아니라 아가씨면 참 좋겠다고 생각"할 뿐 K의
육체에서 눈을 떼지 못하는 일은 생기지 않는다. 선생님은
K에게 동성애적 욕망을 느꼈을지도 모른다. 그러나 그 욕망을
K가 살아 있을 동안은 결코 자각하는 일이 없었다.

그렇다면 선생님이 자살한 것은 K에 대한 죄책감(윤리적
문제) 때문도, 인간 존재에 대한 절망(존재론적 문제) 때문도,
물론 메이지 천황의 죽음(정치적 문제) 때문도 아닌 그냥
'나'를 만나 그가 성적인 진실을 자각하고 말아서(성적 문제),
아내가 있는 사람인데 이제야 자신이 동성애자임을 자각하고
말아서가 아닐까. 나는 그리 생각한다. 선생님과 아가씨
사이에는 아이가 없다. '사이좋게' 살아가는 '행복한' 부부이긴
했지만 성관계는 오래전부터 갖지 않게 되었는지도 모른다.
그런 그가 눈부신 가마쿠라의 여름 바다에서 며칠에 걸쳐
계속 자신을 바라보는 젊은 남성에게 말을 건다. 『마음』의
이야기는 이렇게 시작한다. 「선생님의 유서」는 오랫동안
자신을 이성애자라고 믿고 아내가 있는 사람으로 살아왔던

중년 동성애자가 젊은 동성애자에게 쓴 긴 연애편지인 것이다.
그래서 선생님은 유서에 "아내에게는 아무것도 알게 하고
싶지 않다"고 몇 번이나 쓴다.

소수자로 살아가는 것. 이 삶이 힘든 것은 숫자가
적어서가 아니라 사람은 누구나 처음에는 자기가 다수자라고
오해하고 말아서, 자기가 소수자라는 것을 알 때까지 시간이
걸려서가 아닐까? 선생님은 K를 죽음에 이르게 했고,
아가씨를 허무한 부부 생활에 갇히게 했다. 선생님의 죄는
여기에 있다. 선생님은 '나'에게 그 죄를 반복하지 말라고
설득한다. 그래서 선생님은 유서에 "뱃속에서 살아 움직이는
것을 잡아"보라고, 자기 욕망을 감추지 말라고 쓴다. "내
고동이 멈추었을 때 당신의 가슴에 새로운 생명이 깃든다면
만족합니다."

'나'는 선생님을 사랑했다. 그리고 그 사랑을 감추지
않았다. 며칠 동안 계속 시선을 주었다. 그런 '나'가
선생님에게 바다보다 눈부시게 느껴졌을 것이다.

----

i) 가마쿠라鎌倉. '사무라이의 도시'로 유명하다. 막부 정치의 시작인 가마쿠라 시대(1185-
   1333년)에 번성한 불교 영향으로 풍부한 문화 자원을 자랑한다. 사계절 서핑을 즐길
   수 있는 바다, 유명 사찰, 대불大佛, 후지산이 보이는 해변, 에노시마 섬 등 대표적인
   관광지로 꼽힌다.

일기, 2011년

5월 7일(토)

오후에 『사상지도 β』 지진 재해 특별호 좌담 수록. 근처 카페에서 직원과 미팅을 하고 니시아자부[i)]에 있는 이노세 나오키 사무소로 향했다. 이노세 사무소는 지하에 난로가 있는 거실, 옥상에 작은 수영장까지 있는 상당한 건물. 수록 장소에 들어가 보니 무라카미 다카시 씨가 혼자서 따분하다는 듯 앉아 있다. 무라카미 씨는 컨디션이 별로 안 좋은 듯. 이노세 씨는 대조적으로 좋아 보였다. 좌담 후에는 술집에서 뒤풀이. 무라카미 하루키론에서 시작된 이야기가 뜻밖에도 일본 문학사에는 '가장 계보'와 '방탕한 아들 계보'가 있다는 이야기까지 발전. 모리 오가이는 가장이고, 소세키는 방탕한 아들이라는 정리를 듣고 무릎을 쳤다. 그래서 가라타니 고진은 소세키론부터 시작한 거군……

5월 8일(일)

어제 마신 술 때문에 머리가 아프다. 최근에 몸이 많이 약해졌다. 나이 때문인가. 그러고 보니 내일 5월 9일은 마흔 살이 되는 생일. 회사 직원들이 생일 파티를 열어준다고

해서 저녁에 술기운이 빠진 후 출판사 '콘택추어즈' 고탄다
오피스로. 문을 열고 깜짝 놀람. 직원뿐 아니라 30명이 넘는
사람들이 모여 있었다. 오랜만에 보는 사람도 있다. 건배하고
음식점으로 이동. 이치카와 마코토[ii] 씨에게 이렇게 사람이
많으면 아내와 딸도 데려올걸 그랬다고 말했더니(딸이
이치카와 씨를 매우 좋아한다), 정작 본인은 곧 가야 한다고 해서
데려오지 않길 잘했다고 생각함. 두 번째 건배를 하고 음악가
시부야 게이치로, 모후쿠쨩, 이 둘과 얘기를 나누고 있었는데
오늘 두 번째 깜짝 놀랄 일이. 아내와 딸이 꽃다발을 들고
나타난 것이다. 내가 나올 때는 그런 낌새가 전혀 없었는데
완전히 속았다. 감동. 딸을 꼭 안아주……려고 했는데, 딸은
시부야 게이치로를 발로 차느라 바빠서 실패(이치카와 씨와는
정반대로 딸은 무슨 연유에서인지 시부야를 자기 라이벌로 여기는
듯하다). 1차를 끝내고 다시 오피스로 돌아와 각자 가져온
와인, 샴페인 등을 따고 술자리를 이어간다. 트위터로 생일
파티를 알게 된 독자들이 속속히 합류하고 유스트림[iii]으로
중계, 언제나 그렇듯이 마지막에는 나 자신도 누가 왔는지
파악이 안 되는 카오스적 술자리가 됨. 어느새 밤이 새고
끝에는 기념사진을 찍은 뒤 성대하게 해산. 기념사진 직후
고탄다 거리로 서둘러 사라져가는 남녀 커플이 생기는
일까지. 고조된 기분과 술 때문에 중간부터는 기억도
흐릿한데 어쨌든 매우 즐거운 생일 파티였다. 오히려 너무

즐거워 앞으로 나쁜 일이 생기는 게 아닌가 걱정될 정도.
총무 일을 도맡아준 도쿄대학교 표상문화연구과 대학원생
이리에 데쓰로 入江哲朗 씨에게 감사!

5월 9일(월)

진짜 생일. 마흔 살이 되었다. 정오가 지나서야 일어났다.
이틀 연속 음주로 몸이 너무 찌뿌둥하다. 낮에는 침대에
널브러져 있다가 심야에 일하기로 한다. 그래서 온종일 잠만
잔 하루. "아즈마 씨, 체력 좋네요"라는 말을 종종 듣는데
실제로는 술 마신 다음 날 집에서 잠만 잔다.

5월 10일(화)

나라 iv) 출장 첫째 날. 『파피루스 PAPYRUS』에서 시작하는
새 연재 「패럴릴리컬 네이션즈」의 취재 겸 표지 사진
촬영으로 1박 2일의 작은 여행. 인터뷰와 함께 아스카 v)에서
찍은 사진이 실린다고 한다. 역시 겐토샤 幻冬舍. 비평가였을
때는 상상도 못했던 대우를 받는다. 역시 작가는 다르군……
하고 감탄할 때가 아니라 취재 여행을 가야 하니 일단 원고를
그 전에 보내야 한다. 그래서 새벽에 일어나 원고 마지막 정리.
어찌어찌 마무리해서 담당자에게 보냈더니 차가 올 시간이
됨. 서둘러 가방에 짐을 쑤셔 넣고 집을 나왔다. 시나가와에서
교토로, 그리고 긴테쓰 특급으로 아스카로. 가지하라

신궁에는 오후에 도착. 렌터카로 아스카 마을을 둘러보고, 박물관에 들러 후지와라 궁터로 간다. 날씨는 좋지 않지만 성기 신앙 석상이 많았던 것이 예상 밖이었던 터라 인상에 남는다. 카메라맨 E씨의 말재주에 넘어가 페니스 형상을 한 석상 앞에서 쓸데없는 사진만 가득 찍었다. 요시노에서 숙박. 갈아입을 속옷을 깜빡했다.

5월 11일(수)

나라 출장 둘째 날. 비가 그치지 않는다. 뉴스에 따르면 태풍이 온다고 한다. 비가 잠깐 그친 사이에 요시노[vi]를 산책. 이어서 지토持統 천황이 자주 들렀다는 요시노 궁터=미야타키 유적으로. 요시노가 조몬 시대에 이미 일대 유통 센터였음을 알게 되었다. 아스카 마을로 돌아와 이시부타이[vii] 유적을 견학하고, 이카루가의 호류지[viii] 절로 이동. 아스카에서 이카루가는 멀다! 우메하라 다케시[ix]가 말한 것처럼 쇼토쿠타이시[x]가 이 거리를 통근하는 것은 불가능했으리라. 호류지에 들르니 빗줄기가 최고조에 달했다. 온몸이 흠뻑 젖은 채 육각당 등을 견학하고 나라 분지를 뒤로했다. 밤 10시 넘어서야 귀가. 딸은 아직 안 자고 애니메이션을 보고 있었다. 〈마법소녀 마도카☆마기카〉. '오타쿠 리터러시'만큼은 쑥쑥 향상되고 있는 것 같다.

5월 12일(목)

오후에 대학에 감. 동일본 대지진의 영향으로 목요일 수업은 오늘이 처음. 릴레이 소설을 쓰는 연습 수업과 비평을 쓰는 연습 수업. 도서관에서 아이누어[xi] 관련 서적을 찾아봤는데 간행된 서적 자체가 극히 적다는 것을 알았다. 그 외에 특기 사항 없음.

5월 13일(금)

오후에 대학에 감. 금요일 수업은 두 번째. SF 소설을 읽는 연습 수업과 '00년대' 비평을 읽는 연습 수업. 후자 수업은 학생들로 강의실이 가득. 이수 등록자보다 학생 수가 많은 것 같지만, 이에 관해서는 불문에 부치고 강의를 진행하는 것이 대학인의 상식. 수업 후에는 NHK 프로그램 수록을 위해 세타가야구로 이동. 언론인 쓰다 다이스케津田大介 씨와 합류. 프로그램 내에 쓰다 씨와 내가 대담하는 코너가 있기 때문인데, 프로그램은 오타쿠 관련 주제를 소개하는 내용이기 때문에 왜 대담이 필요한지 솔직히 모르겠다. 머지않아 강판당하는 게 아닐까 하는 예감······. 수록 종료 후 지유가오카[xii]로 이동해 아침까지 뒤풀이. 대지진 후 언론인의 역할, 정책 서클의 무능함에 대해 의견을 나누고 서로를 격려함. 뒤풀이에서 훨씬 공공성 있는 얘기를 나눈 것 같은데 이것이 TV의 한계겠지. 뒤풀이 후 운전 대행업체에

전화했으나 이미 업무 시간이 끝나 차를 역 앞 주차장에 두고 택시로 귀가. 내일 주차 요금이 얼마가 될지 두렵다.

---

i) 니시아자부西麻布. 도쿄도 미나토구의 지명으로, 여러 나라 대사관이 몰려 있다.

ii) 이치카와 마코토─川誠. 인간의 시공간 정보의 지각 및 인지 처리를 연구하는 인지심리학자. 오사카시립대학교 문학연구과 박사 수료 후 캐나다 요크대학교 연구원, 야마구치대학교 공학부 감성디자인공학과 조교수, 지바대학교 문학부 행동과학과 준교수 등을 거쳐 현재 지바대학교 문학부 교수로 재직 중이다. 『어른이 되면 시간은 왜 짧아질까』 등의 저서가 있다.

iii) Ustream. 2007년 3월 미국에서 시작된 인터넷 개인 방송 서비스. 버락 오바마가 2008년 미국 대통령 선거 유세에 활용하면서 널리 알려졌다.

iv) 나라奈良. 일본 나라현 북부에 있는 관광 도시. 나라 시대의 수도로 고대 사찰을 비롯하여 불교 건축물과 유물이 남아 있다.

v) 아스카飛鳥. 일본의 나라현 아스카강飛鳥江 부근 마을. 일본 고대 문화 발상지의 하나인 아스카 지방의 중심이다.

vi) 요시노吉野. 야마토국(지금의 나라현) 요시노 산 및 오미네 산 남부 지명.

vii) 이시부타이石舞台. 돌로 만든 무대라는 뜻이다.

viii) 호류지法隆寺. 이카루가斑鳩는 히메지 성과 함께 일본 최초로 세계문화유산으로 지정된 호류지(법륭사)가 있는 마을이다. 현존하는 일본 최고最古의 목조 건축물이자 일본 최초로 세계문화유산으로 지정된 호류지(법륭사)는 백제와 일본의 밀접한 교류를 살펴보는데 중요한 자료다.

ix) 우메하라 다케시梅原猛. 1925년 출생. 일본 정토종의 영향력이 강한 아이치愛知 현에서 자랐다. 교토대학교와 동 대학원에서 철학을 공부했다. 1964년 NHK 방송 〈불상─ 형태와 마음〉의 사회를 맡으면서 불교에 심취하였다. 리쓰메이칸대학교에서 강의를 하다가 1970년 학내 분쟁에 휘말려 대학을 사직하고 재야의 연구자로 살았다. 『숨겨진 십자가』 『물밑의 노래』 『일본 모험』 『교토 발견』 등의 저서가 있다. 『주술의 사상』이 번역 출간되었다.

x) 호류지는 불교를 국교로 받아들이고 율령을 선포하여 일본을 고대 국가의 반열에 들게 한 쇼토쿠타이시聖徳太子가 창건했다고 알려져 있다. 성덕태자는 백제의 혜총과

고구려의 혜자에게 불교를 배웠고, 그의 어머니를 비롯해 조정의 요직을 차지한 소가씨 일족이 백제인으로 알려져 있다. .

xi) Ainu language. 아이누족의 언어. 일본의 홋카이도에서 쿠릴 열도, 사할린 섬에 걸쳐 살고 있는 소수 민족인 아이누족이 사용하던 언어로, 일본어와는 전혀 별개의 언어다.

xii) 지유가오카自由ヶ丘. 도쿄도 메구로구의 지명. '자유의 언덕'이라는 뜻으로, 고급 주택가 주변으로 상점이 많이 있다.

후쿠시마 제1 원전 '관광'기

최근 1년 반 정도 '후쿠시마 제1 원전 관광지화
계획'이라는 것을 제창하며 활동하고 있다. 우선 나는 내가
경영하는 작은 회사를 모체로 연구회를 시작했다. 연구회에는
사회학자, 언론인, 관광학자, 건축가 등이 참가하고 있다.
지난해(2013년)에는 그 성과를 모아 『체르노빌 다크 투어리즘
가이드』와 『후쿠시마 제1 원전 관광지화 계획』이라는 두 권의
책을 간행했다. 연말에는 도쿄에서 미술전 〈'Fukushima'로
문을 연다〉를 개최해 호평을 받았다. 신문이나 TV에도
소개되어 이름을 들은 적이 있는 독자도 있을 것 같다.

후쿠시마 제1 원전 관광지화 계획을 설명하겠다. 글자
그대로 후쿠시마 제1 원전 사고가 일어났던 곳을 장래에
'관광지'로 만들자는 제안이다.

이 제안은 '관광'이라는 표현이 너무도 도발적으로
들려서인지 발표 후 큰 반발을 불러 일으켰다. 지금도 가끔씩
인터넷을 통해 비난하는 목소리를 접한다. 그러나 책에 글을
실은 필자들의 문제의식은 단순하며, 그 참뜻을 이해한
이재민과 관계자는 응원해준다.

문제의식은 다음과 같다. 후쿠시마 제1 원전 사고는

세계사에 남는 사고다. 따라서 사고의 교훈을 후세에 올바로 전할 필요가 있다. 하지만 후쿠시마 제1 원전이 있는 후쿠시마현 하마도리 지역은 원래 교통편이 좋지 않고 인구 감소 추세에 있던 지역이다. 박물관이나 공원을 만드는 것만으로는 방문할 사람이 한정될 것이다. 그렇다면 그 터를 그냥 보존만 할 것이 아니라 될 수 있는 한 많은, 그리고 다양한 사람들을 효과적으로 '동원'하는 장치를 마련해야 한다(16년 전의 저서 『존재론적, 우편적』 때부터 나는 모든 소통에 대해 정보의 우수성만이 아니라 '경로'를 고려해야 한다고 주장해왔다). 전체주의 국가에서는 동원이 쉽지만 일본은 그런 국가가 아니다. 자유주의적이고 자본주의적인 현대 사회에서 다양한 이데올로기, 다양한 취미와 관심으로 분단된 여러 시민을 한 장소로 동원하는 것, 이를 실현하는 방법은 현실적으로 그곳을 '관광지'로 만드는 것밖에 없다. 사고가 났던 곳을 관광지로 공개하는 것, 이는 좌익·우익, 부유층·빈곤층, 일본인·외국인 할 것 없이 관광객이라면 누구든 처리 작업을 볼 수 있음을 의미한다. 이는 완전한 정보 공개의 실현이기도 하다. 사고 장소를 관광지화하는 것이 바로 비극의 계승 조건이며, 또 사고 처리를 둘러싼 열린 논의의 조건이다.

이 제안은 이론적임과 동시에 구체적인 위상을 갖는다. 자세히는 앞서 말한 두 권의 책을 읽어보길 바란다. 후쿠시마 사고로부터 25년 전, 마찬가지로 심각한 사고가 일어났던

체르노빌에서는 몇 년 전부터 관광객을 위한 투어가
이루어지고 있다. 한편, 후쿠시마에서도 도미오카마치와
나미에마치에서는 이미 뜻을 함께하는 사람들의 노력으로
희망자를 위한 재해지 투어가 이루어지고 있다. 따라서
체르노빌의 사례를 교훈 삼아 후쿠시마 제1 원전 사고 장소를
둘러보는 투어를 제도로 마련하는 것은 매우 현실적인
의미가 있다.

유럽과 미국의 관광학은 최근에 전쟁 유적, 재해
유적 등 비극의 흔적을 둘러보는 '다크 투어리즘' 현상에
주목하고 있다. '관광'이라는 일본어는 경박한 인상을 주지만
히로시마와 미나마타가 있고, 수학여행이라는 제도가 있는
일본은 다크 투어리즘의 선진국이기도 하다. 관광은 배움의
계기가 된다. 원폭 돔이 히로시마의 중요한 관광 자원이자
동시에 핵무기의 잔혹함을 전하는 귀중한 유산이기도 하다는
사실을 의심하는 사람은 없다. 히로시마는 그 비극의 유산을
적극적으로 보존하고 공개해왔기에 제2차 세계대전 후의
국제 정치에서 중요한 역할을 해왔다. 우리의 제안은 그
경험을 후쿠시마의 원전 사고에 적용하자는 것이다. 원폭
투하로부터 70년이 지나 히로시마가 'Hiroshima'가 되어
전 세계에서 관광객이 찾아오는 것처럼, 후쿠시마도 미래에
세계의 'Fukushima'가 되어야 하지 않을까? 적어도 앞으로
세워질 재건 계획에는 이런 관점이 포함되어야 하지 않을까?

나와 일곱 명의 위원은 이런 생각을 가지고 여러 활동을
펼치고 있다.

　이런 활동을 하고 있는 나는 지난 12월, 일부 위원들과
함께 사고가 일어난 후쿠시마 제1 원전 부지 안으로 들어가,
몇 시간에 걸쳐 처리 작업 현장을 가까이에서 보는 기회를
가졌다.

　널리 알려진 것처럼 후쿠시마 제1 원전 내 세 개의
원자로에서 멜트다운[i]이 일어났다. 작년 가을에 오염수
누수가 여러 차례 확인되는 등 폐로 작업은 더디기 그지없다.
방사선량도 국소적으로는 매우 높고, 작업원은 엄중한 방호를
갖추고 힘든 환경에서 노동해야 한다. 적어도 그리 보도되고
있다. 도쿄전력으로 따가운 시선이 향하는 상황에서 주요
신문이나 TV 등 이른바 '보도 관계자' 이외의 사람에게 부지
내 취재를 허가하는 일은 극히 드물다.

　보도 관계자는 보도의 프로페셔널이다. 그들은
효율적이고 간략하게 필요한 정보를 취사선택한다. 이는
대단한 능력이지만 프로 특유의 '효율성'이 현실의
다양성을 지우는 것도 사실이다. 어떤 현실에도 비극과
희극, 절망과 희망, 심각함과 우스움이 혼재되어 있는
법이지만, 이 '혼재됨'은 기사 크기, 방송 시간의 제약으로
인해 잘려나간다. 필자를 포함한 후쿠시마 제1 원전 계획의
위원들은 이런 점에서 모두 보도의 아마추어다(위원 중에서

유일하게 언론인인 쓰다 다이스케도 보도 기자로서의 훈련을 받은
적은 없다). 따라서 우리의 눈에는 일반적인 보도에서는
배제될 여러 구체적인 장면이 비친다. 이는 결코 효율적이지
않지만, 대신 다양한 현실을 하나의 측면만으로 잘라내지
않아도 된다. 『체르노빌 다크 투어리즘 가이드』 후기에도 쓴
것처럼 이는 아마도 취재라기보다 관광에 가까운 시선이다.
어쩌면 이 문예지 독자에게는 발터 벤야민이 말한 '산책자'의
시선이라고 표현하는 편이 더 잘 전달될지도 모르겠다.
우리는 관광객=산책자로서 흥미가 느껴지는 대로, 자유롭고
무책임하게 현실의 모자이크를 관찰한다. 따라서 우리는
작년 봄에 취재하면서 일본의 보도가 지금까지 배제해온,
관광지화하는 체르노빌의 희비극을 그려낼 수 있었다.

그렇다면 그런 관광객=산책자에게 후쿠시마 제1 원전
사고 현장의 현재는 어떻게 비춰졌을까? 남은 지면을 통해
간단히 보고하겠다.

이는 어디까지나 '관광'기다. 즉, 일종의 기행문이다.
따라서 일부러 나의 개인적인 관심을 중심으로 적었다. 처리
작업 모습이나 직원의 발언, 부지 내 여러 곳의 방사선량
등 일반적인 보도라면 중시될 '사실'에 대해서는 여기에서는
반대로 생략한다(남겨둔 자세한 기록이 있어 다른 기회에 활자로
발표하게 될지도 모르겠다). 이번 취재는 나중에 말하는 것처럼
완전한 관리 아래 이루어져서 우리가 그곳에서 들은 정보는

이미 보도되어 알려져 있는 사실들일 것이다. 그런 관점에서
본다면 우리는 어느 하나 '새로운 정보'를 얻지 못했다.
따라서 이 글의 목적은 새로운 정보를 제시하는 것이 아니라
오히려 이미 알고 있는 정보를 하나의 '체험'으로 구성하기
위한 새로운 문맥과 시각을 제시하는 데 있다. 체르노빌도
관광지화되었다는 사실은 이미 인터넷에 공개된, 알려진
정보였다. 다만, 일본에서는 보도 관계자 중 누구 하나 이를
중시하지 않았을 뿐이다.

보도의 프로가 후쿠시마 제1 원전을 어떻게
언어화하는가에 대해서 우리는 이미 충분히 알고 있다.
아마추어가 같은 장소를 보았을 때 어떤 말이 나올까? 이
글은 그 예 중 하나다.

내가 후쿠시마 제1 원전에 발을 디딘 것은 지난해
12월 5일이다. 취재 참가자는 필자를 비롯해 후쿠시마 제1
원전 관광지화 계획(이하 '관광지화 계획') 위원인 언론인 쓰다
다이스케, 사회학자 가이누마 히로시, 건축가 후지무라
류지, 미술가 우메자와 가즈키. 이와 더불어 사진가 신쓰보
겐슈, 러시아 연극 연구자 우에다 요코, 영상 작가 고지마
유이치, 신경과학자 후지이 나오타카, 그리고 내가 운영하는
겐론과 쓰다의 회사의 각 직원까지 총 13명이었다. 신쓰보,
우에다, 고지마, 이 셋은 작년 4월 체르노빌 취재를 동행했던

사람들이기도 하다.

취재 준비는 모두 쓰다가 담당했다. 쓰다는 사고 전에
도쿄전력의 홍보부장 야노 신이치로와 함께 일한 적이
있었고, 사고 후에도 개인적으로 관계를 유지해왔다. 나는
작년 가을에 그의 소개로 야노 부장과 회식을 했고, 또
도쿄전력 부사장 겸 후쿠시마 부흥 본사 대표 이시자키
요시유키를 취재하기도 했다. 이시자키를 취재한 내용은
『후쿠시마 제1 원전 관광지화 계획』에도 게재되어 있고,
그래서인지 관광지화 계획은 도쿄전력 내에서 어느 정도
좋은 평가를 받은 것 같다. 이번 취재는 그런 배경 속에서
이루어졌다. 부지 내 취재는 도쿄전력만의 판단으로 허가할
수 있는 것이 아니다. 담당자는 정치인도 아니고 매스컴도
아닌 임의단체의 '시찰'(도쿄전력은 이 용어를 사용했다)을
실현하기 위해 여러 관계 기관을 설득하는 노고를 아끼지
않았던 것 같다.

'시찰'은 오전이 후쿠시마 제1 원전, 오후가 후쿠시마 제2
원전, 저녁에는 현재 폐쇄 중이고 앞으로 '폐로 자료관'으로
전용할 예정인 도쿄전력 에너지관(도미오카마치에 있는 후쿠시마
제2 원전 홍보시설)에 들르며 밤에는 의견 교환회를 갖는 꽉 찬
일정이었다. 우리는 제1 원전 취재만 희망했었는데 "파괴된
원전만이 아니라 정상에 가까운 상태의 원전도 견학해
이해를 높여달라"는 제안을 홍보부로부터 받아 일정에 제2

원전도 포함하게 되었다. 결과적으로 이는 대성공이었고, 그 의의에 대해서도 이 글 마지막 부분에서 조금 언급하겠으나 본문에서는 지면 관계상 제1 원전만을 소개하겠다. 전체 소요 시간은 열두 시간에 달했다. 앞서 말한 이시자키 부흥 본사 대표와 야노 부장이 전 일정을 동행했고, 때로는 직접 해설도 해주는 매우 환대받는 조건에서 취재가 진행됐다.

이렇게 쓰면 관광지화 계획은 역시 도쿄전력과 뒤로 연결되어 있는 것 아니냐, 원전 추진파 아닌가, 이런 의혹을 갖는 독자도 있겠지만 이는 큰 오해다. 우리는 취재와 연구를 하면서 민관 여하를 떠나 외부의 어떤 단체로부터 일체 자금 지원을 받지 않았다(개인으로서 지원해주는 사람은 있다). 에너지 정책에 관해서도 특정 입장을 지지하지 않는다. 도쿄전력과의 관계는 쓰다와 야노 부장 간의 개인적인 신뢰 관계가 전부다.

개인적인 신뢰 관계라고 쓰면 이에 대해서도 의심스러운 눈길을 보내는 사람이 있을 것 같은데, 결국 독립된 개인과 개인 사이의 관계를 통해 사회는 바뀌는 것이 아닐까? 정부는 악이다. 전력회사는 악이다. '그들'이 모든 악의 근원이고 '우리'는 모두 희생자라는 식으로 세계를 둘로 나누면 마음은 편할 것이다. 정치는 친구와 적을 나누어 적을 섬멸하는 일이라고 갈파한 이는 나치스를 지지한 것으로 악명 높은 법학자 카를 슈미트였는데, 원전 추진파와 반원전파로 나누는 것을 정치의 기초로 삼으려 했던 대지진 후 상황은 바로 이 친구/적 이론을 조야한 형태로 구현한 것이었다고 할 수 있다. 하지만 실제로는 정부도 전력회사도 개개인의 집합이며 말이 통하는 사람도 있는가 하면 통하지 않는 사람도 있다. 이를 분간했을 때 비로소 진정한 개혁, 진정한 정치가 가능해지는 것으로, 이와 같은 태도는 단순한 친구/적 구분에서는 나오지 않는다. 이런 인식이 관광지화 계획의 출발점이며 따라서 필자는 도쿄전력과의 대화나 협력을 피해서는 안 된다고 생각했다. '친구/적의 구분을 뛰어넘는 개개인의 관계가 정의를 낳고 좋은 사회를 가능하게 한다.' 현대 철학에 조예가 있는 독자라면 이것이 자크 데리다가 말한 '우애'이고, 리처드 로티가 말한 '연대'임을 알 것이다. 지진 후의 어려운 상황에서 도쿄전력 간부와의 우애=연대를 이어간 쓰다의 태도야말로 '이론적'으로 옳은 것이다.

이야기가 곁길로 샜다. 어쨌든 보도 아마추어로서는 매우 드문 우리의 원전 취재는 이렇게 해서 허가되었다. 당일 움직임을 차례대로 써가겠다.

우리는 오전 9시에 후쿠시마현 히로노마치와 나라하마치 경계에 있는 축구 훈련 시설, 통칭 'J 빌리지'에서 모였다. 도쿄에서 자동차로 약 세 시간. 참가자 중 일부는 이와키에서 전날 숙박했다. J 빌리지는 후쿠시마 제1 원전에서 남쪽으로 20킬로미터, 구 경계 구역 외곽에 위치하고 원래 도쿄전력이 출자해 설립한 시설이어서 지진 직후부터 원전 사고 대응 거점으로 활용되고 있다.『후쿠시마 제1 원전 관광지화 계획』에서도 미래에 방문객 센터를 만들 때 부지 후보로 꼽은 시설이다. 도쿄전력의 후쿠시마 부흥 본사도 여기에 있다.

J 빌리지 회의실에서 신분증명서를 확인했다. 사전에 신청한 사람과 동일 인물인지 확인하기 위해서다. 이어서 30분 정도 설명을 들은 후 소형 버스를 타고 후쿠시마 제1 원전으로. 취재 중에는 트위터 등 실시간 미디어에 글을 올리는 것은 불허되고, 사전에 등록한 카메라로만 촬영이 허가되었다. 일단 모든 휴대전화를 맡기라는 말을 들었으나 이시자키 씨의 판단으로 통화용으로 휴대하는 것은 허가되었다. 쓰다는 20만 명, 필자는 12만 명의 트위터 팔로어가 있다. 원전 부지에서 '지금 후쿠시마 1 원전에 있음'이라고 트윗하면 많은 주목을 받았겠지만 그 꿈은 이루어지지 않았다.

J 빌리지에서 원전까지는 약 40분 거리. 후쿠시마 제1 원전에 오전 10시 30분에 도착해 우리는 정문 옆 출입구역 관리시설로 들어갔다. 여기에서 출입자에게 휴대 선량계와 함께 마스크, 장갑, 신발 덮개를 받게 된다. 마스크도 장갑도 약국에서 판매하는 일반 제품이다. 부지 내에서는 자동차로 이동하고, 바깥 공기에 노출되는 시간은 짧아서 문제없다는 설명을 들었다.

이번 취재에서 첫 번째 충격을 여기에서 받았다. 마스크, 장갑, 신발 덮개만 받는다는 것은 이미 현시점에서 딱히 특별한 방사선 방호는 필요 없고 물리적으로는 누구든 부지 안으로 들어갈 수 있음을 뜻한다. 관광지화 계획을 제안하고 1년 동안, 나는 '사고 장소를 관광하다니 미친 것 아니냐, 건강 피해를 고려하지 않는 거냐'는 비웃음에 가까운 비판을 많이 받았다. 그리고 나 자신도 막연히 방사선 방호 관점에서 일반인의 출입이 가능해지기까지는 앞으로 많은 시간이 걸릴 것이라고 생각했었다. 하지만 현실은 그렇지 않았다. 우리 스스로 가벼운 차림으로 부지 안을 돌아다니며 취재하는 과정에서 받은 적산 피폭량도 얼마 되지 않았으므로 (피폭량은 후술하겠다) 후쿠시마 제1 원전을 시민에게 공개하는 것은 지금도 가능한 것이다. 이미 장애는 방사선 자체이기보다 제도나 사람들의 심리로 바뀌었다. 견학자를 받아들이려면 여러 비용이 든다. 폐로 작업에 방해가 되어서는 안 되고, 테러 대책도 무시할 수 없다. 작업원의 감정도 고려해야 할 것이다. 이를 거꾸로 생각하면 몇 가지 문제를 해결하고 정부와 도쿄전력이 결단만 하면 정치인도 보도 관계자도 아닌 일반 시민이 사고 장소를 돌아다닐 수 있는 날은 의외로 머지않아 오게 될지도 모른다(처음에는 추첨으로 한 달에 100명, 그중 반은 후쿠시마 현민으로 하는 방안도 있겠다). 사고 장소를 일반에 공개하면 국민이 원전 사고를 이해하는 데 도움이 될 것이다. 관광지화 계획을 통해 앞으로 '원전 사고 투어'를 실현하기 위해 관계 각처와 논의하려 한다.

오해를 피하기 위해 덧붙이자면 이는 결코 후쿠시마 제1 원전이 '안전'해졌음을 의미하지 않는다. 그게 아니라 방사성 물질의 위험성이 우리가 일상적으로 겪는 물질의 위험성과 질적으로 다르기 때문에 그 위험을 상상하기가 어렵다는 것을 의미한다. 방사선은 독가스와는 다르다. 부지가 온통 '방사능'으로 가득 찬 것도, 들이마셨다고 바로 죽는 것도 아니다. 부분적으로 방사선량이 높아도 적절한 차단, 엄폐를 하면 피폭을 막을 수 있다. 그 대신 적산 피폭량이 중요하므로 견학자에게는 안전해도 작업원에게는 위험한 경우도 있다. 이는 지식으로서는 알려져 있다. 하지만 아무리 지식으로 알고 있어도 우리는 '후쿠시마 제1 원전 사고 장소'라고 하면 온통 '방사능'으로 가득해 한순간도 긴장을 풀 수 없는 '죽음의 땅'이라는 이미지를 가지고 있다. 나도 그랬다. 상상력은 의외로 한계가 있다.

지식과 이미지의 낙차. 이는 이 사례에만 한정되는 것이 아니라 앞으로 'Fukushima'의 미래를 생각할 때 결정적으로 중요해질 과제다. 이 낙차는 일반적으로 '소문 피해'라는 말로 알려져 있다. 이 소문 피해는 계몽 활동과 정보 공개로 해결할 수 있다고 사람들은 믿는다. 그러나 지식과 이미지의 낙차는 원리상 지식의 양을 늘린다고 해소되지 않는다.

아마도 이 낙차는 신체성을 동반하는 '체험'을 통해서만
해소될 수 있다. 그래서 관광지화가 필요하다. 실제로
사람들을 '데리고 오는' 것. 이를 통해서만 전할 수 있는
무언가가 있는 것이다.

　일정 소개로 돌아가자. 우리는 마스크, 장갑, 신발 덮개를
하고 선량계를 목에 걸고 다른 버스에 올라탔다. 원전 부지
안과 밖은 다른 자동차를 사용한다.
　여기서부터는 이 글에서는 소개하지 않을 후쿠시마
제2 원전 취재도 포함해 우리는 완전히 도쿄전력의 관리
아래 놓인다. 오후 5시에 제2 원전 부지 밖으로 나오게 될
때까지 어디를 어떻게 돌아볼지 그 스케줄은 분 단위로
정해졌고, 우리는 이동할 때마다 바뀌는 담당 직원의 안내에
따라 그야말로 '관광객'처럼 '볼거리'를 방문하게 된다. 많은
정치인과 보도 관계자를 안내한 경험이 축적되어서인지
안내 절차는 매우 순조롭고 세련되었다. 요소요소에서
파워포인트를 활용해 설명하고, 점심 도시락까지 준다.
대신 자유는 없고, 흥미를 느낀 곳에 잠시 머무는 것도
허용되지 않는다. 원전 출입은 이런 점에서 관광 체험, 그것도
수학여행이나 여행 가이드가 동행하는 단체 여행 체험과
닮았다. 그리고 이 상황은 우리가 아닌 정치인의 '시찰'이나
보도 관계자의 '취재'도 마찬가지일 것이다. 후쿠시마 제1

원전 '관광'기라는 이 글의 제목에 거부감을 느끼는 독자도 많을 텐데, 후쿠시마 제1 원전을 방문한 우리는 현재 '관광객'일 수밖에 없다.

출입구역 관리시설에서 처음 목적지인 '면진免震 중요동'까지는 1킬로미터 정도다. 날씨는 쾌청하다. 푸른 하늘 아래, 버스는 늘어선 오염수 탱크, 건식 캐스크(사용 핵연료 저장용기)의 임시 보관 설비, 시운전 중인 다핵종 제거 설비ALPS 등을 바라보며 천천히 이동한다. 이곳저곳에서 흰 방호복을 입고 전면 마스크를 쓴 작업원과 마주친다. 실외 작업은 대부분 점심시간 전에 끝난다. 우리는 오전에 방문한 덕에 작업원을 많이 볼 수 있었다.

버스가 멈추었다. 주차장에서 면진 중요동 입구까지 짧은 거리이지만 우리는 방호복 없이 후쿠시마 제1 원전의 바깥 공기에 노출되었다. 맑은 도호쿠 지방의 공기가 상쾌하다. 심호흡하고 싶은 유혹에 빠지지만 방사선량은 시간당 12에서 13 마이크로시버트[ii]. 도쿄의 300배 정도다. 바로 옆에서는 완전 방호 차림의 작업원이 일하고 있어서 좀 기묘한 느낌이 든다. 빠른 걸음으로 건물 안으로 들어가니 방사선량은 0.7에서 0.8 마이크로시버트로 급격히 낮아졌다.

면진 중요동은 그 이름대로 대지진이 발생해도 대응에 지장이 없도록 면진 구조를 채용하여 통신, 전원 등 중요 설비를 모아둔 시설이다. 2007년 주에쓰오키 지진[iii]을

교훈으로 정비 계획을 세워 2010년에 완성했다고 하니
동일본 대지진 때 활약한 것은 아슬아슬한 타이밍이었다.
앞서 말한 것처럼 사고 처리의 실무 거점으로 사용되었고,
작업원의 휴게 장소로도 활용되고 있다. 수면실도 있다.
여기에서는 오노 아키라 소장이 직접 안내해주었다.

면진 중요동의 중심은 도쿄 본점, 후쿠시마 제2 원전
등 여러 장소와 통신 회선으로 연결된 넓은 회의실 '긴급
시 대책 본부'다. 벽 하나가 전부 스크린이고 거대한 타원형
테이블이 있고 그 위에 간부 명판이 쫙 놓인 모습은 영화
세트를 연상케 한다. 그래서인지 나는 본부실에 들어간 순간,
체르노빌 원전의 제어실에 들어갔을 때와 비슷한, 현실과
허구가 뒤섞인 것 같은 가벼운 현기증을 느꼈다.

긴급 시 대책 본부는 원래 이름대로 긴급할 때 사용하는
공간으로 일상 업무를 보는 곳은 아니었다. 이는 위에서
설명한 공간 설계에 단적으로 드러난다. 그러나 취재하며
들른 그곳은 여러 책상과 기기가 놓여 있고, 몇십 명이나
되는 직원들이 오가는 작업 공간이었다. 케이블이 바닥에
즐비하고 서류가 산처럼 쌓였으며 방호복을 입은 작업원이
여기저기를 오간다. 이 광경은 재해 영화의 한 장면처럼
느껴졌지만, 동시에 대지진으로부터 2년 반 동안 이곳
후쿠시마 제1 원전은 계속 '긴급 시'임을 가리키는 것이기도
하다. 그들은 비일상을 일상으로 살아간다.

방사성 물질의 독특한 성질은 시공간 감각을 변화시킨다. 면진 중요동 내부 이곳저곳에 포장테이프로 흰색 선이 그려져 있다. 우리는 아무 생각 없이 이 선을 넘어 다녔다. 이 선이 뭐냐고 물으니, 방사선 관리 구역의 경계를 알리는 선으로 이 안에 들어갈 수 있는 직원과 들어갈 수 없는 직원이 있다는 답이 돌아왔다. 방사선 업무 종사자의 피폭 한도량은 법률로 엄격히 규정되어 있다. 정해진 기간 동안 일정량을 피폭한 종사자는 그 이상 관리 구역 내에서 일할 수 없다. 그리고 면진 중요동은 오염 제거 수준에 따라 같은 건물 안이더라도 선량이 높은 관리 구역과 그렇지 않은 구역이 존재한다. 그래서 도쿄전력에서는 한도량을 초과한 직원에 대해 저선량 구역에서만 일할 수 있도록 배치를 전환하는 등 사고 처리가 늦어지지 않도록 궁리하고 있다고 한다. 리놀륨 바닥에 붙어 있는 평범한 포장테이프의 '이쪽'과 '저쪽'은 인간의 오감으로 전혀 차이를 알 수 없으나 세계가 다르다. 일상은 복도 한복판에서 갑자기 단절되어 한도량을 초과한 사람은 '저쪽'으로 들어갈 수 없다. 이는 마치 성聖과 속俗, 신의 영역과 인간의 영역을 가르는 '경계'처럼 느껴져 사람이 방사능에 대해 느끼는 두려움을 나타내기도 한다. 작년에 아이치 트리엔날레를 방문한 독자라면 미야모토 가쓰히로의 최신작 〈후쿠시마 제1 사카에 원전〉을 연상할지도 모르겠다. 물론, 직원과 작업원은 그런 '의미' 따위를 생각할 겨를이 전혀 없을 것이다. 그러나 원자력은 그 짧은 역사 동안 몇 번이나 집요하게 '신' '태양'과 같은 초월자로 비유되었다. 원자력 시설의 문화인류학적 또는 종교학적 의미에 대해 좀 더 진지하게 생각해볼 가치가 있지 않을까?

면진 중요동의 취재가 끝나고 다시 버스를 타고 드디어 멜트다운이 일어난 1호기, 3호기, 그리고 연료봉을 꺼내는 작업을 하고 있는 4호기를 견학하러 갔다. 버스는 다시 오염수 탱크가 즐비한 곳을 지나 먼저 4개 건물을 내려다볼 수 있는 해발 35미터의 고지대로 이동. 후쿠시마 제1 원전은 원래 있는 땅의 상당 부분을 깎아내 낮게 한 다음 원자로를 건설해 쓰나미가 덮쳤을 때 진원 상실 상태에 빠졌다. 그 희비극은 부지를 돌아다니면 몸으로 확인할 수 있다.

버스가 멈추고 안내가 시작되었다. 방사선량은 16마이크로시버트/시간 정도이지만 여기에서는 내릴 수 없다. 4호기에서 200미터도 떨어지지 않아 새 건물 덮개와 연료봉 꺼내기 작업을 위해 신설된 거대한 철골 구조가 바로 눈앞에 있다. 멀리 5호기와 6호기도 눈에 들어온다. 인상적인 광경을 모두 넋 놓아 바라보았고, 신쓰보는 이를 카메라에 담으려 했으나 직원의 개입으로 촬영은 쉽게 이루어지지 않았다. 실은 이 촬영뿐이 아니라 이번 취재에서 정지 화상 촬영에는 엄격한 제한이 가해졌다(무슨 연유에서인지 동영상에 관해서는 감독이 느슨했다). 그리고 이 제한 또한 미리 예상한

것과는 많이 달랐다. 우리는 일반적으로 촬영 금지라고
하면 특별한 건물이나 인물을 찍으면 안 된다는 것이려니
생각한다. 그런데 이번 취재에서 담당 직원이 무엇보다 신경을
곤두세웠던 부분은 중요 시설의 촬영이 아니라 오히려
필자들은 별 관심이 없는 보안 관련 시설, 펜스, 감시 카메라
등에 대한 촬영이었다. 우리는 무엇이든 촬영할 수 있었지만
펜스와 감시 카메라만은 예외였다. 이 조건은 촬영 대상을
별로 한정하지 않지만 촬영 각도를 크게 제한하게 된다.
감시 시선을 '쳐다보는 것'의 금지가 대상이 아닌 프레임을
결정한다. 이는 마치 컬럼비아대학교 예술사·고고학부 교수
조너선 크레리Jonathan Crary의 『관찰자의 기술』을 그대로
구현한 것 같은, 시각과 정치가 교차하는 독특한 경험이다.
신쓰보는 앞머리에서 언급한 관광지화 계획 관련 미술전에서
이 교차를 주제로 한 흥미로운 작품을 선보였다.

　　고지대에서의 설명이 끝나자 버스로 다시 이동한다.
급경사를 내려가 원자로 건물이 있는 해발 10미터 지역으로
이동했다. 4호기 건물을 바로 밑에서 올려다보고, 후지무라가
"이것은 지금 일본에서 제일 큰 건축 현장이야"라고 감탄한다.
실제로 후쿠시마 제1 원전 폐로에는 현시점에서 적어도 1조
엔이 투입되었다. 앞으로 얼마나 비용이 더 들지 전혀 알 수
없고, 장기적으로는 자기부상 주오中央 신칸센 건설비용을
뛰어넘을 가능성도 있다. 기술적으로도 큰 도전을 시도하고

있는 중이다. 후쿠시마 제1 원전의 사고 처리를 '파괴된 것을 원상태로 되돌리는' 과거 지향적 작업이 아니라 일본 최대의 '건축 현장'으로서 미래지향적으로 바라보면 이 또한 새 문맥을 덧붙이는 활동이 될 것이다.

4호기를 견학한 후, 이 건물 남쪽으로 이동해 더 낮은 해안 지구로. 이 지역은 쓰나미의 상흔이 생생하게 남아 있다. 터빈 건물은 여전히 부서진 상태이고, 과거의 취수구 부근에는 파편들이 산처럼 쌓여 있다. 오가는 트럭들은 오염수 누출 차폐벽 건설용일까? 방사선량은 더 높아져 자동차 안에서도 100에서 150마이크로시버트/시간. 오래 머물 수 있는 곳은 아니다. 짧은 설명 후 버스는 곧바로 출발했다. 이어서 버스는 4호기를 지나 3호기, 2호기, 1호기 순으로 멜트다운이 일어난 원자로 바로 옆을 북쪽을 향해 달렸다. 도로 아스팔트는 아직도 울퉁불퉁하고 오염 제거는 진행되지 않았으며 여기저기 핫 스폿[iv]이 남아 있다. 배포된 휴대 선량계가 경고음을 내기 시작하고(선량계는 일정 피폭량이 될 때마다 경고음을 내게 설정되어 있다) 갑자기 긴장이 고조되었다. 그런데 불안과 흥분은 항상 동전의 앞뒤와 같은 관계다. 필자들의 고조된 기분을 감지했는지 직원이 자동차 내 선량을 실시간으로 방송한다. 700, 800, 1000……. 순간적으로 1200을 기록하고 수치가 내려가기 시작하자 안도의 한숨이 들려온다. 1200마이크로시버트/시간이란

1.2밀리시버트/시간이다. 연간 허용 피폭량으로 널리 알려진 1밀리시버트를 한 시간 만에 넘어버리는 공간선량이다. 하지만 이때는 모든 참가자가 몇 시간 전과는 결정적으로 다른 감각으로 그 수치를 받아들이고 있었다.

취재 하이라이트는 이것으로 끝. 그 후 버스는 5호기와 6호기 주변을 돌고 대지진으로 쓰러진 고압선 철탑을 지나 정문 옆 출입구역 관리시설로 돌아왔다. 마스크, 장갑, 신발 덮개를 벗고 휴대 선량계를 반납한다. 시각은 약 12시 반. 두 시간 가까운 부지 내 취재 동안 적산 피폭량은 30마이크로시버트. 동행자 중에는 20마이크로시버트인 사람도 있다. 필자는 차 안에서 창문에 달라붙어 있었기 때문에 피폭량이 많았던 것 같다. 두 시간에 30마이크로시버트, 이 숫자가 많은지 적은지는 개인의 감각에 따라 다르겠지만 도쿄에서 뉴욕까지 비행할 때 편도 50마이크로시버트 피폭을 감안하면 세계사에 남을 사고 현장을 '관광'한 대가로는 충분히 가능한 허용 범위라고 필자는 느꼈다.

이상이 나의 후쿠시마 제1 원전 '관광'기다.

이 글은 사고가 일어난 지 얼마 안 되는, 그 기억이 새로운 원자력 재해 현장을 가해자도 피해자도 아닌, 보도하는 입장도 보도되는 입장도 아닌 제3자의 입장에서 관광=산책한 자로서 바라본 보고서라고 할 수 있다. 독자 중에는 이런 나의 태도를 경박하다고 느끼는 사람도 있을 것 같다. 그러나 이런 '경박함', 달리 말해 자유롭게 흥미에 이끌려 관찰하는 시선을 도입하지 않으면 'Fukushima'에 관한 논의는 모두 단순한 친구/적 가르기로 귀결되고 만다는 것이 나의 문제의식이다.

관광학자 딘 매캐널Dean MacCannell에 따르면 근대의 관광 산업은 모든 계급, 모든 직업의 인간을 모두 똑같은 대상으로 여기기 때문에 사회 통합에 중요한 역할을 한다(『관광객The Tourist』). 실제로 우리는 일상에서 자기 관심 밖에 있는 많은 정보를 걸러내면서 살아간다. 집과 직장, 평소에 들르는 가게 말고는 다른 공간에 들어갈 일은 별로 없고 지인 이외의 사람에게 말을 거는 일도 거의 없다. 그런데 관광할 때는 이와는 전혀 다른 상태가 된다. 우리는 관광할 때 여행 가이드북에 실려 있다는 이유만으로, '볼거리'라는 이유만으로 평소에는 결코 가지 않을 장소에 가고, 평소에는 결코 접하지 않을 사람과 접하게 된다. 매캐널은 1900년 파리 만국박람회를 방문하는 사람용으로 영어권에서 편집된 여행 가이드북에서 이미 하수도, 시체 안치소, 도살장까지도 '볼거리'로 삼았음을 지적한다. 관광은 계급을 초월한다.

물론 관광의 넘나들기 역할에는 한계가 있다. 그 시선은 때때로 폭력으로 바뀐다. 시체 안치소나 도살장을 들러봤자 관광객이 그 본질을 이해하는 일은 거의 없을 것이며 '관광 대상'이 되는 노동자는 치욕을 느낄 뿐이지 않느냐는 비판도 가능하다. 그러나 거꾸로 생각하면 우리를 분단하는 계급, 취미, 이데올로기의 벽이 관광의 경박함 앞에서는 별 장애가 되지 않음을 의미하기도 한다. 사람은 경박하고 무책임할 때 오히려 자기 한계를 초월한다. 매캐널과 마찬가지로 나는 여기에 희망이 있다고 본다. 피해지와 폐로의 현실을 접하고 원전 사고의 의미를 생각하게 된다면 방문 동기는 아무렴 어떠한가? 후쿠시마의 안과 밖, 원전 추진과 탈원전, 이재민과 비이재민, 친구와 적으로 갈린 이 나라는 지금 '경박한 통합'을 필요로 한다.

12월 5일을 경험하면서 생각한 것, 느낀 것은 여기에 쓴 내용 말고도 많다. 이 글에서 소개한 것은 당일 일정의 일부, 첫 세 시간 정도에 불과하다.

마지막으로 앞으로 쓰게 될지도 모를 두 번째 관광기를 위한 아이디어를 적어두겠다. 나는 후쿠시마 제2 원전을 견학했을 때도 제1 원전 견학과 비견될 만큼 큰 충격을 받았다.

후쿠시마 제2 원전 취재 때 우리는 직원의 자세한 설명과 함께 부지 안을 돌아다니면서 연료용 수조를 들여다보고, 격납 용기 안까지 들어갈 수 있었다. 그 과정에서 내가 통감한 것은 우리가 원전에 대해 너무도 모른다는 사실이다.

개략적인 원리와 구조는 이미 충분히 보도되었다. 조금 검색해보면 도면이나 사진을 얼마든지 입수할 수 있다. 그러나 우리는 그 복도 천장의 통풍관이 어떻게 배치되어 있고, 케이블에는 어떤 태그가 붙어 있고, 격납 용기는 어떤 모양이고 어떤 감촉이며, 이미 사용한 연료용 수조를 채운 물이 어떤 색깔인지 거의 모른다. 그리고 난처하게도 원자력의 미래를 논할 때 이런 구체적인 지식이 필요하다는 생각은 조금도 하지 않는다. 그러나 아마도 원자력의 매력은 이와 같은 구체적인 부분의 관능에 깃들어 있다.

원자력은 단순히 편리하고 저렴해서 선정된 것이 아니다. 숭고하고 아름다우며 위대했기 때문에 정치인과 기술자들을 매료시켰다. 숭고함과 불균형이 결합된 과대 망상적이라고도 할 수 있는 원자로 디자인에는 그런 욕망이 잘 표현되어 있다. 원전 사고에 관한 사유는 최종적으로는 우리는 왜 원자력을 욕망하고 마는가라는 철학적이고 미학적이며 정신분석적인 문제에 도달하게 된다. 나는 언젠가 이 문제를 다루고 싶다.

'Fukushima'는 하나의 사상이다. 왜냐하면 원자력에는 인류의 지혜와 우둔함이 가득하기 때문이다. 그리고 후쿠시마의 사고는 그 지혜와 우둔함을 되묻기에 가장 좋은 거울을 제공해준다. '원전 추진이냐 탈원전이냐, 방사능은 안전한가 위험한가.' 이것 말고도 고민할 것은 수없이 많다. 우리는 지금 Fukushima에 대해 제대로 사유하고 있지 않다. 그 이름에 대해 지금 일본 사회가 경험하고 있는 사유의 경직을 최대한 빨리 풀어야 한다. 나는 앞으로도 Fukushima를 계속 생각할 것이다.

----

i) meltdown. 원자로의 노심부가 녹아버리는 일.

ii) 마이크로시버트microsievert. 방사선량을 측정하는 단위. 1마이크로시버트는 1밀리시버트의 1,000분의 1이다. 기호는 μSv.

iii) 주에쓰오키中越沖 대지진은 2007년 7월 16일 니가타현 주에쓰 지방을 진원으로 하여 발생한 리히터 규모 6.8의 지진이다.

iv) 다른 지점에 비해 비정상적으로 방사선량이 높은 지점을 가리키는 말이다.

대지진은 수많은 코로를 낳았다

후타가미 히데로二上英朗 씨라는 후쿠시마현 소마시 출신 향토사가郷土史家가 있다. 대지진 후 후쿠시마 주변을 취재하다가 알게 되었다. 하마도리 지역의 역사가 연구 대상으로 『하라마치 무선탑 이야기原町無線塔物語』 등 여러 저서가 있다. 하지만 대부분은 지방 출판이나 자비 출판이라 널리 알려지지 않았다. 1953년생으로 환갑이 지난 연령이지만 여전히 활동적인 분이다.

대지진으로부터 4년째 되는 3월 11일 전날인 10일, 미나미소마시 박물관에서 후타가미 씨와 8개월 만에 만났다. 이 박물관에는 히데로 씨의 조카 후타가미 후미히코 씨가 근무하고 있다. 덧붙이자면 히데로 씨의 사촌 유지 씨는 미나미소마시 문화재보호심의회 회장을 맡고 있다. 역사가 가문이라고 할 수 있겠다.

후타가미 씨와는 지진 피해로부터의 재건 상황이나 원전의 미래 등 다양한 주제로 의견을 나눌 수 있었다. 그중에서도 특히 "미나미소마에 애견 코로의 동상을 세워야 한다"는 말이 인상에 남았다.

애견 코로가 무엇일까? 미나미소마시에는 예전에

하네다 도시오羽根田利夫라는 아마추어 천문가가 있었다고
한다. 하네다 씨는 1978년에 하네다 캄포스 혜성을 발견한다.
그때 하네다 씨는 69세. 세계 최고령 혜성 발견자로 일약
세상에 널리 알려지는데, 그때 하네다 씨가 혜성을 발견할
계기를 마련해준 것이 애견 코로였다. 발견 당시는 구름이 낀
상태로 하네다 씨도 상당한 고령이었기 때문에 관측을 거의
포기했던 찰나에 구름 사이로 하늘이 보이는 위치를 향해
코로가 짖었다고 한다. 그곳을 관측했더니 새 별이 보였다.
천문 분야 사람들 사이에서는 유명한 에피소드로, 때때로
혜성을 발견했던 곳을 찾는 사람도 있다고 한다.

    좋은 에피소드이지만 동상을 세울 정도의 일일까?
동상을 세운다면 하네다 씨 동상이 낫지 않을까? 처음에는
진의를 몰라 그런 생각을 했지만 이야기를 듣는 과정에서
납득하게 되었다. 하네다 캄포스 혜성은 그 이름을 보면 알
수 있듯이 하네다 씨와는 별도로 또 한 명의 발견자가 있다.
호세 데 실바 캄포스 씨는 지구 반대쪽 남아프리카공화국에
살았다. 아직 아파르트헤이트Apartheid, 인종 차별 정책가 있던
시대로 일본과는 정치, 종교, 풍습 등 여러 면에서 다르다.
그럼에도 하네다 씨와 캄포스 씨는 혜성 발견을 계기로
편지와 전화를 주고받고, 우정을 나누는 사이가 된다.

    후타가미 씨는 이 모든 것이 코로의 짖는 소리에서
시작되었음을 강조한다. 물론, 코로가 혜성을 발견하지는

않았다. 코로는 우연히 좋은 타이밍에 좋은 방향을 향해 짖었을 뿐이다. 하지만 이 기적 같은 '우연'의 연쇄가 중요하며 이런 우연의 힘을 간과해서는 안 된다고 후타가미 씨는 말하고 싶은 것이다. 실제로 후타가미 씨는 후에 이 '우연'한 인연을 위해 자비를 들여 남아프리카에 다녀왔다고 한다. 캄포스 씨에게 받은 글라스를 양말로 싸서 가져왔고, 그것은 지금 박물관에 전시되어 있다며 자랑스레 얘기해주었다.

후타가미 씨의 이야기에는 유머가 가득하다. 재건 예산 따위 제대로 쓰일 리가 없으니 개 동상이나 만들자는 이야기도 물론 농담으로 받아들이는 게 나을 것이다.

하지만 대지진으로부터 4년이 지나 재건 중인 현실 앞에서 처음 이상이 급속히 바래가는 지금, '우연'의 힘을 잊어서는 안 된다는 후타가미 씨의 말에는 농담으로 받아넘겨서는 안 될 통찰이 담겨 있다고 본다.

이를 새삼 깨달은 것은 다음 날인 3월 11일이었다. 그날, 나는 친구의 안내로 하마도리 지역에 있는 이와키시를 둘러보았다. 이와키시는 넓다. 도쿄 23구의 두 배 가까운 면적이다. 열 개 이상의 지자체를 국가 정책에 따라 억지로 통합해 만든 광역시로 탄생한 지 반세기가 지난 지금도 통합력은 약하다. 그런 역사가 있어 같은 이와키라 해도 지역에 따라 풍토와 문화가 상당히 다르다. 소득 격차도

크다. 이번 취재에서는 이런 복잡한 지역 내 격차가 원전
사고 피난민에 대한 주민의 반발과 해안 어촌의 무리한 재건
계획과도 관계가 있음을 현지인의 설명을 듣고 구체적으로 알
수 있었다.

　　각종 보도를 통해 알려진 것처럼 원전 작업원과 토목
관계자가 소비하는 돈으로, 지금 하마도리는 뜻밖의 활황을
맞고 있다. 피해지 해안은 어디를 가도 공사 중이다. 한편,
작년 가을에 있었던 후쿠시마 현지사 선거에서는 전혀
변화가 없었고, 원전은 쟁점도 되지 않았으며, 전 부지사가
다시 선출되었다. 이 상황을 후쿠시마현 외부에서 보면
너무도 보수적으로 보이지만, 현지에 들어가 살펴보면 그럴
수밖에 없겠다고 느껴지는 광경이 있다. "이와키는 도쿄의
배후지라 우리는 도쿄에 의존하지 않으면 살아갈 수가
없어요." 어떤 사람은 한숨 섞인 투로 말했다. '원전 사고에는
지구적인 의미가 있다. 도쿄 따위 신경 쓰지 말고 전 세계와
연대하면 되지 않겠느냐'는 주장은 (이는 내가 예전부터 해온
주장으로 그래서 체르노빌에도 다녀왔던 것인데) 이런 말 앞에서는
종잇조각처럼 얇고 가벼운 존재일 뿐이다. 나는 11일, 취재가
진행될수록 점점 침묵하게 되었다.

　　그럼에도 역시 희망을 버려서는 안 된다는 것을 코로의
에피소드는 가르쳐주는 것 같았다. 조금 전에 쓴 것처럼
하네다 씨는 69세 때 혜성을 발견했다. 게다가 구름 낀 날에

말이다. 시력도 약해진 고령의 아마추어가 새 별을 발견해낼
리 없다는 생각이 상식이고 '현실적'인 판단이다. 계속
뒤처져온 하마도리 지역이 도쿄의 중력에서 벗어날 묘책을
내놓을 리 없는 것처럼. 그러나 코로는 이런 상식을 뛰어넘어
하네다 씨를 세계로 이끌었다. 현실 논리로 무장한 합리성은
이런 '우연'의 힘을 찾아낼 수 없다. 하지만 이 세계에는
'우연'이 가득하다.

　3년쯤 전, '지진은 우리를 산산조각 내고 말았다'고 쓴
적이 있다. 대지진은 사람들의 연대감을 조각내고 말았다.
특히 원전 사고가 그렇다. 원전의 시시비비, 건강 피해 여부를
둘러싼 논쟁으로 많은 가정이, 우정이, 조직이 조각났다.

　그렇지만 지금 둘러보면 동시에 대지진은 사람들에게
새로운 연대감을 갖게 한 것도 같다. 그 연대는 많은 경우
우연하게 생겨났다. 우연히 같은 장소에서 재해를 경험한
사람, 우연히 같은 장소로 대피한 사람, 우연히 같은 TV를
보고, 우연히 같은 트윗을 리트윗한 사람. 대지진 직후에는
그런 사람들이 새로운 관계를 쌓아가는 광경을 보았고,
그 역동성의 흔적은 아직도 남아 있다. 생각해보면 내가
후타가미 씨를 만난 것 자체가 그런 '우연'의 산물이다.
후타가미 씨가 역사를 연구하는 미나미소마, 이곳이 우연히
쓰나미 피해를 겪지 않았다면 나는 결코 그를 알게 되는 일이
없었을 것이다.

대지진은 수많은 코로를 낳았다. 대지진으로부터 4년, 우리에게 필요한 것은 다시 한 번 이들 코로의 목소리에 귀를 기울일 마음의 여유를 회복하는 것이 아닐까? 나는 지금 그런 생각을 한다.

일기, 2017년

1월 29일(일)

겐론 '어린이 교실'의 날. 겐론에서는 격월로
'카오스*라운지'의 세 작가를 강사로 모셔 초등학생 이하를
대상으로 미술 교실을 연다. 벌써 열여덟 번째다. 이번에는
상상의 마을 시장상像을 다 함께 만든다. 트럼프를 닮은
상을 만드는 팀이 있어서 웃음을 자아냈다. 열여덟 번이나
진행하면 참가하는 어린이도 성장한다. 첫 회에는 초등학교에
입학하기 전이었던 어린이가 어른이 되면 세계 평화를 위해
시리아에 일본의 철도를 수출하는 일을 하고 싶다고 해서
놀랐다. 그러고 보니 시리아는 제국주의 말기 빌헬름 2세의
세계 전략(3B 정책)으로 독일 철도가 부설된 지역이었다.

1월 30일(월)

오전 늦게 일어났다. 집에서 다음 저서 『겐론 0: 관광객의
철학』 집필. 밤에는 제이-웨이브J-WAVE 라디오 출연. 친구
쓰다 다이스케의 정규 방송으로 매달 한 번 하고 싶은 말을
하고 있다. 매스컴에서 잊힌 존재이기에 고맙다. 이번에는
트럼프 대통령에 관한 이야기. 집으로 돌아와 겨우겨우

새벽 4시에 『관광객의 철학』 제6장을 편집부에 송부. 이미 제1장부터 제3장까지, 그리고 제5장은 보냈다. 지금까지 쓴 분량은 원고지 317매. 회사를 경영하면서 이렇게 많이 썼다는 사실이 나도 놀랍다.

1월 31일(화)

겐론 회의의 날. 겐론은 매주 화요일에 회의가 몰려 있다. 그리고 회의가 이상하게 길다. 회의도 많고. 최근 1년 동안 회사가 꽤 커져 사원 전원이 정보를 공유한다는 원칙을 지키기가 어려운 수준에 이르렀다. '이런 과정을 거쳐 관료주의가 필요해지는 거구나'라고 묘하게 납득이 갔다. 평소 같으면 늦게까지 회사에 있었을 텐데 원고가 위험한 상황이라 일찍 귀가. 딸이 어린이 교실에서 만든 작품이 실패해 분했는지 기묘한 입체물(시장이 타는 헬리콥터)을 만들고 있었다. 이 녀석은 수험생 맞나?

2월 1일(수)

지금 유명세를 타고 있는 국제정치학자 미우라 루리三浦瑠麗 씨를 맞이해 쓰다 다이스케와 함께 겐론 카페에서 토크 이벤트. 미우라 씨의 신간 출판 기념. 주제는 물론 트럼프 대통령. 아무래도 나는 겐론 이벤트에서 사회를 맡다보니 하고 싶은 말을 못하는 경우가 많다. 하지만 오늘은 하고 싶은 말을 많이 했다. 단상에서 대화하면서 점점 자유주의가 완전히 붕괴하기 시작한 지금, 자유주의를 재구축하는 것이 내 역할이 아닌가 하는 생각이 든다. 더 이상 정치학자의 현실 감각으로는 자유주의를 지킬 수 없다. 보편주의 이념을 이 문화상대주의 시대에(트럼프는 사실 그 논리적 귀결이다. 미국 제일주의, 다른 나라는 알아서 하라는 입장은 상대주의 그 자체 아닌가?) 어떻게 재구축하면 될까? 이벤트 종료 후 뒤풀이. 아침에 귀가. 최근 너무 많이 마신다.

2월 2일(목)

숙취 때문에 아무것도 못했다. 원고도 못 쓰겠다. 숙취하면 충분히 잠을 잘 수 있다. 이것이 내 건강의 비결이라고 여기고 위안으로 삼는다.

2월 3일(금)

기분이 상쾌하다. 아침 일찍 일어나 계속 원고만 썼다. 『관광객의 철학』제7장. 11월에 갇혀서 원고만 쓴 덕분에 원고지 50매를 쓸 수 있었다. 계획으로는 이를 조금 수정만 하려 했는데, 실제로는 전혀 끝날 기미가 보이지 않는다. 초조함으로 점점 가슴이 답답해진다. 이 책이 간행되지 않으면 경영 계획이 차질을 빚는다. 작은 소프트웨어 제작회사 사장이 된 기분이다. 저녁에 겐론에 감. 겐론에서는

2년 전부터 '카오스＊라운지'와 공동으로 '신예술 학교'라는
이름의 미술학교를 운영하고 있다. 일요일에 그동안의 성과를
모은 전시를 개최할 예정으로 준비 상황을 확인하러 간다.

2월 4일(토)

아침 일찍 일어나 다시 원고를 쓸 계획이었는데 좀처럼
진척이 안 된다. 7장은 도스토옙스키론인데 핵심이 되는
부분의 논리가 자연스럽게 이어지지 않는다. 영화나 보러
가야겠다고 마음먹고 딸을 데리고 가와사키 치네치타[i]로.
문화센터 수업을 마친 아내와도 만나 셋이서 마틴
스코세이지 감독의 〈침묵〉을 보다. 감명을 받다. 가톨릭
여학교 출신인 아내도 나와는 다른 감명을 받은 듯하다. 딸은
사제에게 포교를 포기할 것을 권하는 일본인이 아무리 봐도
옳다고 느꼈다고 한다.

실제로 이 영화에서는 잇세 오가타[ii]가 연기하는
이노우에 지쿠고노가미 일본의 관리와 아사노 다다노부[iii]가
연기하는 통역사가 포교 포기를 완고히 거부하는 (게다가
마지막에는 포기하는) 사제보다 합리적이고 지적으로 보인다.
그러나 나는 여기에 바로 스코세이지의 숨겨놓은 메시지가
있다고 느꼈다.

준비 상황이 신경 쓰여 영화를 본 후에 겐론으로.
카페에는 오두막 같은 장치가, 아틀리에(나는 고탄다에 오피스,

카페, 아틀리에의 세 장소를 빌려서 회사를 운영하고 있다)에는 은색 이머전시 시트로 덮인 보라색 방이 완성된 상태였다. 내일은 강평회.

2월 5일(일)

신예술 학교 제2기 성과전 강평회 날. 제7장을 강평회 전에 마친다는 꿈을 포기하고 일단 와타리움 미술관으로. 컨택트 곤조[iv]의 '싸움 퍼포먼스'(이렇게 부르도록 하겠다)를 보고, 영상 작가이자 아티스트인 우카와 나오히로宇川直宏와 짧은 대담.

끝난 후 서둘러 택시를 타고 바로 겐론으로. 미술가 아이다 마코토[v], 호리 코사이[vi], 와타리움 미술관 큐레이터 와타리 고이치和多利浩一, 『미술수첩』 편집장 이와부치 데이야岩渕貞哉를 맞이해 구로세 요헤이와 나를 포함한 여섯 명이 스무 명 이상 되는 학생들의 작품을 둘러본다. 회화, 설치 미술, 퍼포먼스 등 장르도 다양하고 행사장도 두 곳에 마련했다.

강평이 끝난 후에는 지칠 대로 지쳤다. 우승은 보라색 방을 만든 이소무라 단磯村暖. 제1기 우승자와 마찬가지로 와타리움 미술관 지하에서 개인전을 갖게 된다.

겐론을 창업하고 곧 7년. 여러 우여곡절이 있었지만 겐론이라는 이름을 거쳐 세상에 알려진 사람이 꽤 된다.

이런 활동을 하는 나를 보고 아즈마 히로키는 비평가를
그만두었다고 웃는 사람도 있다. 하지만 3월에는 『관광객의
철학』이 간행된다. 몇 년 후, 몇십 년 후에는 지금의 내
활동이야말로 '가장 비평가적이었다'는 평가를 받게 될
것이라고 스스로를 격려하며 뒤풀이 자리에서 우승자에게
맥주를 따른다.

---

i) 도쿄 남쪽에 있는 도시 가와사키에 위치한 시네마 콤플렉스.

ii) 잇세 오가타イッセー尾形. 1952년 출생. 1980년부터 1인극 연기를 시작했다.
1992년부터 독자적인 공연 투어 시스템을 마련한 후 일본 내 연간 120회 이상의
공연과 함께 런던, 뮌헨, 베를린을 순회하는 해외 공연을 정기적으로 갖고 있다.
한국에서는 2002년 '한일 교류의 해' 기념으로 아트선재센터에서 내한 공연을 가졌다.
1인극뿐 아니라 영화, 소설, 일러스트 분야에서도 활동하고 있다.

iii) 아사노 다다노부浅野忠信. 1973년 출생. 1990년 〈스위밍 업스트림〉으로 데뷔했다.
〈프라이드 드래곤 피쉬〉〈환상의 빛〉〈피크닉〉〈스왈로우테일 버터플라이〉〈밝은
미래〉〈자토이치〉등에 출연했다. 이 밖에도 허우 샤오시엔 감독의 〈카페 뤼미에르〉,
2004년 부천 판타스틱 국제영화제 상영작인 〈녹차의 맛〉등에 출연했다.

iv) 아티스트 유닛 컨택트 곤조contact Gonzo는 싸움하듯 격렬한 퍼포먼스로 유명하다.

v) 아이다 마코토会田誠. 1965년 출생. 도쿄예술대학교와 동 대학원을 졸업했다. 나라
요시토모, 무라카미 다카시 등과 함께 일본의 대표적인 미술가로 꼽힌다. 미소녀, 폭력,
술의 찬미 등 사회 통념이나 도덕심에 저항하는 파격적인 작품으로 알려져 있다.

vi) 호리 코사이堀浩哉. 1960년대 말-1970년대 초 일본에서 전개된 미술 운동인
'미술가공투회의(미공투)'를 주도하였다. '미공투'는 1970년대 이우환 등이 주축이 된
모노하(物派, 사물을 있는 그대로 놓아두는 것을 통해 사물과 공간, 위치, 상황, 관계에 접근하는
예술)에 비판적인 입장을 취하며 새로운 미술의 필요성을 주창한 미술 운동이었다.

악과 기념비의 문제

나는 옛날부터 인간의 악惡에 관심이 있었다. 그것도
개인의 악이 아니라 집단이 행하는 악, 즉 정치나 조직의
힘이 관여해 증폭되는 악에 관심이 있었다.

이 관심은 어릴 적부터 꾸준히 이어져 내가 하는 일을
뒷받침하는 숨은 주춧돌이기도 하다. 나는 구소련의 거대
수용소 체제를 고발한 작가 솔제니친에 관한 에세이로
데뷔하였고, 아우슈비츠의 악에 대해 천착한 유대계 철학자
데리다를 주제로 잡아 첫 책을 썼다. 그리고 대지진 후에는
정기적으로 체르노빌을 방문하고 있다.

지금까지 글로 쓴 적은 거의 없는데, 나의 이런
관심의 출발점은 모리무라 세이치[i]의 『악마의 포식』을
읽은 경험이다. 이 책은 제2차 세계대전 당시, 만주에서
일본군(관동군 731 부대)이 행한 잔혹한 인체 실험을 다룬
책으로 1981년에 간행되었다.

나는 이 책을 집 근처 레스토랑에서 접했다. 그곳은
식구들과 가끔 들르는 가정적인 작은 레스토랑으로, 처참한
내용의 논픽션과는 전혀 어울리지 않는 장소였다. 아마도

레스토랑 주인은 이 책을 베스트셀러를 많이 쓴 오락 소설 작가가 쓴 신간 정도로 인식한 것이 아닐까 한다.

그때 나는 아직 열 살로, 그 가게에서는 정성과 시간을 들여 만드는 수제 햄버그스테이크를 늘 주문했다. 한 시간 가까이 기다리는 동안, 레스토랑에 비치된 책을 골라 읽었다. 그러다 어느 날 우연히 『악마의 포식』을 읽게 되었다. 앞머리를 읽고 충격을 받아 그때부터 몇 번에 걸쳐 레스토랑에 들를 때마다 갸우뚱거리는 부모 앞에서 『악마의 포식』을 읽어 내려갔다. 고기가 익는 냄새를 맡으면서 동상 실험, 생체 해부 묘사를 읽어 내려갔던 것을 지금 돌이켜 생각해보면 그야말로 악취미지만, 당시에는 그런 생각이 들지 않았다. 그 정도로 그 책은 나를 사로잡았다.

관동군이 자행한 인체 실험은 이제 널리 알려졌다. 『악마의 포식』은 이를 세상에 알리는 계기가 된 책이다. 책에 등장한 일부 묘사의 신빙성을 의심하는 주장도 있었다. 그렇지만 인체 실험이 있었던 것은 분명하고 이를 세상에 알린 공적은 매우 크다.

인체 실험에 대한 모리무라의 묘사는 충격적이었고 어린 나는 강한 인상을 받았다. 하지만 그 이상으로 충격이었던 점은 실험이 과학적으로 반드시 필요지는 않았으며, 희생자 중에서는 뽑힐 이유도 필연성도 없는 사람들이 많았다는 것이다. 그들은 적국 국민도, 포로도 아닌 우연히 일본군 눈에 들어온 일반 시민에 지나지 않았다. 그럼에도 불구하고 그들은 반쯤 재미로 실험 대상이 되고 말았고 해부되어 살해되었다. 저서에는 전 군의관의 증언이 많이 실렸고, 초등학생이었던 내가 시점을 동일시하기 쉬운 중국계 소년이나 러시아계 모자에 관한 에피소드도 실렸다. 그들에게는 연구소에 끌려오기 전의 인생이 있었고, 가족이 있었으며, 각자의 스토리가 있었다. 그럼에도 연구소에서는 '마루타'일본어로 '통나무'라는 뜻이다. 옮긴이라고만 불렸고, 실제로 목재처럼 소비되고 잘려나갔다. 731부대는 실험 대상을 '마루타 1호' '마루타 2호'처럼 번호로 관리하였고, 인원수가 아니라 개수로 셌다. 나는 그 잔혹함에 치를 떨었다.

내가 이 책에서 접한 것을 지금의 시점에서 이름을 붙이자면 인간으로부터 고유명을 박탈하고 단순한 '소재'로 '처리'하는 추상화와 수치화의 폭력이다. 인간은 세계를 추상화하고 수치화한다. 이는 모든 지식의 원천이다. 하지만 이 같은 힘이 인간을 한없이 잔혹하게 만들기도 한다. 당시 나는 레스토랑에 가서 수제 햄버그스테이크를 주문할 때마다 생각했다. 테이블 앞에는 아빠가 있고 엄마가 있고 여동생이 있다. 사람다운 대화를 나누고 있다. 웃거나 화내거나 하면서 말이다. 그러나 이 모든 것은 어떤 관점에서 보면 완전히 무無이고, 우리는 단지 네 개의 통나무에 지나지 않다. 우리 가족과 그 중국계 소년 또는 러시아계 모자 사이에 어떤 특별한 차이도 없고(그도 그럴 것이 그들 관점에서 보았을 때 모든 인간은 통나무이니까), 희생자가 겪은 불행은 언제든 누구라도 겪을 가능성이 있는 불행이다.

열 살인 나는 아직 역사나 민족에 대해 잘 몰랐다. 그래서 『악마의 포식』이 묘사하는 잔혹함이 '일본'이라는 나라의 '군국주의'가 저지른 '범죄'라는 인식을 갖지는 않았다. 오히려 731 부대에 관한 묘사를 인류 전체의 문제로, 인간이 자행할 수 있는 무한한 잔혹함에 대한 경고로 읽었다.

그 후, 나는 중학교에서는 혼다 가쓰이치本多勝一에 흠뻑 빠져 그의 글을 읽었고(그의 저서에 대해서도 이런저런 평가가 있다는 것을 안다), 고등학생 때 솔제니친을 접했고 대학에 입학한 후 난징과 아우슈비츠를 방문했다. 내가 하는 일은 지금도 37년 전 그 레스토랑에서 경험한 충격의 연장선상에 있다.

추상화와 수치화의 폭력. 그 악은 소박하게 생각하면 의심의 여지가 없다. 그러나 조금 진지하게 고민하면 이 악에 저항하기가 의외로 어렵다는 것을 알게 된다. 왜냐하면 이 폭력은 방금 쓴 것처럼 인간 지식의 원천이기도 하기 때문이다.

이는 과학에 한정된 이야기가 아니다. 인간으로부터 고유명을 박탈해 '소재'로 '처리'하지 않으면 우리는 국가도

만들 수 없고 자본주의도 운영할 수 없다. 국가의 기초가
되는 각종 통계는 수치화의 폭력 자체이고, 자본은 원래
노동력으로부터 고유명을 빼앗음으로써 성립한다. 물론
국가와 자본주의 모두 폭력이고 절대 악이며 고로 용납할
수 없다고 말하기는 쉽다. 그러나 국가도 자본주의도 없는
곳에서 어떤 사회를 구상할 수 있을까. 결국은 제대로 된
아이디어도 없이 거대한 관료제도 아래에서 더 비인간적인
사회를 만들 수밖에 없었다는 것이 20세기 공산주의가 남긴
교훈이다.

　　인간은 국가와 자본주의 아래에서만 인간일 수
있다. 그런데 국가와 자본주의는 인간을 무한히 잔혹하게,
비인간적으로 만든다. 인간을 인간이게 만드는 그 조건이
인간을 인간으로부터 무한히 먼 존재로 만들고 만다. 여기에
풀기 힘든 역설이 있다.

　　나는 최근에 모스크바 교외에 설치된 스탈린 시대의
학살 여기에서 '학살'이라는 말을 쓰고 있지만, 일본어로 이 말은 '대량 학살'이라는
용어로서 '제노사이드'의 번역어로 쓰인다. 그러나 제노사이드에는 엄밀한 정의가 있어 (이는
1940년대에 만들어진 말이다) 스탈린 체제 아래 정치적 억압이 제노사이드에 해당하는지에
대해서는 복잡한 논쟁이 이루어지고 있다. 자세히는 아래를 참조하기 바란다. 노만
내이막Norman M. Naimark, 『스탈린의 제노사이드』Stalin's genocides, 네기시 다카오
옮김, 미스즈서방, 2012년. 기념비를 찾았다. 기념비는 모스크바

중심부에서 남쪽으로 약 25킬로미터, 도쿄로 비유하면
후추府中 정도 떨어져 있는 부토보라는 곳에 있다. 그 주변은
소련 내무인민위원회NKVD가 소유했던 사격장으로, 1937-
1938년에 걸쳐 2만 명 이상이 사살되어 매장된 곳으로
알려져 있다. 지금 그 일대는 러시아 정교가 관리하는
공원이 되었고 일반 시민에게 개방되어 있다. 러시아 정교가
관리하는 이유는 희생자 가운데 약 1,000명의 성직자가
포함되어 있기 때문이다.

부토보의 기념비는 2017년에 건설되었다. 기념비는 높이
2미터의 화강암 벽이 좌우로 150미터씩 이어지는 복도형
구조로, 정면에서 보았을 때 왼쪽 벽에 1937년의 희생자,
오른쪽 벽에 1938년의 희생자, 총 2만 762명의 이름이
새겨져 있다. 모든 사망자의 총살 날짜가 기록되어 있었다는
점이 인상적이다. 긴 벽에는 1937년 8월 8일부터 1938년
10월 19일까지 시계 방향으로 날짜별 사망자의 이름을
알파벳순으로 각인했다. 한 명만 죽은 날이 있는가 하면 한
번에 100명 이상 죽은 날도 있다. 아직 10대인 소년도 있고,
한눈에 외국인임을 알 수 있는 이름도 있었다.
이 집요할 정도로 길고 정확한 리스트는 멀리 우랄 지방
수용소 터에서 보았던 또 하나의 리스트를 떠올리게 했다.
러시아 중부의 도시 페름에서 북동쪽으로 80킬로미터

떨어진 숲 속에 '페름'이라 불리는 소련 시대의 수용소 터가
있다. 스탈린 시대에 거대 수용 체제(굴라크Gulag, 1930-1955년 소련의
강제수용소)의 일부로 건설되어 냉전 붕괴 직전까지 감옥으로
쓰였던 그곳은 지금 박물관이 되었다. 나는 며칠 전에 그곳을
들러 우연히 개최 중이던 특별 전시에서 같은 해 1938년에
같은 모스크바에서 제작된 총살 대상자 리스트(복제)를
보았었다. 표지에는 스탈린이 빨간 연필로 쓴 승인 서명이
남아 있었다.

그 리스트로 총살 선고를 받은 사람들이 부토보
기념비에 각인된 희생자 리스트에 포함되어 있는지는
모르겠다. 하지만 나는 두 리스트가 한없이 닮았음을
직감했다. 두 리스트에는 같은 정신이 담겨 있었다. 소련은
거대한 관료 국가로 당시에 비슷한 총살 대상자 리스트가
수없이 작성되어 타이핑되어 열람되었을 것이다. 그것들이
80년이 지난 지금까지 잘 보관되어 공개되었기 때문에
기념비에 새겨진 길고 정확한 리스트를 만들 수 있었다(이는
일본과 상황이 크게 다르다). 나는 눈이 내릴 것만 같은 구름
가득한 날씨 속에서 2만 명에 이르는 사망자 이름이
새겨진 벽을 30분에 걸쳐 천천히 돌아보며 그 통절한
역설을 계속 생각했다. 총살 대상자 리스트는 언뜻 보면
고유명으로 가득하다. 그러나 스탈린은 희생자로부터
인생을 앗아가기 위해, 즉 고유명을 박탈하기 위해 리스트를

만들었다. 과거에 솔제니친이 『수용소 군도』에 쓴 것처럼 당시 소련에서는 총살할 수치 목표가 최우선으로, 누가 어떤 죄로 총살되는지는 전혀 신경 쓰지 않았다. 리스트에 이름이 기재되었더라도 이는 숫자를 채우기 위한 것에 불과해 본질적으로는 전혀 고유한 이름이 아니었다. 그런데 지금은 희생자 가족들이 그들의 삶을 되찾기 위해 그와 같은 리스트를 이용한다. 같은 정신이 총살과 기념비 모두를 가능하게 한다. 추상화와 수치화의 정신이 말이다.

추상화와 수치화의 폭력은 한편으로 고유명을 빼앗고, 다른 한편으로 고유명을 회복시킨다. 우리는 두 힘을 구별할 수 없다. 우리는 죽은 자의 이름을 리스트로 기억할 뿐이다.

그래도 기념비는 방문자에게 언제나 복잡한 감정을 느끼게 하는 것이리라. 기념비는 사건을 기억하려고 세운다. 동시에 기념비는 이를 세움으로써 사람을 안심하게 만들어 중요한 사건을 망각하게 하는 폭력 장치로 느껴지기도 한다. 예전에 소크라테스가 글자에 대해 지적했고(『파이드로스』), 데리다가 거듭 천착한 기억과 기록의 역설을 기념비 앞에서 알기 쉽게 체감할 수 있다. 그 역설은 기념비를 권력 기관이 세우면 더욱 강하게 느껴진다. 권력 기관이 세운 기념비는 의도와 디자인이 어찌되었든지 사람들로 하여금 사건을 기억하게 함이 아니라 오히려 잊게 하려고 세우는 것처럼 느껴지고, 실제로 그런 기능을 한다. 여기에 또 풀기 힘든 역설이 있다.

　부토보의 기념비도 러시아 정교 관리 아래 있는 것에서
알 수 있듯이 푸틴 정권의 애국주의 및 종교 회귀와 밀접한
관련이 있다. 이에 대해서는 다른 글을 통해 보고하겠다.

　나는 종종 정치적으로 둔감하다는 비판을 받는다.
실제로 나는 누가 어떤 정당에 소속되어 있고, 다음
선거에는 어디가 유리하다는 식의 이야기에 흥미를 느끼지
못한다. 데모도 참여하지 않는다. 그러니 비판이 있는 것은
당연하겠지만 어쩔 수 없다는 생각도 든다. 많은 사람들이
중요하게 여기는 '정치'의 가치를 나는 잘 모른다. 이는 일종의
병인지도 모르겠다.

　나에게 정치를 사유하는 일은 오히려 추상화와 수치화의
폭력을 생각하는 것이다. 이 폭력이 갖는 역설을 사유하는
것이다. 우리는 정치가 없으면 살 수 없다. 하지만 정치는
우리를 한없이 잔혹하게 만든다. 이 역설을 어떻게 제어할
것인가, 이 지혜를 만들어내고자 노력하는 과정이 나에겐
정치를 사유함이다.

　아마도 이런 주장은 지금 세상에서는 단적으로
비정치적이고 현실도피적인 냉소주의라는 비난을 받을
것이다. 나도 잘 안다. 하지만 나는 37년 전『악마의 포식』을
접하고 계속해서 인간의 악을 생각해왔다. 정치가 증폭시키는

악을 줄곧 떠올려왔다. 언젠가 내 사유의 성과가 세상에서 말하는 '정치'와 교차할 때가 오면 좋겠다.

i) 모리무라 세이치森村誠一. 1933년 출생. 마쓰모토 세이초와 함께 일본 사회파 미스터리의 양대 산맥이라 불린다. 아오야마가쿠인대학교 영문학과를 졸업하고, 9년 동안 호텔에서 일했다. 1969년 『고층의 사각지대』로 제15회 에도가와 란포 상을 수상하면서 미스터리 작가의 길을 걷게 된다. 1973년에는 『부식의 구조』로 제26회 일본추리작가협회상을 받았다. 『인간의 증명』 『청춘의 증명』 『야성의 증명』 등 이른바 '증명 3부작' 등 수많은 저서가 있다. 770만 부 이상이 판매된 『인간의 증명』은 제3회 가도카와 소설상을 받았고, 2011년 한국 드라마 〈로열 패밀리〉의 원작으로 사용되기도 했다. 1981년에는 일본 731부대의 만행을 폭로한 논픽션 『악마의 포식』을 출간하여 일본 사회를 충격에 빠뜨렸다.

겐론과 외할아버지

겐론이라는 회사를 창업한 지 7년 반이 된다. 처음
1년은 취미 동아리보다는 조금 더 진지한 정도였지만, 고탄다
한구석에 사무실을 빌려 정규직 직원을 고용하기 시작한
지 6년 반이 지났다. 창업했을 때 어린이집에 다녔던 딸이
지금은 초등학교를 졸업할 나이다.

겐론을 시작했을 때 나는 서른여덟 살이었다. 지금은
마흔여섯 살로, 앞으로 몇 년 안에 회사가 망할 일은 없을
터이니 40대 내내 겐론 경영에 몰두한 셈이 된다. 대학원에
다니며 프랑스어로 된 철학서와 격투하던 20대의 나를 만나
'40대가 되면 너는 중소기업의 경영자 아저씨가 된다'고
말해주면 코웃음을 칠 것이다. 하지만 지금 나는 '이것이
운명이 아니었을까' 느낀다.

지금까지 글로 쓴 적이 거의 없는데 나는
외할아버지로부터 큰 영향을 받았다. 외할아버지는 서너 명의
사원을 거느린 내장업체 경영자로, 자택과 사무실을 겸한
3층짜리 작은 사옥이 도쿄 아카사카의 히토쓰기 거리에서
구 콜롬비아 거리로 올라가는 언덕길에 있었다.

    1층은 사무소로 사무 책상과 간소한 응접세트가 있었고,
책상 위에는 녹색 받침이 달린 투명 비닐 책상 매트가
깔려 있었다. 비닐 위에는 볼펜과 도장 흔적이 수없이 남아
있었고, 나는 이 흔적을 손으로 만지는 것을 좋아했었다.
사무소 안쪽 창고에는 커튼과 카펫이 가득했는데, 어릴
적 나는 이곳을 미궁으로 여기고 털실 냄새를 맡으며 혼자
숨바꼭질을 했다. 2층은 외할아버지와 외할머니가 거주하는
곳, 3층은 내가 기억하게 된 시기에는 이미 삼촌들의 방이
되었지만 그 전에는 사원들 숙소였다. 각 층은 실외 계단으로
이어져 있어서 계단을 끝까지 올라가면 작은 옥상이 있었다.
옥상에는 나무 화분에 둘러싸인 표주박 모양의 연못이
있어서 금붕어와 붕어가 헤엄치고 있었다. 순환 펌프의
물소리를 뒤로하고 동쪽을 바라보면 멀리 방송국 TBS까지
공터가 펼쳐졌다. 공터 한구석에는 전송탑이 있었고, 나는
오랫동안 그것이 도쿄 타워인 줄 알았다. 도심 한복판에 왜
그런 공터가 남아 있었는지 이유는 모르겠다. 전쟁 중에는
근위 보병 제3연대 부지였다고 하니 그 때문이었는지도
모른다.
    내 아버지는 샐러리맨이고 어머니는 전업주부였다.
여동생이 하나 있다. 집은 도쿄 교외, 내가 어릴 때는 아직
택지와 밭이 반반 정도였던 미타카시三鷹市 남쪽 끝에 있었다.
아침 7시에 가족 넷이 아침 식사를 하고, 아버지는 출근해

저녁에 집으로 돌아왔고, 저녁 7시에 다시 넷이서 TV를 보며 저녁밥을 먹었다. 휴일에는 저가 국산차로 드라이브를 했다. 이런 생활은 나중에 미타카시에서 더 먼 교외로 이사하고, 중학교 입시 준비를 위해 학원을 다닐 때까지 이어졌다.

이렇게 보면 쇼와 시대의 전형적인 행복한 가정처럼 비치고 실제로 그랬다고 보는데, 하나 부족한 것이 있었다. 바로 어른의 세계다. 나는 아버지 근무지에 거의 가본 적이 없다. 어머니는 가사에만 종사하셨다. 가사는 물론 중요한 노동인데, 적어도 가정 바깥에 노동력을 빌려주지는 않았다. 교외에 자리한 단독 주택을 들르는 손님은 없었고, 내가 본 아버지와 어머니는 늘 우리 오누이를 상대하고 있었다. 그래서 어른이라는 게 어떤 것인지, 어른의 세계가 무엇을 가리키는지, 어릴 적 나는 아무런 이미지도 가질 수 없었다. 가정은 사회로부터 완전히 분리되어 있었다. 이는 우리 집의 문제만은 아니었을 것이다. (1947년부터 1949년경까지 '제1차 베이비붐' 시대에 태어난) 단카이 세대 부부가 이룬 상당수 가정이 비슷한 문제를 안고 있었을 것이다.

하지만 외할아버지 집에서는 가정과 사회가 분리되지 않았다. 사무소와 자택은 이어져 있었고, 집 안을 종업원이 왔다 갔다 했다. 특히 인상에 남아 있는 것은 매년 가을, 아카사카 히카와 신사의 예대제例大祭, 각 신사에서 매년 한 번 행하는 가장 큰 제사. 옮긴이 모습이다.

아카사카 히카와 신사는 지금의 도쿄 미드타운과
TBS 중간에 위치한, 천년 이상의 역사를 가진 신사다.
외할아버지 집은 이 신사의 관할 지역으로, 지역 고객을
상대로 하는 장사를 하는 점도 작용해서인지 각종 행사에
적극적으로 협조했다. 예대제 때는 외할아버지에게 무슨
영향력이 있었는지 신사를 출발해 지역을 도는 미코시神輿,
신위를 모신 가마로 축제 때 행렬의 핵심 역할을 한다. 옮긴이 중 하나가 주요
경로인 히토쓰기 거리를 벗어나 일부러 급한 언덕길을
올라 외할아버지 집 앞까지 왔다가 다시 히토쓰기 거리로
되돌아갔다. 그날은 아들과 딸 합쳐 여섯 자녀, 그리고 배우자,
손주도 함께 모였다. 종업원과 가족이 다 함께 미코시를
운반하는 사람에게 술을 대접하고 노고에 감사하는 것이
관례였다. 축제날은 아침부터 이 준비로 바빴다. 나도 핫피축제
때 입는 가벼운 일본 의복. 옮긴이를 입고 머리띠를 맨 모양새로 술을
대접했다. 외할아버지는 술이 세셨다. 한없이 술을 드셨다.
대머리의 동그란 얼굴이 빨개져 가족들에게 지시를 내리고
젊은이들에게 둘러싸여 웃는 외할아버지 모습은 교외의 단독
주택에서는 결코 느낄 수 없는 감각을 내게 주었다.

그곳에는 지역이 있고 사회가 있었다. 무엇보다 많은
사람이 있었다. 미타카에는 네 명이 있을 뿐이었다. 나는 그런
외할아버지를 동경했다.

나를 외할아버지가 키워준 것은 아니다. 나를 키운 것은 아버지와 어머니다. 아카사카에는 1년에 몇 번 가는 정도였다.

외할아버지와 특별히 친했던 것도 아니다. 외할아버지는 전형적인 중소기업 경영자였다. 정치 얘기는 하지 않으셨지만 아마도 보수 쪽이었을 것이다. 종군 경험도 있었다. 타고 있던 비행기가 대륙 상공에서 총격 당해 죽을 뻔한 에피소드를 재미있게 얘기하곤 했다. 한 번은 일 때문에 황궁에 들어가셨는데, 그때 받은 담배를 소중히 간직하셨다. 그런 외할아버지는 오히려 내 장래를 걱정하셨다. 나는 외할아버지 집에서 주는 과자를 종종 거절하고 대신 책을 살 용돈을 달라고 했었다. 500엔을 받아서 몇 번이나 언덕 위에 있는 서점에 갔다. 이것을 보신 외할아버지는 입버릇처럼 "그렇게 책만 읽다가 히로키는 빨갱이가 되겠다"고 하셨다. 이 '빨갱이'라는 말의 의미는 많은 세월이 지난 후에야 알게 되었다.

결국 나는 책만 읽다가 어떤 의미에서는 빨갱이가 되었다. 대학원에 진학해 외국어 문헌을 읽고 지식인으로 신문이나 TV에서 잘난 척 한마디 하는 직업을 갖게 되었으니까. 20대와 30대의 대부분이 그렇게 지나갔고, 그동안 외할아버지를 떠올리는 일은 거의 없었다.

외할아버지를 생각하게 된 것은 겐론을 창업한 후부터다. 겐론은 '겐론 카페'라는 이벤트 공간을 운영하고, 매년 여기를 행사장으로 삼아 지원자가 한자리에 모이는 큰 규모의 송년회를 연다. 심야까지 이어지는 토크 이벤트가 중심 행사로, 중간에 식사도 하고 아트 퍼포먼스와 퀴즈 대회도 연다. 그래서 아이와 함께 가족 단위로 오는 참가자도 적지 않다. 3년 전, 송년회 행사장을 나와 사무소로 돌아오니 시끄러운 행사장을 피해 여기로 와 있던 내 딸을 비롯한 어린 아이들이 퍼포먼스를 마친 아티스트와 놀고 있는 광경을 보게 되었다. 겐론 사무소는 일부가 로프트 구조로 이루어진 창고형이다. 아이들은 로프트로 이어지는 계단을 오르내리고, 작은 틈에 숨어서 어른들에게 큰소리로 외치곤 했다. 시간은 이미 오후 열 시를 넘겨서 부모들은 쓴웃음을 지으며 집에 가자고 아이들을 어르고 있었다. 그 모습을 보고 나는 묘한 현기증을 느꼈다. 마치 외할아버지 집에 있는 것 같은 착각에 빠졌다. 로프트는 커튼과 카펫이 가득한 창고였다. 나는 파티 행사장에서 가져온 와인글라스를 한 손에 들고 있었고 얼굴빛은 발개져 있었다. 나는 축제 날 외할아버지와 똑같았다.

나는 조금 전에 20대의 나에게 40대가 되면 중소기업의 경영자 아저씨가 된다고 말해주면 코웃음을 칠 것이라고 썼다. 그렇다고 해서 그 시절 나에게 미래의 비전이 있었느냐면 그렇지도 않았다. 대학원에 다니며 그곳이 교수나 연구자를 양성하는 곳이라는 것은 알고 있었다. 철학서를 읽는 것도 즐거웠다. 학자가 천직처럼 느껴졌다.

하지만 나는 몇 살이 되어서도 대학에 근무하고 동료와 함께 일하며 회의에 나가고 학생을 지도하는 내 모습을 상상할 수 없었다. 실제로 대학에서 근무할 기회가 주어졌을 때도 금방 그만두고 말았다. 대학에서 하는 일이 싫어서가 아니었다. 그냥 단지 이것은 진짜 인생이 아니라는 강렬한 위화감을 느껴서이다. 이 감각은 다른 일에서도 느껴졌다. 논단지나 문예지에 원고를 써도, TV 토론 프로그램에 출연해도, 신문의 논단 시평을 담당해도, 이를 통해 다소 명예와 재산을 손에 넣어도, 나는 항상 '이것은 진짜 인생이 아니다' '진짜 현실은 여기에 없다'고 느꼈다. 그런 일을 할 때 내 주변은 온통 몽롱해서 마치 다른 사람이 주인공인 영화를 보는 것 같았고, 지금이라도 바로 리셋reset할 수 있는 것처럼 느껴졌으며, 나와 현실 사이에 항상 반쯤 투명한 막이 있는 것 같았다. 물론 이는 매우 유치한 감각이다. 나도 자각하고 있었다. 하지만 유치함을 자각했다고 해서 그 감각이 사라지는 것은 아니다. 나는 20대와 30대의 20년 동안 줄곧 이 유치한 위화감 때문에 괴로웠다. 이는 겐론을 시작할 때까지 이어졌다.

왜 겐론을 만들었느냐? 이런 질문을 자주 받는다. 나는 이런저런 이유로 이에 답한다. 대학에는 한계가 있으니까, 출판에는 한계가 있으니까, TV에는 한계가 있으니까, 인터넷에는 한계가 있으니까, 이쪽이 더 자유롭고 즐거우니까……. 모두 거짓이 아니다. 비평은 자율을 필요로 한다. 그러나 대학과 출판은 더 이상 자율을 보장해주지 않는다. 그러니 겐론과 같은 운동체가 등장하는 것은 비평사의 필연이라고 느낀다. 나는 이 필연을 구현한 것뿐이다.

하지만 인간은 그것이 아무리 논리적으로 옳다 하더라도 현실에서는 그 길을 선택하지 않을 때도 있는 법이다. 따라서 내가 겐론을 만들 수 있었던 것은 그것이 옳다고 생각해서가 아니다. 내가 겐론을 만들 수 있었던 것은 아마도 나에게 외할아버지가 있었기 때문이다. 그리고 외할아버지밖에 없었기 때문이다.

내가 아는 어른은 외할아버지밖에 없었다. 아버지도 어머니도 어른이 사회에서 어떤 행동을 하는지 보여주지는 않았다. 내가 아는 어른의 세계는 외할아버지의 세계뿐이었다. 그래서 무의식 속에서 여전히 외할아버지처럼 행동하는 것밖에, 즉 작은 회사에서 얼굴이 보이는 손님을 상대로 장사하는 것밖에 생활을 실감할 길이 없었다. 나는 학자가 되었다. 지식인이 되었다. 빨갱이가 되었다. 그럼에도 여전히 학자이고 지식인이며 빨갱이라는 것이 현실 생활에서 무엇을 의미하는지 전혀 알지 못한다. 어릴 적 내 주변에는 어떤 학자도 지식인도 빨갱이도 없었기 때문이다. 이것이

나의 한계다. 지식도 노력도 상상력도 상관없는, 이른바 계급적 한계다. 나는 오랫동안 이 한계를 한계로 의식하지 않고 돌파하려고 노력했으나 계속 실패했다. 결국 내게는 중소기업 경영자가 되는 길밖에 없었다. 그래서 나는 겐론을 운명이라고 느낀다. 내 한계를 한계로 부정하는 것이 아니라 운명으로 받아들여 긍정해야 한다고 생각한다.

겨우 이런 사실을 이해하려고 40년 이상이나 살아야 했다. 참으로 우스운 일이다. 그러나 인생이란 대체로 그런 것인지도 모른다.

외할아버지는 10년도 전에 돌아가셨다. 내 딸이 태어난 직후였다. 증손녀를 보여드릴 기회는 없었다.

외할아버지 집은 그보다 전, 20년 이상 전에 해체되었다. 지금은 공터도, 전송탑도 없다. 예전에 외할아버지 집이 있었고 카펫이 쌓여 있었고 금붕어가 헤엄쳤고 미코시가 들어왔던 작은 땅은, 지금은 부동산 기업 미쓰비시지쇼三菱地所가 소유한 커다란 고층 빌딩 입구의 일부가 되었다. TBS는 개축되었고 히토쓰기 거리도 완전히 변했다. 당시 외할아버지보다 더 연세를 드신 어머니는 꼭 외국 같다며 한탄하신다. 내가 500엔 지폐를 쥐고 달려갔던 서점만은 재개발을 아슬아슬 피해 다른 고층 빌딩의 공터 옆에 아직도 자리하고 있다.

외할아버지가 살아계셨어도 내가 하는 일은 전혀
이해하지 못하셨을 테다. 나 또한 외할아버지에게 설명하려
하지 않았을 것이다. 외할아버지와 나는 직접적으로는
아무것도 공유하지 않았다. 하지만 외할아버지의 존재는
시대와 계급과 직업을 초월하여 겐론의 일부를 구성한다.
나는 이런 관계를 내 책에서 '우편적'이라고 부른다. 항상 이런
관계에 대해 생각한다.

후기

이 책은 2008년부터 2018년까지 11년 동안 쓴 원고
중에서 비교적 시평적인 성격이 약하고 문학적인 성격이 강한
글을 골라 실은 에세이집이다. 마지막 원고는 처음 실린 매체
간행연도가 2019년이지만, 이 또한 실제로 쓰고 간행된 것은
2018년이다. 본문은 거의 수정하지 않았다. '올해' '이번 달'
등의 표현도 처음 실린 매체를 보면 시간을 알 수 있으니
그대로 남겼다.

2008년부터 2018년이니 헤이세이[i])로 고치면 헤이세이
20년부터 30년까지. 이 책은 내 '헤이세이 20년대'를 모은
에세이집이기도 하다.

제1장에는 2018년 전반 니혼게이자이신문 석간에 매주
기고한 글을 수록했다.

이 신문 석간에는 여섯 명의 필진이 요일마다 반년 동안
글을 기고하는 '프롬나드promenade'라는 칼럼이 있다. 나는
금요일 지면을 맡았었다.

편집부에서는 하루 업무를 마친 샐러리맨이나 저녁
식사를 준비하는 주부(남/녀)가 가볍게 읽을 수 있는 쉬운

원고를 요청했는데, 나 같은 사람에게는 꽤 어려운 요구였다. 매우 많은 고민을 하며 글 소재를 찾아냈는데, 결과적으로 읽기 쉬우면서도 철학적인 에세이가 되었다고 생각한다. 기회를 마련해준 니혼게이자이신문에 감사의 인사를 전한다.

제2장에는 2008년부터 2010년에 걸쳐 『문학계』에 매달 연재했던 글을 수록하였다. 분량이 많아서 여기만 두 단으로 구성했다. 연재는 20회까지 이어졌고, 예고 없이 중단되었다.

연재 평론은 제목이 '무심코 생각하기'인데, 실은 처음에 '느슨하게 생각하기'라는 제목을 제안했었다. 편집부가 반대해 채택되지 않았는데, 이번에 이 책을 내면서 처음에 제안했던 제목을 다시 가져오기로 했다.[ii] 친구와 적의 경계를 명확히 긋지 않고 '느슨하게' 생각하는 것은 최근의 나에게 커다란 과제이기 때문이다.

따라서 제2장이 이 책의 '표제작'이라고 할 수 있다. 하지만 솔직히 말해 2019년 현재 제2장을 독자들이 읽는다고 생각하면 당혹스럽기도 하다. 당시에 썼던 내용은 지금의 내 생각과 꽤 다르기 때문이다. 연재 때와 비교하면 일본 사회도, 내가 놓인 환경도 많이 바뀌었다. 대지진이 있었고, 정권이 바뀌었고(연재 중에 한 번, 연재 후에 한 번), 혐오 발언과 가짜 뉴스의 시대가 도래했다. 개인적으로도 '겐론'이라는 회사를 만들어 경영자가 되었다. 하나의 입장에서 이 경험을

되돌아보면 당시에 썼던 관심이나 상황 인식은 유치하고
어설퍼 보인다.

그럼에도 불구하고 이 책에 이 장을 실은 까닭은 이
어설픔이 반드시 나 개인만의 어설픔이 아니라는 점, 넓게는
'대지진 전' '00년대'에 '비평'을 하고자 했던 젊은 저술가들이
놓였던 상황을 반영하는 것이라는 점, 그리고 이를
경유했기에 지금 하는 일이 있다고 생각하기 때문이다.

당시의 나는 비평의 무력함에 절망했었다. 비평의 힘을
회복하기 위해서는 뭐라도 해야 한다고 생각했다. 웃음거리가
되는 것도 마다하지 않았다. 그래서 나는 소설을 쓰고, 젊은
저술가들과 교류하고, TV에 출연하고, SNS에 몸담았다. 그
전략은 당시에 상당한 성과를 낳았다. 내 주위에는 재능을
가진 새로운 사람들이 모였고, 인터넷에서는 '카리스마'라고
불렸으며, 언젠가부터 '아즈마 히로키 독식'(반은
야유였지만)이라는 말을 듣게 되었다. 이런 관점에서 보자면,
여기에 수록한 글은 내가 가장 '잘나갔던' 시기의 기록이다.
그러나 대지진 이후 나는 이 모든 것을 허무하다고 느꼈고
삶의 방식을 바꾸었다. 지금 내가 하는 일은 이 '전향'을 거쳐
이루어졌다.

00년대는 참으로 어설픈 시대였다. 아직 사람들이
인터넷의 힘을 믿었고, 젊은 세대가 일본을 바꿀 수 있다고
믿었던 시대였다. 제2장에는 그런 시대의 내가 꾸었던 꿈이

기록되어 있다.

제3장에는 2010년부터 2018년까지 여러 매체에 기고한
글을 수록했다.

이 시기에 나는 TV, 신문 등 대중 매체를 멀리하고
겐론으로 활동 거점을 옮겼다. 글도 겐론과 관련된 매체에
기고하는 일이 많아졌는데, 그렇다고 다른 매체에 기고를
하지 않은 것은 아니다. 이 장에는 그중 9개 원고를 골라
수록했다.

원고는 발표 순서가 아니라 내용의 연관성을 고려해
배치했다. 마지막 글은 『신초』 2018년 신년호에 기고한
「겐론과 외할아버지」다.

방금 쓴 것처럼 00년대에 나는 주관적으로는 고민하고
있었지만, 객관적으로 보면 어설픈 시간을 보내고 있었다.
10년대는 이를 반성하고 겐론을 창업해(창업은 2010년 4월로,
제2장에 수록한 연재를 중단한 것과 거의 같은 시기다) 전혀 다른
형태로 '비평이란 무엇인가'를 묻는 일을 시작했다.

철학, 비평을 하는 글쟁이가 회사를 경영하는 것은
상식적으로 생각하면 무모하고 웃긴 일이다. 실제로
아직까지도 '아즈마 씨, 겐론 같은 건 왜 운영하고
있나요?'라는 질문 아닌 질문을 하는 사람이 많다. 이
질문에는 여러 각도에서 답할 수 있지만, 마지막에 수록한

이 짧은 글을 읽으면 적어도 나에게 이 선택은 '실존적' 필연이었음을 이해해줄 거라고 생각한다.

나는 스물한 살에 비평가로 데뷔했고 스물일곱 살에 첫 저서를 간행했다. 그래서 세상에 일찍 나온 저술가로 평가받지만, 정작 나는 모든 기회를 우여곡절을 거쳐 선택하는, 굉장히 비효율적인 인생을 살고 있다고 느낀다. 이 책에서 몇 가지 예를 든 것처럼, 내 인생은 '그 뒤'로 이어지지 못하고 중단된 채로 끝나버린 일이 많다.

이 에세이에 수록한 글들은 그런 내가 오랜 시행착오를 거쳐 드디어 비평가로서 '해야 할 일'을 발견한 과정을 기록한 글이라고 할 수 있겠다.

처음에 쓴 것처럼 이 책에는 나의 '헤이세이 20년대'가 담겨 있다. 1971년생으로 고등학교 2학년 때 헤이세이 원년1989년을 맞은 나는 거의 모든 학문적 경력이 헤이세이 시대와 겹치는 '헤이세이의 비평가'다. 헤이세이는 일본 전체가 시행착오를 거듭하며 헤맸던 시대였고, 나 또한 줄곧 헤맸다.

이 책이 간행되고 3개월 후에는 원호가 바뀐다.[iii] 다음 시대에는 이제 별로 헤매지 않고 쓸데없는 우여곡절을 겪지 않으면서 '느슨한 비평가'로서 세상이 조금이라도 좋은 방향으로 흐르는 데 작은 힘을 더하기를 바란다.

마지막으로 이 책을 기획하고 원고를 골라주고, 겐론의 상황 때문에 간행 예정을 몇 번이나 바꾸었음에도 이해해주고 무사히 간행까지 이끌어준 가와데쇼보신샤河出書房新社의 이토 야스시伊藤靖 씨에게 깊은 감사의 마음을 전한다.

이토 씨는 SF 방면으로 정평이 난 편집자로, 내가 그를 만난 것도 SF 관련 모임 때였다. 이토 씨가 나에게 비평가뿐만 아니라 소설가로 공헌하기를 바라는 것도 잘 알고 있다. 이 책을 간행하면서 나는 이토 씨에게 큰 빚을 졌다. 가까운 시일에 다시 소설도 써야겠다.

아즈마 히로키

---

i) 헤이세이平成. 일본의 연호로, 서기 1989년부터 2019년까지에 해당한다.

ii) 한국판에서는 출판사의 제안으로 저자와 옮긴이의 동의를 얻어 '느슨하게 철학하기'라는 제목으로 출간하였다.

iii) 2019년 5월부터 '레이와令和'라는 새로운 연호를 사용하고 있다. 레이와는 일본에서 가장 오래된 시가집인 『만요슈万葉集』에 나오는 말로, '사람들이 아름답게 마음을 맞대면 문화가 태어나고 자란다'라는 뜻이다.

아즈마 히로키를 느슨하게 이해하는 법

저자 아즈마 히로키가 일본을 대표하는 비평가, 철학자로
불리기 시작한 것은 2000년대다. 아즈마는 1971년생이니,
놀랍게도 그는 30대에 이미 '일본을 대표하는 비평가'로
불렸다는 말이 된다. 이 책은 아즈마가 2008년부터 2018년에
걸쳐 여러 매체에 기고했던 글의 일부를 모은 것이니, 그가
그런 입지를 굳힌 직후에 쓴 글들이 담겨 있다.

원래 일본어판 제목은 『ゆるく考える 느슨하게 생각하기』였으나,
그대로 한국어판 제목으로 삼으면 이 책의 특징을
전달하기에는 너무 막연한 인상을 줄 것 같다는 출판사
의견에 동의해 한국어판 제목은 '느슨하게 철학하기'로
정했다. 여러 글을 모은 책이니 딱히 읽어야 할 순서가 정해져
있지는 않다.

1. 아즈마가 글을 쓴 순서대로 읽기

만약 독자가 아즈마 히로키에 대해 어느 정도 사전 지식을 가지고 있고 그의 사유가 시대에 따라 어떻게 변해갔는지를 살펴보고 싶다면, 즉 아즈마가 글을 쓴 시간 순으로 읽고 싶다면 제2부 '무심코 생각하기'부터 읽기 시작해 제3부의 여러 글을 읽고 마지막에 제1부를 읽기를 권한다. 이 순서에 독자의 '사전 지식'을 전제한 까닭은 이 경우 맨 처음 읽게 되는 제2부의 글이 일본의 문예지 「문학계」에 연재했던 글로, 주제가 문학이나 사상 분야에 국한된 본격적인 비평이기 때문이다. 다만 2008년부터 2010년까지 일본의 인문사회학이 놓인 문맥을 전제로 아즈마가 쓴 글이라 가끔 일반 한국 독자에게는 생소한 고유명사(미야다이 신지, 오쓰카 에이지 등)가 등장하기도 한다.

물론, 제2부에서 아즈마가 자신의 신세를 한탄하는 것처럼 그는 쉽지 않은 내용을 최대한 간결하게 정리해서, 사전 지식이 없어도 이해할 수 있도록 글을 쓰기 때문에 관련 지식이 없어도 어렵지 않게 읽을 수 있다. 여기에서 '신세 한탄'이라는 단어는 생각보다 중요한데, 이런 글쓰기 스타일은 아즈마 개인의 뜻과는 반대되는 스타일이기 때문이다.

아즈마는 오히려 전통적인 비평의 스타일, 즉 '글을 쓰면서 생각을 풀어가는 스타일', 다시 말해 가라타니 고진이나 하스미 시게히코 같이 특유의 문체를 갖는 글을 쓰고 싶어 한다. 하지만 이 시대에 비평이라는 장르가 소멸하지 않고 살아남으려면 잠재적인 독자층을 유지, 확보해야 하고, 이런 잠재적 독자층은 전통적인 문체로 쓰인 비평을 원하지 않기 때문에 비평의 생존을 우선하는 아즈마는 자신의 문체를 포기하고 '쉽게 읽히는 스타일'로 글을 쓴다.

종종 아즈마는 '문체 없는 비평가'로 불리는데, 그것이 아즈마가 의도한 것임을 제2부에서 확인할 수 있다.

따라서 독자들은 사전 지식이 없어도 제2부부터 읽는데 딱히 문제는 없을 것이다. 그래도 읽는 동안 모르는 인명이 등장하면 아무래도 걸리적거리는 법이니, 아즈마가 글을 쓴 순서대로 읽어야 할 특별한 이유가 없다면 제2부는 더 쉬운 제1부를 읽고 나서 읽는 편이 나을 것이다.

2. 쉽게 읽히는 글부터 읽기

아즈마 히로키를 잘 모르는 독자라면 제1부부터 읽기를 추천한다. 제1부는 2018년에 『니혼게이자이신문』 석간에 연재했던 글로, 제2부처럼 문학이나 사상 분야 독자를 상대로 쓴 글이 아니라 경제 신문을 읽는 일반 시민을 독자로 상정해 쓴 글이다. 그런 만큼 아즈마의 어떤 글보다 평이하다. 주제 역시 반려동물, 가상 화폐, 한국 영화 〈택시 운전사〉, '혐오 발언하는 일본 아저씨' 등 누구나 한 번쯤 보고 듣고 접하거나 생각해봤을 법한 주제다.

제1부를 읽은 후에는 어떤 순서로 읽어도 상관없다. 다만, 한 가지 주의할 점은 제1부와 제3부는 각 글이 완결되어 있어 앞뒤 글과 직접적인 관련성이 없지만, 제2부만은 앞뒤 글과 연결성이 깊은 문예지 연재이므로 제2부를 읽기 시작할 때는 첫 글부터 순서대로 읽기를 권한다.

3. 옮긴이가 개인적으로 권하는 순서

옮긴이 생각에 이 책에 실린 글 가운데 저자의 핵심을 파악하기에 가장 좋은 글은 제3부의 「악惡과 기념비의 문제」와 「겐론과 외할아버지」다. 두 글은 모두 사전 지식을 전혀 필요로 하지 않는 글이니, 아즈마 히로키의 핵심을 먼저 알고 싶은 독자에게 이 둘을 가장 먼저 읽기를 강력하게 추천한다.

「악과 기념비의 문제」에서 아즈마는 자신의 철학적

출발점은 '일본 관동군 731 부대의 인체 실험'을 폭로한
책이었다고 회고한다. 이 글을 읽으면 아즈마가 생각하는
'정치'가 일반적으로 논의되는 '정치'와 굉장히 다르다는 것을,
그리고 이런 독특함으로 인해 그가 '정치'적으로 끊임없이
오해받는 상황은 아마도 쉽게 끝나지 않을 것임을 알게 될
것이다. 쉽게 말해 '정치'라는 같은 말로 서로 다른 대상을
지칭하고 있기 때문이다. 아즈마는 "언젠가 내 사유의 성과가
세상에서 말하는 '정치'와 교차할 때가 오면 좋겠다"는 희망을
적어놓았지만 현실에서 이 희망이 이루어지기는 힘들어
보인다.

　　그는 특정 단체, 민족, 국가, 이념을 논하는 것을 정치로
여기지 않는다. 그런 고유한 특성이나 입장과는 무관하게
어떤 형태로든 인간이 조직이나 사회를 형성했을 때 동반하게
되는 '추상화와 수치화의 필연성'과 그런 '추상화와 수치화가
갖는 폭력성'의 문제를 정치로 여긴다. 그가 『일반의지
2.0』에서 논한 정치가 바로 이런 의미의 정치라고 할 수 있다.
그가 어떻게 이런 정치관을 갖게 되었는지를 「악과 기념비의
문제」를 통해 알 수 있고, 읽는 이의 사유의 폭을 넓히는
계기도 될 것이다.

　　「겐론과 외할아버지」는 아즈마가 왜 안정적이고
사회적으로도 인정받는 대학 교수직을 버리고 힘든
중소기업(독립출판사)을 경영하는 길을 걷게 되었는지에 대한

개인적인 설명이다. 사회적 통념으로는 쉽게 이해되지 않는 결정에 대한 아즈마의 답변이라고 할 수 있다. "나의 한계를 한계로 부정하는 것이 아니라 운명으로 받아들여 긍정해야 한다"는 짧은 한마디에 그가 감내했던 고뇌의 무게가 함축되어 있다.

이 두 글을 읽고 아즈마 히로키에 대한 대략적인 윤곽을 파악하고 다른 글들을 읽기를 옮긴이로서 강력히 추천한다.

4. 제2부에 관하여

분량으로 보나 내용의 통일성으로 보나 이 책의 중심은 제2부다. 2008년부터 2010년에 걸쳐 문예지 「문학계」에 연재한 글로, 「문학계」로부터 딱히 정해진 주제를 부여받지 않아서 비교적 자유롭게 쓴 글이다. 하지만 아즈마는 개인적으로 이 연재에 큰 테두리가 되어주는 주제를 정해둔 것으로 보인다.

그는 이 글에서 접근하는 각도를 바꾸면서도 '비평이란 무엇인가?' '공적인 것과 사적인 것의 구분은 어떻게 변하는가?' '포스트모던 사회에서 지식인은 무엇을 할 수 있는가?'를 계속 논한다. 어느덧 10년 이상 지났지만 현시점에서 읽어도 전혀 낡지 않은 날카로운 통찰과 새로운 시점을 제시해준다. 자세한 내용은 본문을 읽어보기 바란다.

제2부의 연재는 그때그때 상황 속에서 현재진행형으로 생성되는 사유의 조각을 체계화와 논리화의 과정을 충분히 거치지 않은 설익은 상태로 서술한 글에 가깝다. 지금까지 번역된 아즈마의 글/책과 비교했을 때 생생한 현장감이 진하게 배어 있다. 그만큼 참신한 시각이 깃든 아이디어를 여럿 찾아낼 수 있을 것이다.

한편 이 연재는 앞에서 언급한 주제를 논하고 있기 때문에 필연적으로 현대 일본의 비평가, 사상가의 이름이 종종 언급된다. 혹시 흥미를 느꼈다면 자주 언급되는 하스미 시게히코, 아사다 아키라, 미야다이 신지, 오쓰카 에이지 등을 간략하게 이해할 수 있는 사사키 아쓰시의 『현대 일본 사상』(이는 한국어판 제목으로 원래 제목은 'ニッポンの思想닛폰의 사상'이다)을 읽어보기 바란다.

마지막으로 옮긴이를 믿고 이 책의 번역을 맡겨준 출판사 북노마드에 깊은 감사의 마음을 전한다. 북노마드와는 이미 아즈마의 『약한 연결』과 『철학의 태도』로 함께 일한 적이 있어 더욱 뜻깊다.

만약 번역에 문제가 있다면 이는 옮긴이의 불찰과 역량 부족 때문이니 의문이나 문제점을 발견한 독자가 있다면 가감 없는 의견을 보내주시기 바란다(트위터 @aniooo).
소중한 가르침을 받는 자세로 경청할 것이고, 지금까지
옮긴이가 번역했던 책과 마찬가지로 개인 블로그(https://
aniooo.wordpress.com)를 통해 바로잡겠다.

도쿄에서,
안천

무심코 생각하기 제3회 공공성에 대하여 (1) __『문학계』, 2008년 10월호

무심코 생각하기 제4회 공공성에 대하여 (2) __『문학계』, 2008년 11월호

무심코 생각하기 제5회 전체성에 대하여 (3) __『문학계』, 2008년 12월호

무심코 생각하기 제6회 현실감에 대하여 __『문학계』, 2009년 1월호

무심코 생각하기 제7회 오락성에 대하여 (1) __『문학계』, 2009년 2월호

무심코 생각하기 제8회 오락성에 대하여 (2) __『문학계』, 2009년 3월호

무심코 생각하기 제9회 루소에 대하여 (1) __『문학계』, 2009년 4월호

무심코 생각하기 제10회 루소에 대하여 (2) __『문학계』, 2009년 5월호

무심코 생각하기 제11회 루소에 대하여 (3) __『문학계』, 2009년 6월호

무심코 생각하기 제12회 아시모프에 대하여 __『문학계』, 2009년 7월호

무심코 생각하기 제13회 글쓰기에 대하여 __『문학계』, 2009년 8월호

무심코 생각하기 제14회 동물화에 대하여 (1) __『문학계』, 2009년 9월호

무심코 생각하기 제15회 글쓰기에 대하여 (2) __『문학계』, 2009년 10월호

무심코 생각하기 제16회 재정비 __『문학계』, 2009년 11월호

무심코 생각하기 제17회 '아침까지 생방송'에 대하여 __『문학계』, 2009년 12월호

무심코 생각하기 제18회 트위터에 대하여 __『문학계』, 2010년 2월호

무심코 생각하기 제19회 두 번째 작품에 대하여 __『문학계』, 2010년 3월호

무심코 생각하기 제20회 고유명에 대하여 __『문학계』, 2010년 4월호

iii.

현실은 왜 하나일까 __『신초』, 2010년 7월호

오시마 유미코와의 세 만남 __『오시마 유미코 fan book: 핍·팝·기라고 주문을 외우면』,
    세이게쓰샤靑月社, 2015년 1월

소수파로 산다는 것 __ 이시하라 치아키石原千秋 책임 편집, 『나쓰메 소세키『마음』을 어떻게 읽을
    것인가』 가와데쇼보신샤河出書房新社, 2014년 5월

일기 2011년(「창조하는 사람 52명의 2011년 일기 릴레이」에서) __『신초』, 2012년 3월호

후쿠시마 제1 원전 '관광'기 __『신초』, 2014년 3월호

대지진은 수많은 코로를 낳았다 __『한 권의 책』, 2015년 4월호

일기 2017년(「창조하는 사람 52명의 '격동 2017' 일기 릴레이」에서) __『신초』, 2018년 3월호

악과 기념비의 문제 __『신초』, 2019년 1월호

겐론과 외할아버지 __『신초』, 2018년 1월호

• 이 책에서 각 글 제목은 모두 처음 실린 매체에서의 제목을 그대로 사용했다. 이 책에 수록하면서
  표현을 일부 고쳤다.

느슨하게 철학하기
철학자가 나이 드는 법

초판 1쇄 발행   2021년 3월 15일
초판 2쇄 발행   2023년 12월 12일

지은이   아즈마 히로키
옮긴이   안천
펴낸이   윤동희
펴낸곳   (주)북노마드

편집   윤동희 김민채
디자인   신혜정
제작처   교보피앤비

출판등록   2011년 12월 28일
등록번호   제406-2011-000152호
문의   booknomad@naver.com

ISBN   979-11-86561-76-8 03100

www.booknomad.co.kr

북노마드